AF142851

© 2021, Frédéric RATEAU
Édition : BoD – Books on Demand,
12/14 rond-point des Champs-Élysées, 75008 Paris
Impression : BoD - Books on Demand, Norderstedt, Allemagne
ISBN: 9782322401451
Dépôt légal : Novembre 2021

Frédéric Rateau

De Domrémy à Compiègne.

En route avec
Jehanne d'Arc

1412-1430

A Jean, mon père et mes enfants: Sébastien, Anne-Sophie, Aurélien et Marine.

« Les Hommes de génie sont des météores destinés à brûler pour éclairer leur siècle »

Napoléon Bonaparte, Lieutenant d'artillerie, discours à Lyon en 1791.[1]

---

[1] Bonaparte est lieutenant au 4ème Régiment d'Artillerie à Valence quand il participe à un concours d'éloquence organisé par l'académie de Lyon (Cf « Bonaparte » André Castelot Ed.FAMOT 1977.)

Avant propos et introduction. 5

1: De Domrémy jusqu'à son arrivée à Orléans........................ **17**
Départ de Domrémy...21
Chinon...31
Poitiers..39
Tours-Blois-Orléans...45

2: La délivrance de l'Orléanais...**61**
Attaque du four Saint-Loup..67
Prise du fort des Augustin..72
Prise de la bastille des Tourelles...77
Les conséquences de la levée du siège d'Orléans................87
La conquête de l'Orléanais...93
Loches-Jargeau-Meung Sur Loire- Beaugency......................93
Patay et les conséquences stratégiques de la bataille.........109
Sully-Saint-Benoit Sur Loire et Gien. 118

3: La chevauchée vers Reims..**125**
Montargis-Auxerre-Troyes-Châlons en Champagne...................125
Le sacre...138

4: La campagne de Paris **149**
Négociation d'une trêve à Compiègne avec le duc de
Bourgogne...161
Attaque de Paris..164

5: La campagne sur la Loire la Champagne et Compiègne........**175**
Bourges-Saint Pierre le Moutier- La Charité sur Loire-Lagny-Com-
piègne..179

Epilogue..203
Annexes

1431-1461: 30 ans de règne de Charles VII après Jeanne d'Arc,
contexte politique de sa réhabilitation......................................221
Chronologies..233
Les sources de l'histoire de Jeanne d'Arc..............................239

Pour la rédaction de cet ouvrage j'ai suivi la procédure que je connais le mieux: celle de l'enquête judiciaire.

En travaillant à charge et à décharge, j'ai rassemblé tous les éléments constitutifs de l'histoire du personnage en ne prenant que des faits concordants puisés dans les chroniques contemporaines & autres témoignages et ouvrages consacrés à Jeanne d'Arc depuis le XVème siècle. Chacune de ces sources est bien entendu écrite dans le contexte religieux, social et surtout politique de son époque et il faut en tenir compte et le comprendre à sa juste valeur.

Le propos de ce livre n'est pas de faire un panégyrique du seul héros féminin de l'histoire de France, ni même d'un tirer un portrait pamphlétaire. Des écrivains célèbres se sont livrés à cet exercice.

Mon seul but est de vous faire partir à l'aventure, d'être au spectacle d'une reconstitution des routes, des villes traversées des maisons encore existantes où elle a séjourné et d'être le témoin des batailles politiques et militaires.Pour mieux s'imprégner du contexte de l'époque il est possible de lire les chroniques ou les courriers de contemporains dont beaucoup sont consultables plus ou moins facilement en bibliothèque ou même sur internet.

Les stratégies militaires, les vêtements de l'époque, « détail de l'histoire » pour certains historiens sont à mes yeux d'une importance majeure.

Les stratégies parce qu'elles déterminent la victoire ou la défaite et le destin des peuples.

Les vêtements parce qu'ils permettent de comprendre en quoi cette question a été centrale dans le procès de l'accusée. En effet: L'acte d'accusation de d'Estivet mentionne que Jeanne d'Arc portait des chausses longues et attachées, et précise qu'elle étaient reliées au gippon par vingt aiguillettes. C'est tout à fait inhabituel et sans autre exemple en ce temps.

Pour celle qui aimait les vêtements de luxe, cette tenue ne peux se justifier, que par la pudeur et surtout la crainte de se faire agresser.

Ce format poche est le texte identique de l'édition illustrée de cartes, plans, dessins, photographies et annexes de documents authentiques: courriers de Jeanne d'Arc, de Charles VII, Henri VI ou témoins et documents de contextualisation: famille du personnage, cadre historique avant et après l'épopée dans la période médiévale et siège d'Orléans d'octobre 1428 à avril 1429 avant l'arrivée de Jeanne d'Arc.

Frédéric Rateau, 2021

L'an 1429, le 04 mars, arrive à Chinon une jeune fille qui vient de Domrémy, une petite paroisse des environs de Vaucouleurs dans le duché de Bar, limitrophe du duché de Lorraine. Elle vient de parcourir 500 km, par mauvais temps, sur de mauvaises routes, à travers le pays hostile bourguignon avec sa petite escorte. Elle a reçu la mission de Saint Michel, Sainte Catherine et Sainte Marguerite d'aller voir le dauphin pour l'aider à son couronnement à Reims.

En cette époque médiévale, les populations souffrent des guerres, des épidémies et de la famine. La foi et la superstition troublent les esprits.

Charles n'est donc pas surpris par l'arrivée de cette jeune femme visiblement exaltée. D'un naturel méfiant, après quelques jours de réflexion, il consent à la recevoir le 06 mars. Adolescente aux allures androgynes, vêtue en habits d'homme et les cheveux coupés à la garçonne, Jeanne fait preuve d'un aplomb que seuls les gens inspirés par une mission divine peuvent se croire autorisés. Charles se laisse convaincre par le Duc d'Alençon d'accepter de vérifier les dires de la pucelle en la faisant soumettre à un examen théologique et médical à Poitiers. Après cette longue enquête de moralité[2], il est finalement décidé que le dauphin Charles n'avait pas grand chose perdre à l'autoriser de se joindre au convoi de ravitaillement prévu pour la ville d'Orléans assiégée.

L'exaltation de Jeanne a sous doute galvanisé les troupes, et inspiré une peur déraisonnable aux armées ennemies. La nouvelle de la libération d'Orléans, le 08 mai, en deux jours seulement par « la Pucelle », se répand dans toute l'Europe. En Angleterre l'évènement est ressenti comme un affront. Dans les semaines suivantes plusieurs villes tombent. Après la victoire de Patay le 18 juin, au lieu de libérer la Normandie toute proche il est décidé de légitimer le roi, prendre la route du sacre à Reims et pour cela de conquérir d'autres villes. Mission accomplie de 17

---

[2] *Les archives de Poitiers n'ayant pas été conservées les chroniques servent de source au récit.*

juillet.

A l'époque, pour beaucoup en France et dans l'Europe chrétienne, l'intervention divine ne fait aucun doute et l'enthousiasme est général en faveur de la Pucelle.

Aujourd'hui une autre analyse est possible.

Certes les guerres ne sont que querelles d'aristocrates, batailles rangées, mariages forcés, assassinats politiques en France comme en Angleterre.

Une chose est certaine, quand les seigneurs partent loin en croisade, quand ils s'entretuent pour des histoires dynastiques que personne ne comprend, le peuple de son côté, ne se sent pas concerné. Mais ce conflit a lieu en France, et les seigneurs féodaux, sensés protéger les habitants et le clergé se montrent incapables d'y mettre fin. La chevalerie est décimée à Crécy, Poitiers, Azincourt. Le seigneur laisse sa famille et son fief, sans autorité, sans protection, sans loi. Le peuple prend conscience qu'il est étranger à ces querelles mais que c'est lui qui en paye le tribut le plus lourd. Les massacres sont épouvantables dans les campagnes reculées. La gendarmerie n'existe pas. Les villes assiégées obligées de se renforcer à grand frais d'impôts, ne sont pas épargnées. Le commerce des ressources est empêché. Quand ils ne sont pas tués par la guerre et les brigands, les ruraux sont décimés par la peste. Il n'y plus personne pour cultiver et le mauvais climat s'en mêle. Les famines sont endémiques. Les jacqueries et les révoltes bourgeoises dans les villes réclament des réformes. Chacun constate l'échec du système féodal décapité par les guerres et la cupidité des seigneurs anglais qui pillent à bon compte la France.

A partir du moment où la population se sent concernée par la guerre livrée chez elle, le conflit change de nature.

Il est plus facile de comprendre les villes qui accueillent dans la liesse une des leurs. Les habitants comprennent que le salut ne peut venir que de l'un ou de l'une d'eux puisque les seigneurs sont incapables de les protéger. D'ailleurs, à peine est elle arrivée à Orléans que les habitants passent à l'attaque le 30 avril, sans qu'elle en soit informée.

Comment ne pas comprendre l'impatience de Jeanne à vouloir libérer le pays de l'occupation anglaise.

Jeanne veut profiter de cette dynamique, « les voies » la poussent à poursuivre le combat, elle est persuadée que ses heures sont comptées.

Jeanne d'Arc donne l'impulsion de la résistance.

Venant de la frontière entre la France et la Lorraine, région victime des pillages bourguignons et anglais elle fait prendre conscience aux gens qu'ils partagent beaucoup en commun, à commencer par un ennemi. Dans les villes, notamment à Orléans, le peuple monte aux créneaux, jamais cette expression n'aura autant de sens. Les habitants comprennent que si tout le peuple se lève, aucune troupe ne peut lui résister.

Il se trouve que les troupes anglaises stationnées en France sont peu nombreuses. Les Anglais ne se risquent plus à sortir en petit nombre de leurs places fortes. Dans les campagnes, sur les chemins, les paysans révoltés les harcèlent. Parfois eux mêmes anciens soldats, installés dans des villages désertés par la peste et les massacres, ces paysans sont bien entrainés à l'emploi des armes.

Charles VII lui, ne comprend rien à tout çà. Après le sacre, il profite d'une trêve d'août à décembre négociée avec le Duc de Bourgogne, pour retourner passer l'hiver à Mehun-sur-Yèvre. Comment ne pas comprendre la colère de la Pucelle quand elle constate l'apathie du roi et sa faiblesse à vouloir négocier avec son cousin quand il renonce devant Paris pourtant sur le point d'ouvrir ses portes.

Jeanne suit donc le roi à Bourges, s'impatiente, lève une petite troupe échoue le 23 novembre à la libération de la Charité sur Loire. La trêve est rompue le 1er janvier 1430. En mai 1430, Compiègne est assiégée par les Bourguignons. Elle s'y rend mais elle est trahie. Les portes de la cité sont refermées alors qu'elle revient d'un combat. Le roi refuse de payer la rançon. Elle est vendue aux Anglais pour 10 000 livres.

Jeanne, exaltée, intransigeante, impatiente n'écoutant que ses voies, gênait beaucoup de monde dans les deux camps.

Plus que tout autre personnage du Moyen-Age, Jeanne d'Arc a fait l'objet de quantité décrits ou oeuvres artistiques inspirées par les sources et les idéologies les plus diverses. L'essentiel est donc de s'en tenir aux faits du passé restés très actifs dans la mémoire collective. Son histoire sans cesse ré-étudiée, ré-écrite, laisse encore aujourd'hui un mystère non résolu qui fait d'elle ce personnage finalement romantique. L'histoire de la Pucelle se heurte à la rigueur scientifique au sujet des voix. Dans les faits du passé, les considérations métaphysiques alimentent le débat depuis 1429. Il n'est pas sérieux, sur le plan historique de débattre au XXI siècle sur la présence supposée ou réelle des voix, à partir d'une discussion contemporaine sur la foi, l'existence de Dieu, et les manifestations des saints et des anges. Ce qui compte, pour comprendre l'histoire, c'est de contextualiser les faits. Pour les contemporains de Jeanne d'Arc comme pour le clergé français ou l'ennemi qui la juge, l'existence de Dieu est « une affaire entendue » indiscutable. La seule question en suspend est de savoir si ces voix sont divines ou démoniaques. Consulté comme sachant par Charles VII, le Parlement de Poitiers demande à la Pucelle qu'elle leur livre « un signe » de sa bonne foi. Ce signe viendra avec la levée du siège d'Orléans répond elle.

L'idée des anglais est de faire condamner Jeanne par l'Eglise afin de démontrer que sa « mission divine » n'était inspirée que par le diable. La présence d'une sorcière dans la cathédrale à Reims entache de nullité le sacre de Charles. Pour les Anglais, Dieu ne peut être que de leur côté. Le procès a lieu à Rouen en 1431. Le caractère politique du procès ne fait aucun doute.

Le 16 décembre 1431 Henri VI (9 ans) est couronné roi de France et d'Angleterre à N-D de Paris. La guerre continue sans Jeanne d'Arc (Cf Annexe:« le règne de Charles VII après Jeanne d'Arc »).

Conscient que son sacre doit être lavé de tout soupçon d'irrégularité, Charles VII, « le Victorieux », dès la reconquête de la Normandie, ordonne le 15 février 1450 à l'université de Paris une enquête qui confirme les vices de la procédure de condamnation. Ce procès ecclésiastique voit sa révision ordonnée par le pape Calixte III en 1455. Un second procès est donc instruit par l'Eglise qui conclut, en 1456, à l'innocence de Jeanne, la réhabilite entièrement et légitimise définitivement le règne de Charles VII. Au sujet des voix, la question est tranchée par le fait que les quatre prophéties soient réalisées: Orléans, le sacre, la défaite définitive des Anglais et la libération du duc d'Orléans.

Des deux cotés de la Manche, Jeanne d'Arc contribue au développement des patriotismes anglais et français.

Sa fulgurante épopée laisse dans le ciel de l'histoire les poussières d'une étoile filante qui écrivent en lettres d'or « Jeanne », à côté de celui d'Achille héros grec fauché en pleine jeunesse et en pleine gloire. Elle fait inscrire « Jésus » et Maria » sur son étendard. Elle célèbre Marie et contribue à promouvoir le culte de la Vierge, comme l'ont fait avant elle les saints, l'Université de la Sorbonne, les chefs de la France depuis les premiers siècles de l'Eglise. Elle n'est pas qu'une héroïne, sans peur face aux épées dégainées, c'est aussi le personnage féminin symbolisé des rares femmes célèbres de l'histoire.

Cependant son souvenir est effacé par les monarques Valois et Bourbons. Il n'est certainement pas bon pour la stabilité et le prestige de la monarchie d'entretenir le souvenir qu'une fille du peuple ait défendu la monarchie absolue de droit divin ou que le peuple puisse prendre légitimement sa propre défense et s'armer pour chasser l'occupant. Les évènements de la Bastille en 1789 et des canons de la Commune en 1870 initiés par ce motif confirment cette idée.

Louis XIII, au passage, retire le titre de noblesse à la famille devenue trop nombreuse.

C'est la République pourtant laïque qui la glorifie dans son roman historique, comme l'image personnifiée de Mariane.

Béatifiée en 1909 après la loi de séparation de l'Eglise et de l'Etat puis logiquement canonisée en 1920, après la Grande Guerre, Jeanne d'Arc devient en 1922 sainte patronne secondaire de la France par la lettre apostolique *Beata Maria Virgo in cœlum Assumpta in gallicœ.* Si les Orléanais célèbrent son souvenir depuis 1432, la République institue sa fête nationale le 2ème dimanche de mai par la loi en 1920. Chaque année depuis 1457 (suite à l'arrêt de réhabilitation de Jeanne d'Arc, prononcée à l'archevêché de Rouen le 7 juillet 1456), les Fêtes Johanniques d'Orléans donnent lieu (le matin du 8 mai) à la lecture d'un panégyrique de Jeanne d'Arc, au cours d'une messe solennelle, où sont conviées les différentes autorités, les institutions laïques ou non. Presque tous les présidents de la Vème République ont répondu à l'invitation.

Je vous renvoie aux ouvrages de plusieurs historiens contemporains qui ont étudié Jeanne d'Arc à travers l'histoire politique et culturelle (Cf sources)

Le passage de Jeanne d'Arc ne fut-il que celui d'une comète, qui aurait laissé uniquement les poussières de la légende, colportée par la propagande royaliste, contrôlée par l'Eglise, relayée par le patriotisme républicain?

La vérité historique est-elle déformée par la légende?

La lecture des chroniques de l'époque nous la montrent au combat.

Le premier procès dont les minutes ont été conservées, bien qu'il s'agisse de procédure inquisitoriale, nous permettent de nous rapprocher de la vraie Jeanne d'Arc qui répond à ses juges.

Le deuxième procès donne une lecture enrichie du souvenir des témoins.

Frédéric RATEAU 2021.

De Domrémy à Compiègne.
En route avec
Jehanne d'Arc

Nous sommes le 21 février 1431, il est 08 heures du matin. Il fait très froid. Frappés par les pales rayons du soleil encore très bas dans le ciel normand, les vitraux illuminent les murs polychromes de la chapelle du château de Rouen. Des voix d'hommes chuchotent. Elles s'élèvent d'une assemblée des ecclésiastiques du diocèse. Les visages sont à peine visibles, serrés les uns contre les autres les groupes se sont formés. Peu à peu l'église se rempli, on se cherche, on se salue d'un air entendu et l'on se rapproche pour se donner chaud et parler discrètement. Il y a là les abbés normands, ici les prieurs, un peu plus loin les chanoines de Rouen. Les réunions des jours précédents chez l'évêque sont commentées. On parle aussi de celle que personne n'a encore vue. Au milieu, les docteurs de l'université de Paris sont bien les seuls à parler fort. Chacun peut entendre leurs arguments juridiques, ils débattent encore sur l'absence du Grand Inquisiteur que l'évêque a fait remplacer par son vicaire frère Jean Lemaître, issu du couvent des Jacobins. Certains parlent de l'évêque quand justement apparait une soutane violette. Le silence se fait immédiatement. La croix pectorale verte tressaute à chaque pas. L'évêque avance d'un pas assuré. Il est résolu à montrer son autorité. Tout est enfin prêt, il va montrer à ses maîtres qu'ils ont bien fait de lui faire confiance. Il est suivi par un individu que beaucoup ne connaissent pas. « C'est Guillaume Haiton, le secrétaire du roi Henri VI » chuchote une voix bien informée.

Chacun prend sa place, l'évêque préside. Le procureur, Jean d'Estivet ordonne que l'on fasse entrer l'accusée. Les voutes renvoient le claquement d'une lourde porte, le choc des semelles sur les dalles et la réverbération lugubre du frottement de lourdes chaînes.

Tous les regards se tournent vers la prisonnière toute petite, mais fière entre deux soldats anglais géants. Les chaines tombent bruyamment. Elle lève son menton qui s'illumine des reflets bleus du vitrail. Le symbole est compris de tous. Le bleu est couleur de la reine du Ciel, cou-

leur des rois de France: l'accusée est sous la double protection de la Vierge et de son roi.

Tout de suite l'évêque prend les choses en main. Il
rappelle sommairement à toute l'assemblée les circonstances qui font que tous ici sont réunis dans ce tribunal. Il
cite les charges qui pèsent contre l'accusée, il lit l'ordre du
roi d'Angleterre, l'enquête et l'avis des docteurs du droit.
Dans le respect du droit canon et de la procédure inquisitoriale il invite brusquement l'accusée à parler sans mentir,
et il la requière de prêter serment de dire la vérité sur toute
chose dont on l'interrogerait.

Instant de silence… elle est là, devant ces hommes,
toutes les couleurs des vêtements ecclésiastiques l'entourent. Ce cérémonial, cet apparat, impressionne les deux
soldats, et mêmes certains clercs et chanoines présents.
Comment réagit l'accusée? apeurée, intimidée? Non, elle
regarde droit dans les yeux l'évêque Cauchon qui lui parle.
Impressionnée? Non bien sûr , elle a vu les plus grands du
royaume de France, elle était pendant un an dans la fureur
des effroyables canonnades, les hurlements des soldats, les
blessures, le sang. Il en faut plus pour impressionner l'accusée. Elle se tient droite dans sa modeste tenue. Mais là,
tout de suite c'est elle qui impressionne. Les regards
s'échangent, on s'interroge et on s'étonne. « Elle est vêtue
en homme! Avec une coupe de cheveux à la garçonne, elle
ressemble à un garçon! Mais sa voix, comment est sa voix.
Voix de garçon? voix de fille?"

Dès la prestation de serment les juges comprennent
que l'accusée n'est pas résignée. Elle va se défendre.

D'une voix de fille, mais d'une voix ferme et claire
elle dit : « *Je ne sais de quoi vous me voulez interroger.
Peut-être me demanderiez-vous des choses que je ne vous
dirai pas.* »

— Jurerez-vous, reprit l'évêque, de dire la vérité sur les
choses qui vous seront demandées touchant la foi, et que
vous saurez ?

— *Pour ce qui est de mon père, de ma mère et de ce que
j'ai fait depuis que j'ai pris le chemin de France, je jurerai
volontiers; mais, pour les révélations que j'ai eues de*

16

Dieu, je n'en ai jamais rien dit à personne qu'au roi Charles, et je n'en dirai rien quand on me devrait couper la tête : parce que mon conseil [ses voix] m'a défendu d'en rien dire à personne. Du reste, avant huit jours je saurai bien si j'en dois parler. »

L'évêque a beau insister, il ne peut la faire renoncer. Les genoux en terre et les deux mains sur l'Évangile, elle jure de dire, autant qu'elle le pourrait, la vérité, mais seulement sur les choses dont elle serait requise touchant la foi.

Alors l'évêque lui demande quel est son nom, son surnom.

« Dans mon pays, dit-elle, on m'appelait Jeannette. Depuis que je suis en France on m'appelle Jeanne. Du surnom, je ne sais.

— Où êtes-vous née ?

— A Domremy, qui fait un avec Greux. C'est à Greux qu'est la principale église.

— Comment s'appellent votre père et votre mère ?

— Mon père se nomme Jacques d'Arc ; ma mère, Isabelle.

— Où avez-vous été baptisée ?

— A Domremy. »

ransportons nous sur les bords de la Meuse.
Elle serpente d'un côté à l'autre de sa vallée et
baigne de nombreux villages: Frébécourt et son
château de Bourlemont; Coussey, Gondrecourt, Maxey,
Burey, Greux, Chalaines à l'est de Vaucouleurs. Sur la
route de Greux à Gondrecourt il y a Domrémy. C'est donc
là que nait Jeanne D'arc.

L'évêque l'interroge sur ses parrain et marraine, sur
celui qui la baptisa, sur son âge à elle : elle a environ dix-
neuf ans! Puis elle ajoute ne rien savoir de plus à ce sujet.

Il n'y a rien d'étonnant à ce que la Pucelle ne
connaisse pas sa date de naissance. Les paroisses n'étaient
pas obligées de tenir les registres de baptêmes, mariages et
sépultures avant l'ordonnance de Villers-Coterets de 1539.

L'enquête préliminaire ordonnée par les juges à
Domrémy recueille des témoignages qui confirment cet
âge approximatif de 18 à 20 ans en 1431. Jeanne serait
donc née vers 1412. Ce sont les meilleures sources. Le
conseiller royal Perceval de Boulainvilliers retrace l'activi-
té et les faits d'armes de Jeanne d'Arc dans une lettre rédigée le 21 juin 1429 et adressée au duc de Milan, mais il
invente une légende relative à sa naissance durant la nuit
de l'Épiphanie, autrement dit le 6 janvier, sans spécifier
l'année.

Son père, Jacques d'Arc est né en Champagne, à
Séfond près de Montier-en-Der; sa mère, Isabelle Romée
vient de Vouthon, village sur la route de Gondrecourt. (Cf
carte) Le village de Domrémy est imbriqué dans un territoire de diverses suzerainetés. Il est situé aux marches du
comté de Champagne, et des duchés de Barre et de Lorraine.

Sur le plan politique Domrémy relève, sur la rive
gauche de la Meuse, du duché de Bar pour lequel le duc
prête hommage au roi de France depuis 1301. Édouard III
de Bar, son frère, Jean de Bar, seigneur de Puysaye, et son
petit-fils le comte de Marle, meurent à la bataille d'Azincourt. Le duché de Bar échoit à Louis, frère survivant du

duc défunt. Il est également évêque de Verdun, jusqu'à son décès en 1430.

Le village est aussi rattaché à la châtellenie de Vaucouleurs, sous l'autorité directe du roi de France qui y nomme un capitaine, le sire de Baudricourt, au temps de Jeanne d'Arc, resté fidèle au Valois il devait encore en 1428 combattre les Anglo-Bourguignons venus détruire l'église de Domrémy.

Enfin, sur le découpage religieux, l'église de Domrémy dépend de la paroisse de Greux, au diocèse de Toul dont l'évêque est prince du Saint-Empire germanique.

Jeanne est née dans la ferme familiale proche de l'église de Domrémy. L'église de Domrémy est d'une importance moyenne. Elle nous donne une information sur les ressources locales et la richesse très relative des habitants de la paroisse.

Les juges de 1431 et les chroniqueurs Jean Chartier et Perceval de Cagny pensent que Jeanne est née dans la partie sud du village. Seul Perceval de Boulainvilliers considère pour sa part que Jeanne d'Arc est née dans la châtellenie de Vaucouleurs et donc du royaume de France depuis 1291.

Origine du nom « d'Arc».

La Pucelle répond à ses juges que son « nom » est Jeanne (Jeannette « dans son pays ») et son « surnom » « d'Arc». Par surnom, on entend nom de famille. « *de Arco* » signifie « de l'arche » ou « du pont ». Comme la très grande majorité des noms de famille, « Arc » tire donc son origine d'un lieu-dit, mais aucun document notarial n'en atteste l'existence dans la région, sauf la commune d'Arc en Barrois. Il est à noter que le nom patronymique n'est pas très courant dans les registres paroissiaux une centaine d'années plus tard.

Les juges de 1431, soucieux de respecter la coutume du droit romain veulent attribuer un nom paternel à celle qui se dit s'appeler simplement « Jeannette » dans son pays. Mais on remarque que « Johanna Darc » n'est jamais transcrit dans les procès-verbaux.

En 1456 pour laver leur honneur de l'infamie de la condamnation, les membres de la famille se retrouvent derrière le patronyme « Darc » pour déposer plainte.

Jean et Pierre les deux frères, qui rapidement rejoindront Jeanne dans son combat, se feront ensuite appeler « Du Lys » en référence aux armoiries conférées par les lettres de noblesses royales de 1429.

Le 24 mars 1431 Jeanne revendique le lien matrimonial expliquant que dans son village de Domrémy, l'usage veut que les filles portent le nom de leur mère. En conséquence on peut conclure que selon l'usage local à l'instar des enfants de son village, Jeanne était appelée « La Jeannette de la Romée ». Le nom patronymique est donc peu usité à cette époque. Partout en France, au lendemain du siège d'Orléans, le personnage est connu selon le sobriquet de « la Pucelle » avec une majuscule. Elle même le revendique, « Puella » signifiant « la jeune fille consacrée à Dieu ». Il existe plusieurs hypothèses sur l'origine du nom de sa mère; « La Romée » pourrait être une allusion à un ancêtre ayant fait le pèlerinage à Rome.

La famille:

Jeanne est la fille de Jacques d'Arc et d'Isabelle Romée.

Il y a cinq enfants. Le père est laboureur cela ne signifie pas qu'il est pauvre. Le laboureur est un paysan aisé. Il possède des terres, une charrue, un bât, des bêtes de somme, ses revenus lui permettent de louer les services d'un maçon à la construction ou l'entretien de l'immobilier.

Bien que construite en pierre, sa maison familiale comporte uniquement trois pièces. Arc bénéficie vraisemblablement d'une certaine notoriété à Domrémy, certaines archives de la paroisse notent sa représentation dans la communauté des villageois.

Jeanne est décrite comme très pieuse par tous les témoins de l'enquête du procès. Elle se rend avec d'autres jeunes chaque dimanche à la chapelle de Bermont, près de Greux. Comme tous les enfants elle fait les travaux de la maison: ménage, cuisine, aide aux moissons et garde le bétail. Elle répond à une question suivante de ses juges: « Interrogée si, dans sa jeunesse elle avait appris quelque métier, elle dit que oui, à coudre les pièces de lin et à tisser, et elle ne craignait point femme de Rouen pour tisser et coudre » (deuxième séance publique du procès, 22 février 1431).

Et le surlendemain, 24 février: « Interrogée si elle conduisait les animaux aux champs, elle dit qu'elle avait répondu à un autre moment à ce sujet, et que, après qu'elle soit devenue plus grande et qu'elle eût l'âge de raison, elle ne gardait pas habituellement les animaux, mais aidait bien à les conduire aux prés, et à un château appelé l'Île, par crainte des gens d'armes ; mais qu'elle ne se souvenait pas si dans son enfance, elle les gardait ou non. »

Elle aurait mis fin à un projet matrimonial en 1428.

Les voix, ses visions et la révélation:

L'un des premiers à documenter officiellement « la voix » entendue par Jeanne, c'est le conseiller royal Perceval de Boulainvilliers dans sa lettre du 21 juin 1429 au duc de Milan. Il est suivi par Alain Chartier qui écrit une lettre après le sacre.

Jeanne est bien entendu interrogée au sujet des voix. Le 22 février 1431 elle affirme que c'est à l'âge de treize ans, alors qu'elle se trouvait dans le jardin de son père, à droite, du côté de l'église qu'elle vit une grande clarté et qu'elle reçut pour la première fois une « *révélation de Notre Seigneur par une voix qui l'enseigna à soi gouverner* ». Elle précise qu'elle ne comprend pas très bien au premier jour. Par la suite, Jeanne identifie les voix célestes des saintes Catherine et Marguerite et de l'archange saint Michel. Elles lui demandent d'être pieuse, de libérer le royaume de France de l'envahisseur et de conduire le dauphin sur le trône. Elle rencontre la foi très jeune, elle s'y consacre immédiatement. Elle s'isole des jeunes de son âge. Tout le village constate sa très grande ferveur religieuse mais qu'elle se tient à l'écart des superstitions locales.

Départ de Domrémy pour Vaucouleurs puis Chinon
(1428 – février 1429)

En 1428 toute la France est déstabilisée par la guerre civile entre Armagnacs et Bourguignons.

Les conséquences sont ressenties jusque dans le village de Domrémy attaqué en mai et juin 1428, bien loin de Bourges, la capitale du dauphin vers lequel s'adresse toutes les prières de « la Jeannette de la Romée »

Quand les nouvelles du siège d'Orléans parviennent aux oreilles de Jeanne, dans le courant de 1428, « le gentil dauphin » est sur le point de perdre son beau royaume. En réponse à ses prières « la voix » ou les voix en échos reviennent, plus souvent et plus insistantes. Deux à trois fois par semaine dit-elle à son procès.

La voix lui répète qu'il faut partir en France. Mais comment aller seule si loin? Un jour elle reçoit l'ordre d'aller à Vaucouleurs, cette seigneurie près du duché de Bar. Robert de Baudricourt, lui seul peut donner une escorte. Jeanne craint de demander à son père l'autorisation de s'y rendre. Sous prétexte d'aller aux relevailles d'une cousine germaine, qui s'appelle elle aussi Jeanne, elle se rend à Burey. Pour cette aide elle est remerciée par le mari, Durand Laxart qui lui promet de l'emmener voir Beaudricourt.

Ils se mettent en route. Elle est en tenue de paysanne. Arrivée à Vaucouleurs, elle dit qu'elle veut s'enrôler dans les troupes du Dauphin. Elle demande audience à Robert de Baudricourt. Il lui permettrait de se rendre jusqu'à la cour s'il voulait bien lui remettre une lettre de crédit qu'elle remettrait ensuite au roi. Beaudricourt fini par la recevoir. Elle lui dit qu'elle vient « *de la part de son Seigneur, afin qu'il mandât au dauphin de bien se tenir et de ne point assigner bataille à ses ennemis, parce que le Seigneur lui donnerait secours avant le milieu du carême.* » L'étonnement de Beaudricourt ne l'émeu pas. Elle dit que « *le royaume n'appartient pas au dauphin mais à son seigneur mais que son Seigneur voulait que le* dauphin *devînt roi... qu'en dépit de ses ennemis il serait roi, et qu'elle même le conduirait au sacre ».*

- Quel est ton Seigneur » dit Robert.
- « Le Roi du ciel ».

Bien sûr Baudricourt prend la jeune fille pour une ces affabulatrices ou une illuminée qui court parfois dans les campagnes. Il conseille à Laxart de ramener sa cousine chez ses parents après lui avoir administré une bonne gifle. (témoignage procès réhabilitation)

Laxart retourne chez lui à Burey et Jeanne reste sur place à Vaucouleurs. Elle loge chez un charron, Henri et Catherine Le Royer. Pendant les trois semaines de son séjour elle se fait connaître comme une fille pieuse, douce, serviable, travailleuse qui file la laine avec son hôte et va prier régulièrement à Notre-Dame de Vaucouleurs.

Un enfant témoigne au procès: « *Elle y entendait, dit-il les messes du matin et y demeurait longtemps en prières, ou bien encore elle descendait dans la chapelle souterraine, et s'agenouillait devant l'image de Marie, le visage humblement prosterné ou levé vers le ciel.* »

Le charron, Henri Le Royer dépose au procès le 06 février 1456: « *J'ai entendu Jeanne dire qu'il lui fallait aller auprès du noble Dauphin, car son Seigneur, le Roi du Ciel, voulait qu'elle y aille, et elle était mandée de par le Roi du Ciel ; quand elle devrait y aller sur les genoux, elle irait ! A son arrivée chez moi, elle portait une robe rouge ; ensuite, on lui donna un vêtement d'homme, des chausses, tout un équipement, et montée sur un cheval, et elle fut conduite où était le Dauphin par Jean de Metz, Bertrand de Poulengy et leurs serviteurs, Colet de Vienne et Richard l'archer. Je les vis partir tous ensemble. Quand elle fut sur son départ, on lui demandait comment elle ferait pour éviter les gens de guerre qui tenaient le pays ; elle répondit qu'elle n'avait pas peur des gens de guerre, que sa voie était libre. S'il y avait des gens d'armes sur son chemin, elle avait Dieu son Seigneur. Il lui ferait la route pour aller au seigneur Dauphin et qu'elle était née pour cela.* »

Son insistance est telle qu'elle fini par convaincre plusieurs habitants du village, la rumeur se répand. Plusieurs des hommes d'arme avaient entendu la conversation du sire de Baudricourt avec elle. Ils viennent la revoir chez le charron.

Jean de Nouillompont, appelé aussi Jean de Metz, lui dit :

« *Ma mie, que faites-vous ici ? Faut-il que le roi soit chassé du royaume, et que nous devenions Anglais ? »* Elle répondit :

« *Je suis venue ici, à chambre de roi (dans une ville royale), parler à Robert de Baudricourt pour qu'il veuille mener ou faire mener au roi. Mais il ne prend souci ni de moi ni de mes paroles. Et pourtant, avant le milieu du carême, il faut que je sois devers le roi, quand je devrais user mes jambes jusqu'aux genoux ; car nul au monde, ni ducs, ni fille du roi d'Écosse, ni aucun autre ne peut recouvrer le royaume de France ; et il n'y a point de secours que de moi : et certes, j'aimerais bien mieux filer auprès de ma pauvre mère, car ce n'est point mon état ; mais il faut que j'aille et que je le fasse.*

- Qui est votre Seigneur ? dit Jean de Metz

- *C'est Dieu.*

Le brave soldat lui jure de la conduire au roi avec l'aide de Dieu. Il lui demande quand elle veut partir: « *Plutôt maintenant que demain, plutôt demain qu'après »* dit-elle.

Bertrand de Poulangy est là, c'est l'ami de Jean de Metz, pas question de louper l'occasion d'une belle aventure. Ce n'est pas tous les jours qu'on peut aller à la cour du roi.

Jeanne est jeune, elle teste son pouvoir sur les gens, elle se rend compte qu'elle a un grand charisme car bien que l'on ne la connaisse pas à Vaucouleurs, elle obtient le soutien populaire. Il reste à convaincre Robert de Beaudricourt. C'est lui qui décide de tout. Il entend les rumeurs de ses gens dans la seigneurie. Voilà trois semaines que cela dure. Il faut prendre une décision. Jeanne lui a fait part de ses révélations, de ses visions, de ses voix. Il ne sait pas quel crédit leur accorder et ne veux pas non plus être celui qui casse le rêve des ouailles de son curé. Pour se faire son opinion Beaudricourt a besoin des lumières de l'église. Il va chercher le curé de Notre-Dame de Vaucouleurs et tous les deux vont chez le charron.

Le curé rassure Beaudricourt. Il lui explique que si cette pucelle est sous l'emprise du diable, quelques prières et de l'eau bénite ne manqueront pas de la faire fuir. Si elle s'approche, c'est qu'il n'y a aucun maléfice. Revêtu de son étole, il entre dans la maison.

Jeanne s'approche du prêtre et se met à ses genoux. Humble et soumise à la prière elle se recueille. Mais elle garde sa vivacité d'esprit. Elle lui fait remarquer qu'elle est allé plusieurs fois à la messe dans son église et qu'il l'a même reçue en confession. Il devrait donc savoir déjà si elle était de bonne foi ou pas, et si c'est l'esprit malin qui s'exprime par sa bouche. Beaudricourt n'a toujours pas l'air convaincu. Elle lui rappelle une légende locale selon laquelle une femme perdrait la France (sous entendue Isabeau de Bavière) et qu'une jeune fille la sauverait. Or on attend encore cette jeune fille. Robert de Baudricourt doute encore, il hésite à écrire la lettre de crédit au roi. C'est un risque de se discréditer soi-même si cette pucelle est mal reçue par la cour.

Jeanne ne peut plus attendre: « Le temps, dit un témoin, lui pesait comme à une femme qui va être mère ». Tout le village commence à croire à la prophétie locale de cette petite lorraine qui va sauver la France. Tout le monde est avec elle, tous, excepté le sire de Baudricourt. Bertrand de Poulangy et Jean de Metz prennent les frais du voyage à leur charge, les villageois se cotisent.

Pour aller avec les hommes d'armes, il lui faut prendre une tenue guerrière. Les gens de Vaucouleurs l'équipent. Ils lui donnent tous les effets de l'uniforme de l'époque: gippon ou justaucorps; chausses longues liées au justaucorps par des aiguillettes; tunique ou robe courte tombant jusqu'aux genoux ; guêtres hautes et éperons, avec le chaperon, le haubert, la lance, et le reste. Un autre aide Laxart à lui acheter un cheval.

Déjà tout le monde parle dans le pays de la Pucelle, de ses révélations et de son prochain départ pour la cour.

Le duc Charles II de Lorraine, est malade. Il veut voir la curiosité du moment et peut-être par superstition prête-il un pouvoir de guérison à la messagère des voix divines. Il lui envoie un sauf-conduit pour passer la frontière.

Elle se rend en Lorraine. Il ne s'agit pas de négliger un appui important. Tout est affaire de réseau, même au XV siècle ! Le duc Charles de Lorraine, bourguignon de coeur mais ami des Angevins de Naples avait lié d'amitié avec Yolande d'Aragon et avait marié sa fille Isabelle avec René d'Anjou, le fils de Yolande qui est aussi la belle-mère de Charles VII. Jean de Metz l'accompagne jusqu'à Toul où le duc la reçoit. Il lui demande une consultation sur sa maladie. Elle lui répond que sa maladie est une punition de sa mauvaise conduite. Elle lui dit de reprendre « sa bonne femme, » dont il vit séparé. Jeanne ose promettre à un duc de prier pour sa guérison en échange de l'abandon par lui de sa maîtresse la belle Alison Du May et à la condition qu'il mette à sa disposition pour libérer la France, une escorte menée par son gendre René d'Anjou, beau-frère et ami du dauphin Charles.

Dans le procès, les juges de Rouen, qui veulent condamner une guérisseuse, une sorcière, ne manquent pas d'évoquer cet épisode. Jeanne, très habile, se borne à dire que, consultée par le duc, elle déclara ne rien savoir sur sa maladie, et qu'elle lui exposa en peu de mots l'objet de son voyage, ajoutant que s'il lui voulait donner son fils (en fait son gendre) et des gens d'armes pour la mener en France, elle prierait Dieu pour sa santé.

Pour le duc de Lorraine, il n'est pas question de lui donner cette puissante escorte, ni son crédit politique auprès du roi, mais en compensation il lui donne un cheval et un peu d'argent.

A partir de Toul elle se rend sur un lieu de pèlerinage près de Nancy pour aller prier Saint Nicolas. Elle revient à Vaucouleurs. Elle est impatiente de partir. A son arrivée, bonne nouvelle pour Jeanne, le sire de Beaudricourt donne son accord. Il a peut-être reçu des nouvelles de la cour de Bourges, cédé tout simplement à la pression

L'itinéraire de la première étape est connu.

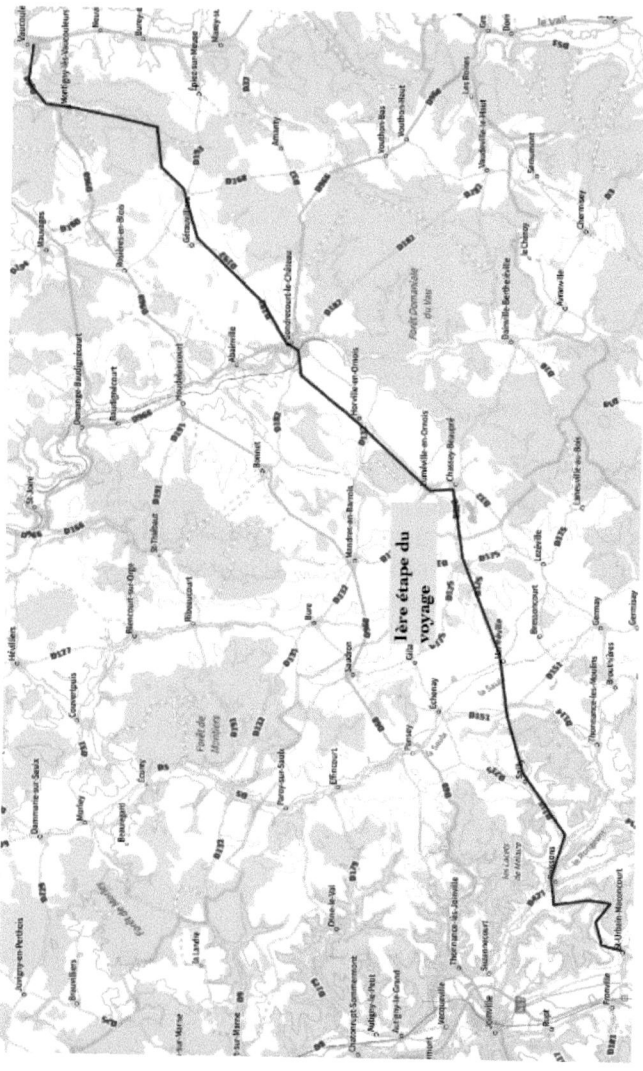

Vaucouleurs, Montigny, Gondrecourt-le-Château, Luneville-en-Ornois, Cirfontaines-en-Ornois, Poissons, Abbaye de St-Urbain-Maconcourt, puis les jours suivants Auxerre et Gien.

de son entourage ou considère t- il qu'elle doit être prise au sérieux puisque le duc de Lorraine l'a reçue.

La date de cette décision (12 février 1429) correspondrait à celle de la bataille de Rouvray, la fameuse « journée des harengs » qui a vu l'échec de l'attaque d'un convoi de ravitaillement des Anglais sur Orléans.

Jeanne vient le trouver et lui dit : « *En nom Dieu (au nom de Dieu : c'est son expression depuis le commencement de sa mission), en nom Dieu, vous mettez (tardez) trop à m'envoyer : car aujourd'huy le gentil (noble) dauphin a eu assez près d'Orléans un bien grand dommage ; et sera il taillé (il est en péril) encore de l'avoir plus grand, si ne m'envoyez bientôt vers lui.* »

Le lendemain, premier dimanche de carême, c'est à dire le 13 février, elle est autorisée à préparer son départ avec sa petite escorte: Jean de Metz et Bertrand de Poulengy, Jean de Honecourt et Julien, leurs servants, et deux autres qui connaissent la route, Colet de Vienne, messager du roi, et Richard l'Archer. Six hommes armés au total pour un si long voyage, à travers un pays hostile, la Champagne, contrôlée par les Anglo-Bourguignons. Le duché de Berry est loin. Les premiers compagnons d'armes de Jeanne d'Arc sont trop peu nombreux pour défendre leur protégée et bien assez pour risquer de se faire repérer. Mais c'est Jeanne qui rassure tout le monde. Elle dit qu'elle est venu à Vaucouleurs chercher l'autorisation de partir, qu'elle serait bien parti toute seule de toutes façons car il n'y a aucune crainte à avoir. Si des ennemis sont rencontrés en route, Dieu lui montre la voie jusqu'au dauphin. « *C'est pour cela, disait-elle, que je suis née.* »

Avant de partir pour Chinon, Jeanne d'Arc revêt les vêtements d'homme qu'on lui a donnés, plus pratiques pour la route. Catherine Le Royer, la femme du charron, lui coupe les cheveux à la mode masculine c'est à dire taillée en rond au dessus des oreilles et les tempes et la nuque rasées. Elle conservera ce genre vestimentaire et cette coiffure jusqu'à sa mort, excepté pour sa dernière fête de Pâques.

Le sire de Baudricourt assiste au départ. Il fait quelques recommandations d'usage pour la route et donne une épée à Jeanne.

Le 23 février 1429 Jeanne quitte son pays qu'elle ne reverra jamais.

Le voyage de Vaucouleurs à Chinon, où est la cour itinérante de Charles VII, n'est pas sans risque. Il faut traverser la Champagne. Tout le pays est contrôlé par les Anglais et les Bourguignons. Il faut emprunter les chemins pour éviter les rencontres, passer trois ou quatre rivières assez larges, la Marne, l'Aube, la Seine, l'Yonne, et parce qu'elles sont en crues, il faut obligatoirement passer par les ponts gardés par les ennemis. Pendant les onze jours de voyage, marchant le plus souvent la nuit, Jeanne n'approuve pas ces mesures de prudence. Elle veut s'arrêter au moins chaque jour dans une église pour prier. « *Si nous pouvions entendre la messe, leur disait-elle, nous ferions bien.* » Malgré le péril en pays ennemi, ses compagnons ne lui cèdent que deux fois. Ils s'arrêtent à l'abbaye de Saint-Urbain Maconcourt, pour passer la nuit, la veille de passer la Marne. Ils y sont reçus par l'abbé bénédictin Arnoult d'Aulnoy, un cousin de Robert de Beaudricourt.

Les onze jours de voyage de Vaucouleurs à Chinon du 23 février au 06 mars 1429. 1:Abbaye bénédictine de Saint-Urbain-Macaucourt; 2: Eglise st Pierre d'Auxerre; 3: Gien; 4:Eglise et aumônerie de Ste Catherine de Fierbois;   5:Chinon.

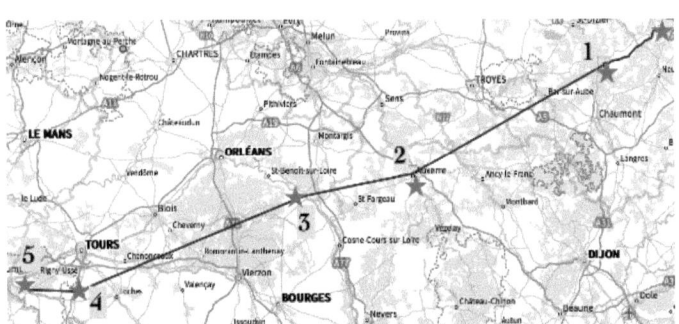

Une autre fois elle peut prier dans l'église Saint Pierre d'Auxerre. Jeanne accepte de se faire guider et que l'on évite les églises mais elle n'oublie pas de leur rappeler qu'elle a d'autres guides du Roy du ciel. Ses compagnons lui demandent si elle ferait tout ce qu'elle avait prédit. Elle répond qu'elle ne faisait qu'obéir à ses « frères du paradis ».

Elle marche sous la protection de Saint Michel, Sainte Catherine et Sainte Marguerite.

Bertrand de Poulangy témoigne le 06 février 1456 au procès de réhabilitation de Jeanne d'Arc. Voici ce qu'il ressort textuellement des archives. Le texte est en style indirect selon la procédure inquisitoriale, le greffier écrit « *A la question..., le témoin répond... » ainsi : «.... Au départ du pays, le premier jour, ils craignaient les bandes de Bourguignons et d'Anglais, alors tout-puissants, et ils marchèrent pendant une nuit. Le témoin déclara aussi que cette Jeanne la Pucelle lui disait, à lui, témoin, à Jean de Metz et aux autres allant avec eux, qu'il serait bon d'entendre la messe ; mais ils ne le purent, tant qu'ils furent dans les pays en guerre, pour ne pas être reconnus. Chaque nuit elle était couchée avec lesdits Jean de Metz et le témoin, elle était cependant revêtue de son pourpoint et ses chausses lacées et fixées. Il déclara aussi qu'à cette époque lui, témoin, était jeune ; cependant il n'avait pas le désir ni quelque envie charnelle de connaître une femme, et il n'aurait pas osé solliciter ladite Jeanne, à cause de la bonté qu'il voyait en elle.*

Ledit témoin (Poulangy) ajouta qu'ils restèrent onze jours en voyage pour aller jusqu'au roi, alors dauphin, et en route ils eurent beaucoup d'inquiétudes ; mais Jeanne toujours leur disait de ne rien craindre, car, une fois arrivés dans la ville de Chinon, le noble dauphin leur ferait bon visage. Elle ne jurait jamais ; et le témoin, selon ses dires, était très enflammé par ses paroles, car elle lui semblait être envoyée par Dieu ; jamais en elle il ne vit quelque chose de mauvais, mais toujours elle fut une fille si bonne qu'on aurait dit une sainte ; et ainsi ensemble, sans grand encombre, ils cheminèrent jusqu'au lieu de Chinon, où était le roi, alors dauphin ; et arrivés audit lieu de Chinon, ils présentèrent ladite Pucelle aux nobles et gens du roi, auxquels le témoin s'en rapporte pour les actions de Jeanne. Il ne saurait rien ajouter à sa déposition. »

Le 1er mars 1429, ils passent la Loire à Gien, où les terres sont plus sûres. La suite de l'itinéraire n'est pas connue. Il est possible de rejoindre la vallée du Cher, puis celle de la Vienne plus sûres pour rejoindre Chinon. Après 200 km de marche, la route les mène à Sainte-Catherine de Fierbois, en Touraine[3]. Pour remercier Dieu de sa victoire sur les Sarrasins, Charles Martel avait fait édifier une chapelle consacrée à Ste Catherine d'Alexandrie, près des « fiers bois » de Touraine où il livra bataille. Depuis, les soldats viennent demander protection et y déposent leurs armes en ex-voto. L'église est consacrée à l'une des deux patronnes de Jeanne. Elle y vient naturellement et y entend trois messes, comme pour compenser les privations de prières des derniers jours. Maintenant qu'ils n'ont plus à craindre de surprises de l'ennemi, ils ne cachent plus l'objet de leur voyage aux gens qu'ils rencontrent. Depuis la Touraine, la nouvelle va pouvoir remonter le cours de la Loire jusqu'à Orléans. Une paysanne que l'on nomme « la Pucelle », accompagnée de quelques soldats lorrains, est en marche pour faire lever le siège de leur ville et mener le roi à Reims. Dans l'aumônerie de Sainte Catherine où elle loge, elle demande de quoi écrire et dicte une lettre au roi le 04 mars pour lui demander la permission de le rencontrer à Chinon. Elle explique qu'elle a fait ce très long voyage pour lui venir en aide, qu'elle vient lui porter de bonnes nouvelles qu'elle ne dira qu'à lui seul est qu'elle saura le reconnaitre parmi tous les seigneurs de la cour.

Le 06 mars 1429 Jeanne arrive à Chinon, après onze jours de voyage.

Son voyage avait sans doute été annoncé avant l'arrivée de sa lettre à Chinon. La petite troupe arrive sans surprise à la cour de Charles VII. L'accueil est mitigé. L'ambiance est lourde. La position du roi devient chaque

---

[3] *L'église a été construite après l'incendie de l'antique chapelle de Ste Catherine en 1440.*

jour plus critique. Sa détresse est extrême. Le trésorier déclare que les caisses sont vides.

Le roi ne sait plus quoi faire pour sauver Orléans, et, si Orléans est prise, il en est réduit à se demander en quel pays il chercherait un refuge : en Dauphiné, en Castille ? La reine de Sicile, duchesse d'Anjou, mère de la reine, et plusieurs seigneurs de la cour ont beaucoup à perdre. Leur sort est lié avec celui du « roi de Bourges ». Parmi ceux qui ont à perdre il y a Georges 1er de La Trémouille, grand chambellan de France. Il a prêté au roi 27 000 livres contre le gage de la Châtellenie de Chinon. D'après de Fresne de Beaucourt qui cite des lettres du 29 octobre 1428 avec un état des sommes et des lettres qui prouvent le gage de Chinon.

Il ne peut pas être question de compromettre la sécurité de Charles dans une entrevue avec une fille inconnue qui, selon les rumeurs populaires, pourrait bien se trouver folle ou soupçonnée d'attenter à la vie du roi.

Le conseil en discute. Plusieurs vont la voir pour servir d'intermédiaire mais elle ne veut parler qu'au roi. Ils insistent, ils la pressent et de leur dire à eux-mêmes ce qu'elle se réservait de dire au roi. D'autres pensent que puisqu'elle se dit envoyée de Dieu, il faut consulter les ecclésiastiques. Ces derniers ne voient pas de raison d'empêcher la rencontre. On hésite encore. On finit par expliquer à Charles qu'elle a une lettre de Baudricourt dont est porteur Jean de Metz, et qu'elle avait couru des risques pour faire toute cette longue route. De plus des habitants d'Orléans ayant appris l'arrivée de Jeanne à Chinon, sont venus voir ce qu'on attendait pour envoyer des secours. Il y a ses deux compagnons de route: Bertrand Poulangy et Jean de Metz. Ils l'accompagnent depuis plusieurs jours, ils ont fait la route ensemble depuis Vaucouleurs. Ils la connaissent. Ils sont donc consultés. Ils affirment qu'ils se sentent bien mieux renforcés dans leur foi, grâce à elle, après l'épreuve de ce voyage. Ils sont demandés au conseil du roi. Interrogés, ils répondent avec chaleur et conviction. Ils sont persuasifs.

Après deux jours d'attente encore, Jeanne fait son entrée à la cour. C'est le comte de Vendôme qui vient la chercher et la présente. Elle entre au château, avec assurance et respect.

Jean Chartier raconte:

« *Elle fit les inclinations et révérences accoutumées de faire aux rois, ainsi que si elle eût été nourrie à la cour* », « *Le roi, pour la mettre à l'épreuve, s'était confondu parmi d'autres seigneurs plus pompeusement vêtus que lui, et quand Jeanne, qui ne l'avait jamais vu, le vint saluer, disant « Dieu vous donne bonne vie, gentil roi ! »*

- Je ne suis pas le roi, dit-il : voilà le roi » ; et il lui désignait un des seigneurs.

Mais Jeanne répond *: « En nom Dieu, gentil prince, vous l'êtes, et non un autre. Et, abordant l'objet de sa mission, elle lui dit que « Dieu   l'envoyait pour lui aider et secourir » ; elle demandait "qu'il lui baillât gens", promettant de faire lever le siège d'Orléans, et de le mener sacrer à Reims. Elle ajoutait « que c'estoit le plaisir de Dieu que ses ennemis les Anglois s'en allassent en leur pays ; que le royaume lui devoit demeurer, et que s'ils ne s'en alloient, il leur mescherroit (arriverait malheur). »*

Parmi les princes se trouve le jeune duc d'Alençon, [4] il est sur le retour de la chasse aux cailles à Saint-Florentin-Les-Saumur quand l'un de ses serviteurs lui annonce l'arrivée à Chinon d'une jeune fille qui se disait envoyée de Dieu pour expulser les Anglais et faire lever le siège d'Orléans. Aussitôt il entre dans la pièce alors qu'elle parlait au roi. Charles le présente à Jeanne : « *Soyez le très bien venu, dit-elle : plus il y en aura ensemble du sang royal de France, mieux en sera-t-il.* » Alençon raconte à La Trémoille que le lendemain à la messe, elle fit plusieurs requêtes au roi: elle lui demandait « *de donner son royaume au Roi des cieux, et que le Roi des cieux, après cette donation, ferait pour lui comme pour ses prédécesseurs, et le rétablirait dans son ancien état.* » (voir déposition de Jean

---

[4] *pris à Verneuil 1424, dépossédé de son duché et en détention pendant trois ans, le temps de rassembler la rançon de 20.000 saluts d'or.*

d'Alençon le 03 mai 1456 au procès de réhabilitation)

Sa personnalité laisse perplexe l'entourage du roi. Elle se présente toute vêtue de noir « pourpoint et chausses attachées, robe courte de gros gris noir » (rapport du greffier de la Rochelle), les cheveux noirs coupés à l'écuelle. Elle parle sans timidité au roi. Pour montrer tant d'assurance et d'insolence, c'est que son voyage n'a pas été si périlleux que çà. Le fait d'avoir reconnu le roi lui donne-t-il le droit d'obtenir des armes?

On raconte que le jour de son arrivée, un homme à cheval voit entrer celle qui est annoncée et dit : « Est-ce là la Pucelle ? » et il se moquait grossièrement sur son titre, reniant Dieu. « *Ah dit Jeanne, tu le renies, et tu es si près de ta mort !* » *Dans l'*heure qui suivit, l'homme tombait à l'eau des douves et se noyait.

Les plus favorables ne savent quoi penser et « demandent à voir » la suite des évènements.

Le roi la confie à Guillaume Bélier, son Lieutenant à Chinon, dont la femme est dévote et de bonne réputation.

Il ordonne aussitôt qu'une enquête discrète soit diligentée dans le pays natal de la visiteuse. Pendant ces quelques jours d'attente elle est confrontée à des gens d'église et à des personnages de la cour. Sans perdre son calme et son assurance devant l'évêque ou devant La Trémouille elle répond à toutes les questions. Elle sollicite une mission guerrière, on lui répond que c'est une femme. Elle prétend ne pas être ridicule au combat des armes.

Un jour après le dîner, le roi fait une promenade à cheval avec le duc d'Alençon, dans la prairie sur les berges de la Vienne. Elle les rejoint au galop, et leur fait une démonstration de sa maîtrise de la lance. Le duc d'Alençon, impressionné, la félicite et lui donne un cheval.

Ces entretiens se poursuivent jusqu'à sa chambre dans la tour du fort du Coudray, attenante au château.

Un jour enfin, elle vient trouver le roi et lui dit : « *Gentil dauphin, pourquoi ne me croyait vous ? Je vous dis que Dieu a pitié de vous, de votre royaume et de votre peuple : car saint Louis et Charlemagne sont à genoux devant lui, en faisant prière pour vous ; et je vous dirai, s'il vous plait, telle chose, qu'elle vous donnera à connoitre que me devez croire. »*

Jeanne lui dit quelque chose en privé.

Il y a là deux versions:

-L'auteur de la chronique dit qu'il y a des témoins de sa déclaration: le duc d'Alençon, Robert Le Maçon seigneur de Trèves (en Anjou), Christophe d'Harcourt et Gérard Machet, confesseur du roi. Après lui avoir fait jurer de ne rien révéler, elle dit au roi *« une chose de grande conséquence qu'il avait faite bien secrète ; dont il fut fort ébahi : car il n'y avait personne qui pût le savoir que Dieu et lui ».*

-D'autres, disent que les témoins sont à l'écart mais qu'ils ont vu le roi impressionné: « Ce qu'elle a dit, nul ne le sait, écrit Alain Chartier en juillet 1429, mais il est bien manifeste qu'il en a été tout rayonnant de joie ; comme à une révélation de l'Esprit Saint ».

Quel est ce signe ? Jeanne est interrogée par ses juges. Elle confirme les derniers témoignages: *« qu'elle ne pense pas que personne ait été alors avec le roi, quoiqu'il y eût bien des gens assez près ».* Mais en même temps elle déclare qu'elle ne veut rien dire. Elle persiste longtemps dans ce refus, malgré tous les demandes réitérées de ses juges il n'a pas été possible d'en savoir davantage.

Mais une parole de Jeanne est entendue dans sa conversation avec le roi. Des propos tenus avec une telle autorité que l'entourage proche ne peut en croire ses oreilles: *« Je te dis de la part de Messire que tu est vray héritier de France et fils du roy. »*

Cette phrase, est reproduite en français, dans les minutes du procès, pas dans la déposition de Pasquerel, l'aumônier de Jeanne.

Plus tard, le sire de Boisy ancien chambellan de Charles VII raconte à Pierre Sala qu'un jour Charles entra dans son oratoire et à haute voix prononça une prière à Dieu. Il dit à Dieu que *« s'il était le vrai héritier de la maison de France, (il en avait le doute à cause de la rumeur sur sa mère Isabeau) et que le royaume devait lui revenir de droit, il plût à Dieu de l'aider à le garder et le défendre, sinon de lui permettre de se sauver pour trouver un refuge. »*

Cette prière de Charles, connue de Dieu seul, ou à travers le secret d'une confession, lui est rappelée dans les paroles de Jeanne.

Comment pouvait-elle en connaitre le secret, pense Charles. C'est une révélation.

Jeanne a besoin que le roi croit en elle et le roi a besoin de croire en lui même.

Charles reprend confiance mais il est prudent, il pense à raison qu'il ne faut pas confier son destin à cette pucelle inconnue même si sa foi, sa piété paraissent sincères.

Avant de ce décider, il veut s'éclairer des lumières des membres de l'Université de Paris qui lui sont restés fidèles et siègent au Parlement de Poitiers. Par une enquête préliminaire solennelle il veut connaitre l'inspiration de la Pucelle et donner à sa futur décision un argument juridique incontestable.

Jeanne comprend la résolution du roi car elle déclare:

« En nom Dieu, dit-elle, je sais que j'y aurai bien à faire : mais Messire m'aidera. Or allons de par Dieu ». Elle se rappelle certainement que Beaudricourt avait eu la même idée en faisant appel au curé de son village.

Poitiers

APoitiers, Jeanne est l'invitée de l'une des plus honorables familles de la cité : celle de Jean Rabateau, avocat général au parlement. Tout l'épisode de Poitiers est raconté par les témoignages et la « Chronique de la Pucelle[5] » article 42: « Elle était toujours en habit d'homme et n'en voulait vêtir d'autre.... » ainsi que dans la déposition de l'écuyer du roi, Robert Thibault, au procès de réhabilitation. Régnault de Chartres, l'archevêque de Reims, chancelier de France, en accord avec les membres du conseil, convoque les évêques ou futurs évêques présents, membres du parlement de Poitiers. Ils ont quitté l'université de Paris en 1418 pour suivre Charles VII. Gérard Machet, évêque de Castres, confesseur du roi ; Simon Bonnet, évêque de Senlis; l'évêque de Maguelonne et l'évêque de Poitiers; maitre Pierre de Versailles, évêque de Meaux, et plusieurs autres, au nombre desquels le dominicain frère Seguin, qui fera le récit de ces conférences.

Régnault de Chartres leur dit qu'ils ont la commission rogatoire du roi pour interroger la Pucelle et faire leur rapport au conseil.

Au lieu de faire amener Jeanne au Parlement, ils vont chez maitre Jean Rabateau[6] à l'Hotel de la Rose pour l'interroger.

---

[5] *Chronique de la Pucelle, ou Chronique de Cousinot, 63 chapitres, suivie de la Chronique normande de P. Cochon, relatives aux règnes de Charles VI et de Charles VII, restituées à leurs auteurs et publiées pour la première fois intégralement à partir de l'an 1403, d'après les manuscrits, avec notes et développements, synthèse en 1859, par Auguste Valet médiéviste chargé par son ministre en 1838 de rédiger l'itinéraire chronologique de Charles VII*

[6] *Jean Rabateau, qui serait né à Fontenay-le-Comte vers 1370 ou 1375, fut "avocat général, conseiller au Parlement, membre du conseil de Charles VII, président de la Cour des comptes, ambassadeur du roi, président au Parlement de Paris, s'exila à Poitiers de 1418 à 1436. L'hotel de la Rose était 13 rue Notre Dame La Petite selon certains sources.*

Dès qu'elle les voit entrer dans la salle, elle s'assoie au bout du banc, et leur demande ce qu'ils veulent. Ils lui disent « *ils venaient devers elle, parce qu'on disait qu'elle s'était présentée au roi comme envoyée par Dieu vers lui ; et ils lui montrèrent par de belles et douces raisons qu'on ne devait pas la croire. Ils y furent pendant plus de deux heures où chacun parla à son tour ; et elle leur répondit de telle sorte qu'ils étaient grandement ébahis comment une si simple bergère, une jeune fille, pouvait si prudemment répondre. »*

Les procès-verbaux de ces conférences n'ont pas été conservés. Les interrogatoires sont menés par des hommes sincères. Ils recueillent des réponses libres, qu'ils transcrivent sans réticence ni altération.

La première visite commence par les questions usuelles sur elle, sur sa famille, sur son pays. Comme s'il se tenait un tribunal ecclésiastique chez Jean Rabateau.

Jean Lombart lui demande pourquoi elle a fait tout ce long voyage pour venir voir le roi. Elle raconte ses visions. Que ce sont ses voix qui lui avaient appris les évènements au royaume de France, et qu'elle devait s'y rendre. Apprenant le malheur de la France, elle s'était mise à pleurer. Mais la voix avait commandé, il fallait obéir. Elle raconte ensuite son voyage, tous les obstacles franchis, tels que cela lui avait été prédit.

Si les archives de ces interrogatoires n'ont pas été conservées, il reste une sorte d'écho, dans les dépositions de deux témoins en 1451: Gobert Thibault, écuyer du roi, et frère Seguin, docteur en théologie:

« La chronique de la Pucelle » relate:

Alors Seguin, un « *bien aigre homme* », voulant savoir que penser de ses voix, lui demanda quelle langue elles lui parlaient » :

- "*Meilleure que la vôtre*," répondit-elle.

Il parlait limousin.

« *Croyez-vous en Dieu ?* » dit le docteur visiblement blessé.

- *Mieux que vous,* » réplique Jeanne sur le même ton.

« *Eh bien !* reprit Seguin, *Dieu défend de vous croire sans un signe qui porte à le faire* » et il déclare que, pour sa part, il ne donnerait point au roi le conseil de lui confier des gens d'armes et de les mettre en péril sur sa simple parole.

- « *En nom Dieu*, répliqua Jeanne, *je ne suis pas venue à Poitiers pour faire signes ; mais menez-moi à Orléans, et je vous montrerai les signes pour quoi je suis envoyée. Qu'on me donne si peu de gens qu'on voudra, j'irai à Orléans.* »

Le frère Seguin, est présenté par la Chronique comme « bien aigre homme » mais il faut qu'il soit honnête pour rapporter ces propos qui ne sont pas à son avantage mais sans doute proches de la vérité.

Le lendemain, dames, demoiselles et bourgeoises viennent lui parler pour desceller s'il n'y a pas quelques failles dans la personnalité de la pucelle qui se dit moralement irréprochable.

Entre plusieurs autres choses, elles lui demandent pourquoi elle ne prenait pas habit de femme, et elle leur répond : « *Je crois bien que cela vous semble étrange, et ce n'est pas sans cause ; mais il faut, puisque je me dois armer et servir le gentil Dauphin en armes, que je prenne des habits propices et nécessaires pour cela; et aussi quand je serai entre les hommes, avec des habits d'homme, ils n'auront pas concupiscence mauvaise à mon sujet, et il me semble qu'en cet état je conserverai mieux ma virginité de pensée et de fait* ».. (*Chronique de la Pucelle*)

Plusieurs fois dans son procès à Rouen, Jeanne rappellera à ses juges du parlement de Paris, qu'elle avait déjà répondu aux mêmes questions à d'autres juges du parlement de Poitiers. Le texte de la Chronique de la Pucelle relate:

« *Entre les autres, il y eut un Carme, docteur en théologie, bien aigre homme, qui lui dit que la sainte Écriture défendait d'ajouter foi à telles paroles, si elle ne montrait pas des signes ; elle répondit aussitôt qu'elle ne voulait pas tenter Dieu, et que le signe que Dieu lui avait ordonné, c'était de lever le siège de devant Orléans et de mener sacrer le roi à Reims ; qu'ils y vinssent et qu'ils le verraient; ce qui semblait chose forte et comme impos-*

sible, vu la puissance des Anglais, et que d'Orléans et de Blois jusqu'à Reims, il n'y avait place française.

Il y eut un autre docteur en théologie, de l'ordre des Frères prêcheurs,

Guillaume Aymeri qui lui dit: « Jeanne, vous demandez des hommes d'armes, et vous dites en même temps que c'est le plaisir de Dieu que les Anglais laissent le royaume de France, et s'en aillent dans leur pays. Si cela est, il ne faut pas de gens d'armes, car le seul plaisir de Dieu peut les déconfire, et les faire aller en leur pays. » A quoi elle répondit qu'elle demandait des gens, mais nullement en grand nombre, qu'ils combattraient et que Dieu donnerait la victoire. Maître Aymeri avoua que c'était bien répondu.

Après cette réponse faite par Jeanne, les théologiens s'assemblent pour s'entendre sur ce qu'ils avaient à conseiller au roi ; ils concluent que, bien que les choses dites par ladite Jeanne leur paraissent étranges, le roi pouvait cependant s'y fier, et essayer d'exécuter ce qu'elle disait.. » (Chronique de la Pucelle »)

L'examen se prolonge pendant trois semaines, et Jeanne montre parfois son impatience. Gobert Thibault, raconte que le jour de sa visite à Jeanne il est accompagné de Jean Érault et de Pierre de Versailles. La Pucelle, qu'il avait rencontrée à Chinon le reconnait, lui frappe amicalement sur l'épaule et lui dit « qu'elle voudrait bien avoir beaucoup d'hommes de son caractère. »

Puis, s'adressant à maitre Pierre de Versailles :

« Je crois bien, dit-elle, que vous êtes venu pour m'interroger : je ne sais ni A ni B ; mais je viens de la part du Roi des cieux pour faire lever le siège d'Orléans, et mener le roi à Reims, afin qu'il y soit couronné et sacré. »

Et ensuite :

« Avez-vous du papier, de l'encre ? dit-elle au théologien Jean Érault. *Écrivez ce que je vous dirai » : « Vous, Suffort, Classidas et La Poule, je vous somme par le Roi des cieux, que vous en alliez en Angleterre… »*

La lettre, écrite ce jour là, se retrouvera en original au procès.

Elle n'est pas seulement interrogée par des ecclésiastiques sur ses révélations, on demande à des femmes de la surveiller sur sa manière de vivre, sur ses croyances, bref, il faut être sûr que sa moralité soit irréprochable.

Jeanne se montre toujours sûre d'elle, parfois à la limite de l'arrogance. Elle dit aux docteurs de droit: « *Il y a ès livres de Notre-Seigneur plus que ès vôtres.* » Malgré ces vivacités de langage contre leur science, ils reconnaissent qu'elle leur répond avec prudence. Plusieurs croient sincèrement à son inspiration.

En bons juristes, les juges recherchent dans les annales l'existence de précédents, d'histoires de prophéties ou de visions.

Christine de Pisan, la poétesse, toujours vivante en 1429 a parlé autrefois d'une vague prophétie de Merlin parlant d'une jeune fille.

Jean Érault, rappelle à l'assemblée la mémoire de Marie d'Avignon, une femme renommée qui avait prédit la déchéance de la France mais elle avait eu plusieurs visions, celle de combats, et celle d'une jeune fille. Elle avait interprété ses visions et était venue les dire au roi: une pucelle viendrait après elle, qui porterait ses armes et délivrerait la France de l'ennemi. Pour Jean Érault il n'y a pas de doute, Jeanne est cette pucelle de la prédiction.

Les docteurs de l'université déclarent que le roi, malgré l'urgence de la situation politique, avait bien agit. Il n'a pas rejeté la pucelle, il n'a pas non plus cru trop légèrement à ses déclarations, et surtout il a bien fait de la faire conduire à Poitiers.

Ainsi, Jeanne a fait l'objet d'une enquête sérieuse qui sera ignorée par les juges de Rouen.

Le parlement de Poitiers est en effet constitué des docteurs de l'université de Paris qui ont choisi le parti Armagnac contre celui des Bourguignons.

Pendant six semaines, elle a été interrogée par le roi, visitée par de nombreuses personnes de qualité, on a cherché dans sa vie, et dans ses actes la preuve de ses dires.

Rien de défavorable n'a été découvert et on a trouvé en elle que « *bien, humilité, virginité, dévotion, honnêteté, simplesse.* »

On attend d'elle une preuve, un signe.

Son signe, c'est devant Orléans qu'elle prétend le montrer. Il faut donc la mener à Orléans : « *car la délaisser sans apparence de mal, ce seroit répugner au Saint-Esprit et se rendre indigne de l'aide de Dieu.* »

Après les docteurs de l'université de Poitiers, les matrones font leur rapport à leur tour. La belle-mère du roi, les dames de Gaucourt et de Trèves attestent que Jeanne est digne de porter son surnom populaire de Pucelle. Dès lors la démonstration est complète : l'âme pure d'une vierge, ne pouvait avoir eu commerce avec le démon.

La chronique de la Pucelle raconte:

« *Le peuple, n'a pas eu besoin de toutes ces épreuves pour croire en elle. Les plus incrédules viennent l'écouter et repartent convaincus en avouant qu'elle est une créature de Dieu; plusieurs en revenant sont très émus et pleurent à chaudes larmes. Jeanne gagne tous les suffrages. Les hommes d'Église rendent témoignage à sa vertu et à sa foi ; les hommes de guerre s'émerveillent de la façon dont elle parle sur le fait des armes ; et les dames et les damoiselles ne s'étonnent pas de trouver une simple jeune fille admirée des hommes de guerre et des docteurs. Sous les armes, par sa tenue militaire, par ses discours elle était convaincante.*

Et dès qu'elle se retrouvait sans tout cet équipement, elle redevenait la Jeanne de son village, moult simple et peu parlant, toujours pieuse et recueillie, priant dans le secret, et accueillant avec bonté les hommes de toute condition que la curiosité attirait autour d'elle, mais principalement les femmes. Elle leur parlait si doucement et si gracieusement, dit la Chronique, qu'elle les faisait pleurer. Elle s'excusait auprès d'elles de l'habit qu'elle portait : et les femmes surtout la devaient comprendre. »

L'habit d'homme, sera au centre des débats du tribunal de Rouen en 1431.

Les évêques et les docteurs de l'université de Poitiers ne voient pas dans le port de la tenue militaire de Jeanne une attitude qui touche à la pudeur ou porte atteinte au droit canon.

Peu de temps après la délivrance d'Orléans, l'archevêque d'Embrun aurait écrit au roi.

« *Il est plus décent, de faire ces choses en habit d'homme, puisqu'on les doit faire avec des hommes.*». Il ne reste presque aucun écrit de l'enquête de Poitiers. Il n'est pas prouvé que la question du port de sa tenue a été abordée.

Tours

L e 20 avril Jeanne est de retour à Chinon. Il n'y a pas de temps à perdre. Le roi l'envoie à Tours et il organise une petite troupe d'une dizaine d'hommes autour de la Pucelle: un écuyer, chef de sa maison militaire: Jean d'Aulon, elle garde ses deux guides Jean de Metz et Bertrand de Poulengy, qui ne l'ont pas quittée, il y a les deux frères de Jeanne (Jean et Pierre) qui sont venus la rejoindre à Chinon; deux pages: Louis de Coutes, rencontré à la tour du Coudrai, et un autre du nom de Raymond; de plus, quelques valets, deux hérauts d'armes. Un religieux augustin, frère Jean Pasquerel, compagnon de route jusqu'à Chinon, comme aumônier. La plupart témoignent au procès en réhabilitation.

Charles donne l'ordre de faire à la Pucelle une armure complète sur mesure et il lui donne une épée et des chevaux pour elle et pour ses gens.

Elle dit qu'elle préfère une de ces épées qu'elle avait vues en ex-voto à la chapelle de Saint Catherine de Fierbois. Elle demande à ce qu'on aille y chercher, derrière l'autel, dans un coffre, à une petite profondeur, une épée marquée de cinq croix. Toute couverte de rouille, elle est découverte comme elle l'avait décrite. A partir de 1415, après la défaite d'Azincourt, des hommes d'armes étaient venus déposer tout ou partie de leur armement en remerciement de la protection de Sainte-Catherine. Nettoyée facilement, l'épée est envoyée à Jeanne avec deux four-reaux magnifiques pour les cérémonies, l'un de velours vermeil, l'autre de drap d'or. Pour l'usage ordinaire elle s'en fait faire un autre de cuir fort. Les cinq croix sur la lame représentent le cinq plaies du Christ.

La date de l'arrivée à Tours n'est pas connue. Elle y reste environ un mois.

Au procès en réhabilitation, Jean Pasquerel té-moigne: *«J'étais précisément lecteur dans un couvent de cette ville. A Tours, Jeanne demeurait pour lors au logis de Jean Dupuy, bourgeois de la ville. Nous l'y rencontrâmes. Mes compagnons lui dirent: « Jeanne nous vous amené ce bon père. Quand vous le connaîtrez bien, vous l'aimerez bien. » Jeanne leur répondit: « Le bon père me rend bien contente. J'ai déjà entendu parler de lui et dès demain je me veux confesser à lui. »*

Déposition de Louis de Coutes, le page de Jeanne: *« A Tours le duc d'Alençon donna à Jeanne un cheval que j'ai vu précisément au logis Lapau. C'est à Tours encore que je devins page de Jeanne avec un nommé Raymond. Depuis lors je restai toujours avec Jeanne et allai constamment en sa compagnie, la servant en l'office de page tant à Blois qu'à Orléans et, jusque'à ce qu'on allait devant Paris. »*

Louis de Coutes précise que Jeanne d'Arc loge chez Eléonore de La Pau. Cette femme est l'épouse de Jean Dupuy. Le couple est bien en vue à la cour puisque le mari est conseiller de la belle-mère de Charles, duchesse d'An-jou Yolande d'Aragon, et sa femme Eléonore est dame d'honneur de la reine Marie d'Anjou. Jean Dupuy a été nommé duc de Touraine sauf le comté de Chinon qui a été donné en gage à La Trémoille qui a prêté de l'argent au roi. Jehan « du PUY » possède deux maisons : l'une, rue Briçonnet, n°16, l'autre, à la rue des Carmes, au n°15 ac-tuel de la rue Paul-Louis Courrier, (où s'élevait jusqu'en juin 1940 un hôtel du 18e siècle portant la plaque du cin-quième centenaire).

A Tours, l'armurier Colas de Montbazon[7] lui fabrique une armure pour cent livres tournois d'après les comptes du trésorier des guerres, Hémon Regnier. (« Une brigandine est une petite cotte de mailles ou armure légère en usage du XIIème au XVème siècle. Corselet de plates rivées sur cuir ou sur tissu. »)

Rendant de fréquentes visites chez Colas de Montbazon pour les essayages de son armure, elle va probablement à plusieurs reprises chez le peintre, Hamish Power, souvent nommé, Hennes ou Heuves POLVOIR, et même « POLNOIR », surnom : poil noir, sans doute par déformation de son métier de peintre.

Jeanne tisse des liens avec la fille du peintre, Héliote, dont elle se fait une amie. Plus tard alors qu'elle se trouve à La Charité sur Loire Jeanne d'Arc apprend qu'Eliote doit se marier le 10 février 1430. Elle envoie une lettre à messire Jehan Dupuy et aux élus de la ville de Tours. Elle leur demande de verser dans « la corbeille de la mariée » une somme de cent écus.

Les élus de la ville délibèrent:« ....Par les quelx a esté délibéré que à la fille de Heuves Polnoir, paintre, qui de nouvel est mariée, pour l'onneur de Jehanne la Pucelle, venue en ce royaume devers le roy pour le fait de la guerre, disant à lui avoir esté envoyée de par le roy du Ciel contre les Anglois ennemis de ce royaume, laquelle a escript à la ville que pour le mariage de lad. fille, icelle ville lui paie la somme de C. escus ; - que, de ce, riens ne lui sera paié, ne baillé, pour ce que les deniers de la ville convient emploier ès réparacions de la ville et non ailleurs ;- mais, pour l'amour et honneur de lad. Pucelle, iceulx gens d'église, bourgeois et habitans feront honneur à lad. fille à sa bénédiction, qui sera jeudi prochain ; - et d'icelle feront prier au nom de lad. ville ; et pour faire lad. prière aux hommes notables d'icelle ville, est ordonné Michau Hardoin, notaire de lad. ville, et à icelle fille sera

---

donné du pain et du vin le jour de sa bénédiction ; c'est assavoir : le pain, d'un septier de froment, et quatre jalayes de vin. »

Cent écus est une somme importante pour la ville de Tours qui est en guerre et qui a besoin de cet argent pour sa défense. Malgré la recommandation de Jehanne ce don est refusé à la fille du peintre. Cependant les notables de la ville assistent à la bénédiction nuptiale, et contribuent aux frais du festin.

Ainsi, la jeune Héliote obtint du moins, « pour l'honneur de la Pucelle », du pain, du vin et un mari (dont nous ignorons le nom)..

Sur ses instructions elle fait faire à Tours par Hennes Poulvoir, un étendard dans une toile de lin claire à chaine et trame peu serrée. Elle demande qu'il soit brodé de soie, « *au champ d'argent (blanc) semé de lis ; sur la face, avec l'inscription JESUS MARIA, l'image de Dieu assis sur les nuées du ciel, portant le monde dans sa main, et de chaque côté un ange lui présentant une fleur de lis qu'il bénissait ; et sur le revers, l'écu de France, tenu par deux anges.* »

Elle se fait faire aussi un pennon, où était peinte une Annonciation: la Vierge et l'ange un lis à la main.

Le 27 février 1431 au 4ème interrogatoire public de son procès elle dira: « *...elle doit parler de sa bannière et on lui demande ce qu'elle préfère, l'épée ou la bannière.*

« *J'aime beaucoup plus, dit-elle, quarante fois plus la bannière que l'épée.*

— *Qui vous a fait faire les peintures qu'on y voit ?*

— *Je vous ai assez dit que je n'ai rien fait que du commandement de Dieu.* »

Elle ajouta qu'elle portait sa bannière quand elle chargeait l'ennemi pour éviter de tuer personne :

« *Et je n'ai jamais tué personne,* » *dit-elle.*

Au Moyen Âge, les armées se couvrent de symboles religieux, hérités des croisades. Pour aller à la guerre les vassaux se rangent derrière la même bannière. Le seigneur banneret est celui qui peut lever bannière en réunissant ses vassaux. La bannière du banneret, attachée au bout de la lance, est carrée et se distingue du pennon du simple chevalier, prolongé en pointe. « Couper la pointe du pennon », c'était faire d'un chevalier un banneret. Mais, à côté de ces bannières, existent celles des milices, d'origine plus religieuse. Philippe Ier avait ordonné aux évêques de s'entendre avec les bourgeois des villes pour lever les milices par commune ou par paroisse.

Les troupes ainsi fournies marchaient derrière la bannière de l'Église, dont la hampe était surmontée d'une croix.

Selon la légende, les guerriers de Clovis combattent à Vouillé et Tolbiac sous l'étendard formé par le manteau bleu de saint Martin, l'un des patrons de la Gaule. En 795 Charlemagne se fait remettre des mains du pape Léon III, sur le « Montjoie » la bannière de saint Pierre, bleue avec trois roses rouges.

En 987, Hugues Capet la remplace par la bannière des capétiens de soie ou de velours azur, portant semis de fleurs de lis d'or.

Philippe 1er puis Louis VI le Gros, rois capétiens se mettent sous la protection de saint-Denis et adoptent la bannière de l'église de Saint-Denis, l'oriflamme de couleur rouge feu, fendue par le bas, semée de flammes d'or attachée à une lance dorée. Etait brodé sur l'étoffe « Montjoie Saint-Denis » cris des guerriers carolingiens et capétiens.

A côté de cet oriflamme rouge de saint-Denis, Louis VII et Philippe Auguste, au cours des campagnes de Flandre, font équiper les armées royales françaises de la bannière de la maison capétienne sous l'invocation de saint Michel une croix blanche, d'abord en bande ou en croix latine. Les troupes portent la croix blanche pendant les croisades. Puis pendant la guerre de Cent Ans, la croix blanche de saint-Michel devient le symbole de ralliement des partisans des rois Charles VI et Charles VII. Ainsi les villes qui ouvraient leurs portes à l'armée française pavoisaient avec la croix blanche sur fond bleu de France.

La guerre de Cent Ans exalte le symbole de la croix blanche de Saint Michel. En 1355 c'est Jean d'Armagnac qui ordonne à ses soldats de la porter aux frontières de la Guyenne.

Pendant l'été 1417 les Orléanais portent la huque bleue marquée de la croix blanche sur la poitrine.

Ainsi en France, la guerre de Cent Ans érige la croix blanche de saint Michel en drapeau militaire de la France, en y ajoutant le fond bleu de France (ou bleu roi), couleur de la cape de saint Martin et des capétiens. Apparues au Xe ou au XIe siècle, les bannières auront à peu près disparu à la fin du XVIe. Il faut y voir la conséquence de la prééminence progressive du pouvoir royal, de l'interdiction faite par Charles VI aux bannerets de convoquer directement leurs vassaux et de la création des compagnies d'ordonnance. Drapeaux et étendards remplacent alors progressivement les bannières féodales.

Jeanne d'Arc affirme qu'elle a reçu dans sa maison natale l'apparition de Saint Michel et qu'elle a entendu les voix célestes de Catherine d'Alexandrie et Marguerite d'Antioche. Les deux saintes lui demandent d'être pieuse et de ramener la paix dans le royaume de France en le libérant des Anglais et de conduire le dauphin à la cathédrale de Notre-Dame de Reims pour le faire sacrer roi de France. La légende raconte que le 6 août 1451, quand les Anglais capitulent à la fin du siège de Bayonne, les nuages forment dans le ciel une énorme croix blanche, symbole de l'archange.

Les Anglais combattent avec l'emblème de la croix rouge. Ils reprennent l'usage de ce drapeau qui remonte à la fin du XII siècle où les navires anglais naviguaient en Méditerranée, en échange d'un tribu annuel, protégés par la flotte de Gène qui portait cet emblème. La légende de saint Georges terrassant le dragon date du XII siècle et il devint le saint patron de l'Angleterre au XIII siècle.

La ville dOrléans s'est équipée d'une puissante artillerie de l'époque.

La modernisation de l'artillerie.

Il semble que les premiers canons aient été coulés selon la technique pour la fonte de cloches mais qu'ils n'étaient pas de grande dimension, initialement posés sur un banc de tréteaux, sans moyen de contrôler le recul et la hausse. Le fait d'obtenir un tir même imprécis pouvait être suffisamment impressionnant sur l'ennemi pour obtenir des résultats. Ce procédé a été abandonné assez vite car le bronze ne résistait pas longtemps à la déformation de la chaleur de l'explosion. La forme rappelle celle du tonneau on eu l'idée de construire des cylindres creux cerclés de métal, les frettes. En 1375, Jehan Le Mercier reçoit la commande du roi de construire trois forges sur la place de Caen. 3200 livres servent à constituer des bandes longitudinales de fer forgé, soudées ensemble par la chaleur et le marteau.

On faisait ensuite chauffer des cercles de fer forgé, puis on les passait autour du tube pour le faire tenir et lui conférer sa forme définitive. Le canon ainsi monté était lié par 90 livres de cordes. Le tout était recouvert de peaux cousues les unes aux autres pour protéger de l'humidité et de la pluie. Avec ce canon en 1377 Philippe le Hardi envoi des boulets de pierres de 200 et 400 livres avec un calibre de 50 cm. Un boulet de fer aurait pesé 1400 livres et aucun canon ainsi construit n'aurait pu résister à l'explosion. La conception est simple. Le tube, fermé en une extrémité (culasse) est chargé par la gueule: la charge de poudre est déposée dans la chambre avec une lanterne (cuillère à long manche); une bourre destinée à caler le projectile et assurer l'étanchéité est poussée avec le refouloir (en forme de mortier emmanché) puis le boulet, une autre bourre enfin. Une fois le canon chargé, une charge d'amorçage (poudre fine ou pulvérin) est versée dans la lumière (orifice foré dans la culasse), la charge d'amorçage, enflammée par un boutefeu (mèche enroulée sur un manche) ou un fer rougi au feu plaqué sur la lumière, provoque la détonation de la charge principale propulsant le boulet hors du tube. Après le tir, le tube est brossé puis nettoyé avec un écouvillon.

Les tubes en fer forgé étaient très souvent sujets à l'éclatement. L'étanchéité autour du projectile étant imparfaite, sa trajectoire était aléatoire et l'efficacité à l'impact de boulets de pierre taillée, de mitraille d'éclats de pierre ou de carreaux (flèches), était incertaine.

D'autres canons apparaissent, à chargement par la culasse.

Au XIIIème siècle, la qualité du fer et de l'acier progresse grâce à de nouveaux procédés d'affinage en haut fourneau.

A partir de 1450, la fonte de fer s'impose dans la fabrication des armes à feu.

En France au début du XV siècle on améliore la qualité de la poudre par la granulation: on mélangeait salpêtre, souffre et charbon de bois à l'état humide, puis on étendait la pâte obtenue pour la broyer en grains de taille irrégulière qui ne se formaient pas en paquets, ne se dissociait pas au transport et permettait un allumage plus fiable et plus rapide. Comme la violence de l'explosion était plus forte les Français eurent l'idée de recourir au coulage en bronze des canons en une seule pièce puis en fonte de fer. A partir de 1450, l'emploi du bronze (alliage de fer et de cuivre) se généralise progressivement. Le procédé (tube coulé d'une seule pièce), beaucoup plus onéreux, améliore considérablement les performances des armes et leur fiabilité pour un allègement en poids important. Ces canons furent transportés sur des charrettes un premier temps et ensuite à partir du milieu du XV ces canons furent montés sur roues: les ribaudequins. Les bouches à feu sont rendues mobiles par leur montage sur des affûts à roues. Le pointage en site est permis grâce à des tourillons intégrés au fût. L'ensachage des charges de poudre en gargousses permet d'accroître la sécurité des manipulations tout en augmentant les cadences des tirs. L'intérêt du chargement par la culasse qui permettait une augmentation appréciable de la cadence de tir et une meilleure protection des artilleurs n'avait pas échappé aux ingénieurs de l'époque. Le ''veuglaire'' disposait de boites à poudre amovibles, rendues solidaires du canon par des coins de fer prenant appui sur la boite de culasse. Mais l'étanchéité à la jonction de la boîte à poudre et du tube n'était pas réalisée et l'arme y perdait en puissance. Aussi, vers la fin du XVème siècle, ce système fut abandonné.

Le coût de fabrication met l'artillerie hors de portée de la plupart des féodaux, ce qui explique pour une part le déclin progressif de la féodalité. Le long combat de reconstruction de l'autorité royale s'en trouve accéléré. Les frères Bureau réalisent la première organisation de l'artillerie. Pièces et munitions sont standardisées.

BLOIS

I l n'y a plus de temps à perdre pour sauver Orléans.

Les Anglais achèvent la construction de leurs bastilles[8] . Ils vont vite, du 15 mars au 15 avril ils ont fortifié leurs positions reliées de l'Ouest au Nord par des fossés et par de nouveaux boulevards. Le 10 mars ils s'installent à l'Est dans la bastille de Saint-Loup et dans celle de Saint-Jean le Blanc le 20 avril. Le blocus se resserre chaque jour. La ville est très bien défendue.

Les ravitaillements de la ville sont sporadiques. Jeanne veut apporter aux assiégés un véritable secours. Puisque son concours est accepté, un grand convoi de vivres est préparé. Il partira de Blois et remontera la berge de la Loire pour joindre Orléans.

---

[8] *Une **bastille** (ancien provençal bastida, qui a donné aussi « bastide ») est un ouvrage de fortification provisoire en bois ou permanent, bâti à l'entrée d'une ville, pour défendre la place ou y établir une garnison servant d'avant-poste à des forces assiégeantes ou de tête de pont pour poursuivre la conquête. La bastille a sa propre garnison.*

*la **barbacane:** ouvrage circulaire, construit devant le fossé d'une porte pour la défendre), la bastille de grande dimension formant un réduit indépendant et disposant donc de sa propre garnison.*

Yolande d'Aragon, le duc d'Alençon, Ambroise de Loré et l'amiral Louis de Culan se chargent de cette mission logistique et vont à Blois.

Le roi trouve un financement. Jeanne se rend à son tour à Blois accompagnée de Regnault de Chartres, archevêque de Reims et du sire de Gaucourt. Viennent ensuite tous ceux qui devaient se rendre à Orléans : Le maréchal de Boussac et Gilles de Rais, investis du commandement, y arrivent très peu de temps après, avec La Hire, Poton de Xaintrailles, et tous ceux qui devaient faire l'escorte. Jeanne aurait soit-disant déclaré au procès que la troupe était de 10 ou 12 000 hommes, mais les Anglais ont alors intérêt à grossir le nombre des armées qui leur étaient opposées.

Monstrelet, chroniqueur anglais, dit qu'ils étaient environ sept mille.

Dunois dit que l'escorte, moins de 10000 hommes, divisée sur les deux rives de la Loire, n'était pas assez nombreuse pour aller droit à travers les Anglais. Pour défendre la ville il dispose de 71 canons et bombardes de tous calibres, tous en cuivre et un gros canon le « Rifflard » qui est fondu sur place permettant de lancer des boulets de pierre de 120 livres, et un autre d'une portée de 1500 mètres.

Jeanne essaie d'éviter le combat par une proposition de paix aux Anglais. Elle leur envoi donc un courrier qui a été conservé et lu plus tard à son procès au 5ème interrogatoire public du 1er mars 1431.

Cette lettre, est datée du 22 mars 1429 quand elle était à Poitiers. Charles VII la fait envoyer probablement qu'après qu'il accepte Jeanne dans l'escorte du convoi.

Les chroniqueurs rapportent que le porteur de la lettre est insulté et jeté en prison dans l'attente de l'avis de l'université de Paris sur savoir s'il fallait le brûler lui et sa lettre.

On sait que le messager est retenu prisonnier mais on ne sait pas si Jeanne a des informations sur la réponse des Anglais. Elle doit s'attendre à un traitement impitoyable.

Pendant les préparatifs du convoi, elle se prépare elle même.

En plus de l'étendard et du penon elle fait peindre une bannière de Jésus en croix et trois fois par jour elle et les prêtres viennent y prier.

Elle désire que les hommes d'armes participent à ses prières mais auparavant tous doivent être en état de grâce, et se confesser aux nombreux prêtres présents. Elle leur demande de faire partir toutes les ribaudes qui accompagnent les armées. Il n'y a pas de place pour la débauche dans une armée conduite par la Pucelle, sous l'invocation de la Vierge et du Christ.

A Blois se trouve l'église Saint-Nicolas Saint-Laumer qui est l'église abbatiale d'un monastère construit au XII siècle. Elle prend le nom du fondateur de cette abbaye, Saint Laumer. Le chœur, le transept et la première travée de la nef sont construits de 1138 à 1186. L'église est terminée au début du XIII siècle Jeanne d'Arc la découvre telle que nous la voyons aujourd'hui. De son temps c'est un lieu important de pèlerinage. Elle abrite en effet plusieurs reliques : Saint Lubin, Saint Laumer, Sainte Marie l'Égyptienne et un fragment de la croix du Christ. Jeanne forme donc une congrégation de religieux qui marchent en avant-garde autour de l'étendard déployé.

Le 28 avril 1429 les portes de Blois s'ouvrent au chant du « Veni Creator ».

Jeanne bien sûr veut aller tout droit vers Orléans, déclarant que les Anglais ne bougeront pas. Elle peut passer par la rive droite, côté Beauce, à travers les plus fortes bastilles des Anglais.

Les capitaines de Charles VII au contraire pensent que les comtes de Talbot et de Suffolk ne vont pas laisser passer l'occasion d'essayer de se saisir d'un convoi de vivres.

Ils pensent plus prudent de suivre la rive gauche au sud, coté Sologne, laissant le fleuve faire un obstacle entre leur troupe en marche et les principaux points forts de l'ennemi. En contournant Orléans par un demi-cercle vers l'est, on évite les bastilles occupées par les Anglais aux abords de la ville, et en passant la Loire en amont on peut revenir vers la ville par la rive droite, à travers une plaine moins garnie de bastilles. La marche se fait selon ce plan.

Le convoi traverse le pont de Blois, et marche vers l'est, côté Sologne, passe devant Baugency et Meung/Loire, sans que l'ennemi, qui occupe ces places n'attaque le convoi. On couche en rase campagne, et on gagne Olivet, derrière les bastilles anglaises de la rive gauche. On arrive devant Orléans, mais séparé de la ville par la rivière. Jeanne veut déjà attaquer la bastide la plus à l'Ouest et la plus isolée, celle de Saint-Jean-le Blanc. Mais les capitaines jugent la position trop proche des renforts ennemis qui d'ailleurs sont en marche pour la renforcer. Ils remontent la rive gauche, se dirigent vers l'île devant Chécy (à 8 km à l'est d'Orléans). Traverser le fleuve à cet endroit présente le double avantage d'embarquer le convoi depuis un endroit sûr et d'arriver en face sur une berge mieux adaptée au débarquement.

ORLEANS

Les Orléanais qui attentent les renforts redoutent que les Anglais fassent une attaque pour empêcher le convoi de traverser le fleuve. On demande aux habitants de se tenir en arme, prêts à agir.

Jean Dunois vient au devant du convoi avec quelques troupes à la hauteur de l'église Saint-Loup, pour étudier le meilleur moyen de lui faire passer le fleuve. La chose n'est pas si facile. Il faut beaucoup de bateaux qu'on ne peut trouver qu'à Orléans. Or il faut les faire venir en passant sous le feu des couleuvrines et des flèches ennemies des bastilles anglaises qui contrôlent le fleuve. Le vent est contraire.

Plus que par ce contretemps, Jeanne est très contrariée du choix de la route qui avait été fait depuis Blois. On avait montré que l'on ne lui faisait pas confiance, ou plutôt que l'on avait si peu de confiance et de foi en Dieu qui recommandait d'aller tout droit à travers les Anglais.

Elle demande alors sèchement à Jean Dunois: « *Êtes-vous le bâtard d'Orléans?*

— *Oui, Jeanne.* »

Après elle lui dit : « *Qui vous a conseillé de nous faire venir par la Sologne, et pourquoi pas par la Beauce, tout auprès de la grande puissance des Anglais ? Les vivres fussent entrés, sans les faire passer par la rivière.* »

Le Bâtard, pour s'excuser, répondit que tel avait été l'avis de tous les capitaines, vu la puissance des Anglais du côté de la Beauce. A quoi elle répliqua :

« *Le conseil de Messire (c'est à savoir de Dieu) est meilleur que le vôtre et que celui des hommes; il est plus sûr et plus sage. Vous avez pensé me décevoir ; mais vous vous êtes déçus vous-mêmes; car je vous amène le meilleur secours qu'eut jamais chevalier, ville ou cité ; c'est le plaisir de Dieu et le secours du roi des Cieux; non assurément pour l'amour de moi, mais cela procède pure-ment de Dieu, lequel à la requête de saint Louis et de saint Charles le Grand a eu pitié de la ville d'Orléans, et n'a pas voulu souffrir que les ennemis eussent le corps du duc d'Orléans et sa ville. Pour ce qui est d'entrer en ville, il me ferait mal de laisser mes gens, et je ne le dois pas faire, ils sont bien confessés, et en leur compagnie, je ne craindrais pas toute la puissance des Anglais* ». *Alors les capitaines lui dirent :* « *Jeanne, allez-y sûrement; car nous vous pro-mettons de retourner bien brief vers vous* ».(article 44 Chronique de la Pucelle).

A la lecture de cette conversation, on entend le ton de Jeanne à l'égard des seigneurs et autres capitaines, on peut comprendre qu'il y ait pour le moins à un minimum d'agacement.

Mais sa parole est suivie d'un signe: tout à coup le vent change.

Les bateaux peuvent venir d'Orléans. On les charge du blé, des vivres et des bœufs et cette flottille redescend la Loire pour passer entre l'Ile Saint Loup et L'ile Saint

Aignan et débarquer en aval sur la pointe orientale d'Orléans, non occupée par les Anglais. Mais il manque des bateaux pour faire passer tous les hommes de l'armée de l'autre côté du fleuve. La Loire est haute en cette saison et faire un pont de bateaux est difficile à cet endroit. Pour franchir le fleuve pas d'autre solution que de retourner à Blois pour y passer le pont. L'armée doit donc faire demi-tour. Pendant ce temps, Dunois demande à Jeanne de venir avec lui dans la ville le soir même. Il fallait qu'elle soit là pour distribuer les vivres dans la ville. Jeanne ne sait pas alors s'il faut accepter de voir partir ses hommes avec elle ou sans elle. Elle a peur d'être trompée, elle n'est pas venu uniquement pour escorter un convoi de vivres, mais pour délivrer la ville, et pour çà il lui faut son armée.

Très en colère elle dit qu'elle a des hommes préparés comme elle l'avait voulu, « *bien confessés, pénitents, et de bonne volonté - En leur compagnie, je ne craindrais pas toute la puissance des Anglais* »

Elle redoute qu'une fois partis de devant Orléans la troupe se disperse.

Chartier dit que certains « *faisaient difficulté de mettre tant de gens en ladite ville, pour ce qu'il y avait trop peu de vivres* » En effet il n'était pas question d'être obligé de demander à la cour de refaire bientôt les frais d'un nouveau convoi.

Dunois, voit qu'il n'y a pas moyen de faire autrement va trouver les capitaines qui commandent l'escorte du convoi. Il les supplie au nom de l'intérêt du roi de l'aider à convaincre Jeanne qu'il fallait qu'elle l'accompagne dans la ville pendant que l'armée passe la Loire à Blois. Il leur fait promettre de revenir à Orléans par l'autre rive. Les capitaines et Jeanne acceptent. Elle laisse à ses hommes le pennon autour duquel ils marcheront et demande à son aumônier Pasquerel et aux prêtres de les accompagner pour l'entretien de leur foi.

Ainsi, après le passage du convoi, Jeanne avec Dunois, Lahire et deux cents lances, traversent le fleuve sur un bateau.

A l'est de la ville, les Anglais n'ont que la bastille de Saint-Loup. Pour leur ôter la tentation d'en sortir et d'empêcher le débarquement du convoi, les Orléanais les attaquent et en rapportent même une bannière anglaise.

Le journal du siège: « *Ce même jour, il y eut grosse escarmouche, parce que les Français voulaient ménager le lieu et l'heure propices pour l'entrée des vivres qu'on leur annonçait. Afin de donner aux Anglais à entendre ailleurs, ils sortirent à grande puissance, et allèrent courir et escamoucher devant Saint-Loup d'Orléans. Ils tinrent les Anglais de si près que de part et d'autre il y eut plusieurs morts, plusieurs blessés et plusieurs prisonniers.…* »

Grace à cette diversion les chalands sont débarqués et les chargements portés en sûreté par la porte de Bourgogne à l'est. Jeanne et ses hommes restés à Checy au château de Reuilly, attendent la nuit pour entrer dans la ville afin d'éviter les rassemblements de la foule.

Le 29 avril 1420 à huit heures du soir Jeanne entre dans Orléans, en armure et montée sur un cheval blanc précédée de son étendard. Dunois chevauche à sa gauche, lui aussi en armure et derrière eux plusieurs nobles seigneurs et quelques hommes de la garnison ou de la bourgeoisie d'Orléans qui étaient venus lui faire cortège.

Pour une entrée discrète c'est raté: tout le peuple de la ville, portant des torches, fait une haie d'honneur au cortège. L'enthousiasme est délirant d'après les chroniques et le Journal du siège:

« *Ils se sentaient déjà tous réconfortés et comme désassiégés par la vertu divine qu'on leur avait dit être en cette simple pucelle, qu'ils regardaient moult affectueusement, tant hommes, femmes que petits enfants. Et il y avait très merveilleuse presse à toucher au cheval sur lequel elle était, tellement que l'un de ceux qui portaient les torches s'approcha tant de son étendard que le feu prit au panon. Mais elle frappa son cheval des éperons, et le tourna jusqu'au panon dont elle éteignit le feu, aussi gentiment que si elle eut longuement suivi les guerres; ce que les gens* d'armes tinrent à grande merveille, et les bourgeois d'Orléans aussi. Ils l'accompagnèrent au long de leur ville et cité, montrant très grande allégresse, et tous la conduisirent avec très grand honneur jusques auprès de la porte Renart, en l'hôtel de Jacques Boucher, pour lors trésorier du duc d'Orléans, où elle fut reçue avec très grande joie, avec ses deux frères, et les gentilshommes, et leur valet, qui étaient tous venus du pays de Barrois ».

2- La délivrance d'Orléans -

Les évènements sont relatés par les chroniques: « Le journal du siège »; « La Chronique de Charles VII » de Jean Chartier[9] et « La Chronique de la Pucelle »

Les journées d'octobre 1428 à Avril 1429 qui précèdent l'arrivée de Jeanne d'Arc, sont relatées en annexe de l'édition illustrée.

Les versions en français moderne de ces deux chroniques sont publiées par J.B.J. Ayroles (La vraie Jeanne d'Arc - t.III)

L'arrivée de Jeanne d'Arc le 29 avril va changer le cours des évènements. Les Orléanais, assiégés depuis octobre 1428 viennent de réussir un coup de main contre la bastide de Saint-Loup et triomphent avec la bannière prise à l'ennemi. La dynamique change de camp. Les Orléanais prennent confiance en eux et n'hésitent pas à défier les forces anglaises.

Dès le lendemain matin, samedi 30 avril, le capitaine de la ville de Châteaudun, Florent d'Illiers[10], arrivé le 28 avril avec quatre cents hommes, emmène avec lui nombreux Orléanais. Ils chargent les Anglais qui avaient fait une sortie et ils les refoulent dans le fort de Saint-Pouair sur la route de Paris. Dans la ville des cris s'élèvent. On cherche de la paille et des fagots pour mettre le feu à cette bastille. Mais l'attaque est improvisée et mal préparée. *« les Français s'en retournèrent après une très forte et longue escarmouche, durant laquelle les canons, couleuvrines et bombardes tirèrent merveilleusement, si bien que*

---

[9] *Jean Chartier est l'historiographe officiel de Charles VII. titre conféré le 18 novembre 1437.*

[10] *Après les campagnes avec Jeanne d'Arc d'Illiers est fait chambellan pour la prise de Chartres en 1431 et d'autres batailles et gouverneur de Verneuil après la campagne de Normandie*

de part et d'autre plusieurs furent tués, blessés, ou faits prisonniers. »

Jeanne, pas du tout informée de cette sortie leur dit qu'elle aussi est très pressée de combattre les Anglais, mais qu'elle veut leur envoyer d'abord une lettre pour leur proposer de se rendre.

Jeanne dit à Dunois que les habitants sont impatients, le siège dure depuis trop longtemps. Elle même ne veut pas attendre le retour de ses hommes qui repassent par Blois pour rejoindre Orléans par l'autre rive. Dunois propose d'aller à leur rencontre pour leur demander de presser le pas. Elle refuse. Elle a besoin de lui pour négocier la reddition des Anglais ou en cas de refus, diriger une attaque. Il répond qu'il vaut mieux avoir à sa disposition toutes ses troupes.

Jeanne accepte cette décision. En attendant le retour de l'armée, elle écrit une autre lettre aux Anglais, réclamant la libération du messager de la première lettre. Les porteurs de cette nouvelle lettre risquent d'être eux aussi arrêtés. Les Anglais prétendent ne pas accorder les droits de la guerre à des gens commandés par une hérétique. En réponse, selon le « Journal du siège », Dunois leur fait savoir, qu'il ferait exécuter tous les Anglais détenus prisonniers, ainsi que ceux qu'ils avaient envoyés pour négocier les rançons, si les messagers ne sont pas de retour.

D'autres témoignages relatent qu'ils gardent un seul messager et renvoient l'autre avec la réponse: « *C'est pourquoi les chefs de l'armée renvoyèrent tous les hérauts et messagers de la Pucelle, lui mandant par eux qu'ils la brûleraient et la feraient rôtir, qu'elle n'était qu'une ribaude, et s'en retournât comme telle garder les vaches ; ce dont elle fut fort peinée.* ».

« Le journal du siège » poursuit la narration: Jeanne est peu impressionnée car : « *A cette occasion, sur le soir, elle alla au boulevard de Belle-Croix, sur le pont, et de là elle parla à Glacidas et aux autres Anglais des Tourelles, et leur dit de se rendre de par Dieu, en se contentant d'emporter la vie sauve ; mais Glacidas et ceux de sa suite répondirent vilainement, l'injuriant, l'appelant vachère comme précédemment, criant très haut qu'ils la feraient brûler, s'ils pouvaient la tenir ; ce dont elle fut un peu affectée; elle leur répondit qu'ils mentaient, et, cela dit, elle revint dans la cité.»*

Après le siège d'Orléans les Anglais seront plus ardents encore à mettre en oeuvre leurs menaces de la faire brûler s'ils la prenne.: « *l'injuriant et appellant vachère, comme devant, crians moult haut qu'ilz la feroient ardoir, s'ilz la povaient tenir. De quoy elle fut aucunement yrée, et leur respondit qu'ilz mentoyent et ce dit, s'en retira dedans la cyté.. »*

Puisque Dunois ne veut pas combattre sans les troupes renvoyées à Blois, et que Jeanne s'impatiente, le plus sûr et le plus rapide est d'aller à leur rencontre.

<u>Le dimanche matin, 1er mai</u> Dunois part « *pour aller à Blois vers le comte de Clermont, le maréchal de Sainte-Sévère, le seigneur de Rais, et plusieurs autres chevaliers, écuyers et gens de guerre.. »* Ils passent fièrement sous les bastilles anglaises. Pour éviter que l'ennemi ne fasse une sortie et les attaque, on demande à la Pucelle de poster des troupes entre les bastides et les murailles de la ville.

Le journal du siège raconte que de retour en ville, en ce dimanche, la Pucelle prie avec les habitants, et après la messe les harangue pour les préparer à la bataille. Elle leur communique sa confiance dans la victoire. Comme la foule se presse devant les portes de l'hôtel de Jacques Boucher où elle réside, elle décide d'aller à la rencontre de la population. Elle parcourt à cheval les rues de la ville noires de monde, en armure pour se montrer et parler. Se tournant vers le Ciel elle répète sous les acclamations: « *Messire m'a envoyée pour secourir la bonne ville d'Orléans. »*

Puis elle se rend sur la rive droite près de la Croix et du pont où les Anglais occupent une bastide. De là elle leur promet de leur laisser la vie sauve s'ils se rendent et retournent tous en Angleterre.

Le Bastard de Granville lui répond par des insultes: « *Voulez-vous donc, s'écriait le Bastard de Granville, que nous nous rendions à une femme ?* »

Le « Journal du siège » raconte que le lendemain <u>lundi 02 mai,</u> entourée d'une foule de gens qui la suit, elle fait tranquillement le tour de la ville et inspecte les fortifications des Anglais sans être inquiétée. De retour de cette promenade par une belle journée de printemps elle rentre à l'église Sainte-Croix pour y entendre les vêpres.

<u>Le mardi 03 mai</u> c'est la fête à la cathédrale car c'est le jour de « l'invention de la Sainte Croix [11]», bien sûr elle est dans la grande procession et sous le concert de toutes les cloches de la cathédrale elle se fait accompagner de tous ses capitaines. Il s'agit de mettre Dieu de son côté. Elle n'a aucun doute de la victoire. A un vieil homme sage qui lui dit : « Ma fille, ils sont forts et bien fortifiés, et sera une grande chose à les mettre hors », elle répond: « *Il n'est rien d'impossible à la puissance de Dieu.* »

Ce jour-là, arrivent en renfort par la porte de Bourgogne les garnisons de Gien, de Château-Renard, de Montargis, cette dernière, après avoir vaillamment repoussé les Anglais en 1427, vient prêter main forte à Orléans.

Mais l'armée n'était toujours pas de retour de Blois alors que le 03 mai était la date prévue. Enfin le soir, la nouvelle de leur marche vers Orléans est annoncée.

Pourquoi ce retard ?

Il s'avère que Dunois à bien fait de juger utile d'aller à leur rencontre car quand il les retrouve, l'archevêque de Reims, chancelier de France et quelques autres veulent que l'armée se disperse et que chacun retourne dans sa garnison. Ils étaient en train d'en débattre quand il arrive. Mais tous les autres capitaines et Dunois qui sont témoins de l'enthousiasme des Orléanais, sont d'avis contraire. La ville est perdue sans leur renfort. On décide de prendre plus de munitions d'artillerie et de retourner à Orléans par

---

[11] *C'est à la « Sainte Croix » que la cathédrale d'Orléans est consacrée.*

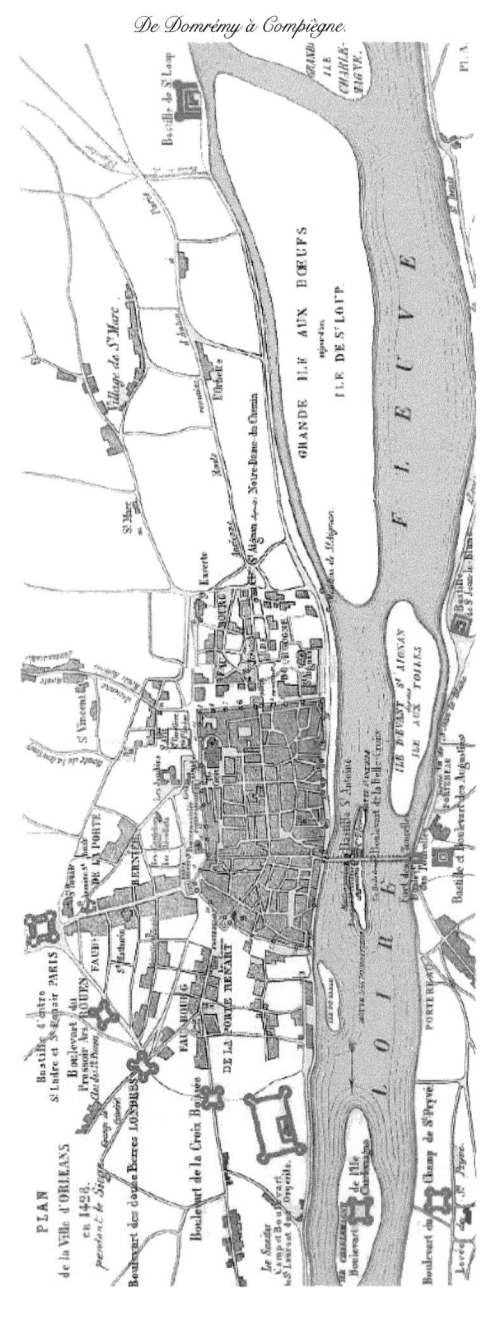

65

la rive droite en traversant les villages controlés par les Anglais.

Le mercredi 04 mai 1429, l'armée approche d'Orléans, Pasquerel et les prêtres marchent avec un pennon et une bannière. Il faut aller à leur rencontre. L'étendard à la main Jeanne, « *ayant en sa compagnie le seigneur de Yillars, messire Florent d'Illiers, La Hire, Alain Giron, Jamet du Tilloy, et plusieurs autres écuyers et gens de guerre, en tout cinq cents combattants. Elle alla au-devant du bâtard d'Orléans, du maréchal de Rais, du maréchal de Sainte-Sévère, du baron de Colonces, et de plusieurs autres chevaliers et écuyers, et d'autres gens de guerre, armés de guisarnes et de maillets de plomb, amenant les vivres que les habitants de Bourges, d'Angers, de Tours, de Blois, envoyaient aux habitants d'Orléans. Tous ces combattants furent reçus avec une grande joie dans la ville, où ils entrèrent en passant par devant la bastille des Anglais, qui n'osèrent sortir un instant, mais qui se tenaient prêts en leurs postes de garde.* »

Les Français repassent à travers les bastilles anglaises, processionnellement, les prêtres chantant des cantiques, sans que les Anglais, qui avaient l'avantage de la position et du nombre, ne réagissent. Cet ennemi, pourtant plus fort face à cette petite troupe, ne peut pas être soupçonné de manquer de courage militaire. Ils n'ont en face d'eux que cette Pucelle qu'ils méprisent et qu'ils insultent. Pourtant ils ne réagissent pas.

Maintenant ce sont les Anglais qui sont sur la défensive. Ils attendent des renforts à leur tour. La Pucelle ne s'en inquiète pas. Le matin Dunois vient la voir pour lui dire que Falstolf apporte aux Anglais des renforts en vivres et en hommes. Ils sont déjà à Janville à 40 km au nord. Loin de s'alarmer la Pucelle s'exclame joyeusement: « *Bastard, Bastard, en nom Dieu, je te commande que tantôt* (aussitôt) *que tu sauras la venue dudit Falstolf, tu me le fasses savoir : car s'il passe sans que je le sache, je te promets que je te ferai ôter la tête.*" Dunois lui promet qu'il lui rendrait compte de tout évènement et dit qu'elle pouvait se retirer tranquillement.

L'attaque sur le fort Saint-Loup:

C'est pourtant sans la prévenir que l'attaque commence spontanément vers midi. Elle se repose un moment des fatigues de la journée dans la chambre de Jeanne Lhuilier, la femme de Jacques Boucher quand tout à coup elle se lève, réveille son écuyer d'Aulon, qui faisait également la sieste: « *En nom Dieu, dit-elle, mon conseil m'a dit que j'aille contre les Anglois ; mais je ne sais si je dois aller à leurs bastilles ou contre Falstolf qui les doit ravitailler.* »

Comme il l'aidait à passer son armure, on entend de grands cris dans la rue. On crie dans la ville que les combats ont lieu à la bastille Saint Loup. Elle sort précipitamment de sa chambre, rencontre son page Louis de Coules qui témoigne: « *Je croyais qu'elle allait dormir, lorsque presque aussitôt elle descendit et me dit: Ah! sanglant garçon, s'écrie-t-elle, vous ne me disiez pas que le sang de France-fut répandu. « Va quérir mon cheval. En nom Dieu, les gens de la ville ont affaire devant une bastide, et il y en a de blessés. Pendant que j'y allais, elle se fit armer par la dame de la maison et sa fille. A mon retour, je la trouvais déjà armée. Elle me commanda d'aller chercher son étendard qui était resté dans sa chambre, et je la lui passais par la fenêtre* » Elle part au triple galop, droit par la grande rue vers la porte de Bourgogne, si vite que les étincelles jaillissent du pavé. D'Aulon, à son tour, se revêt de ses armes pour rejoindre Jeanne.

C'est en effet de l'est de la ville que viennent les bruits du combat. Louis de Coutes: « *Courez après elle, me dit l'hôtesse; Ainsi fis-je. Il y avait en ce moment une escarmouche vers la Bastille Saint-Loup, et dans cette escarmouche le boulevard fut pris. En route Jeanne rencontra quelques Français blessés, ce qui la fâcha beaucoup. Pourtant les Anglais s'apprêtaient à faire bonne défense. Jeanne s'avança contre eux en grande hâte. Aussitôt qu'ils s'aperçurent, les Français se mirent à jeter de grands cris, et fut prise la Bastille Saint-Loup.* »

Après l'entrée du convoi venant de Blois, les Orléanais qui l'avaient escortée dans la ville, pour certains même sans prendre le temps de prendre un repas, sont allés à l'hôtel de ville prendre des armes, payées par leurs impôts: des couleuvrines, des arbalètes, des échelles, et ils étaient partis pour attaquer Saint-Loup (Aujourd'hui à St Jean de Braye, le long de la Loire).

Talbot avait renforcé les défenses de cette bastille qui contrôlait les passages de la Loire en amont de la ville et le chemin de la Bourgogne à l'est. Il y avait posté là trois cents Anglais d'élite. Thomas Guerrard[12], leur capitaine était absent. Les Anglais résistent. De nombreux blessés sont évacués vers la ville. Jeanne s'arrête au premier qu'elle rencontre, et voyant que c'était un Français : « *Jamais,* dit-elle, *je n'ai vu sang de François que les cheveux ne me levassent en sur* (sur la tête). »

Elle arrive devant Saint-Loup, rejointe par D'Aulon son écuyer, de Coules son page, tous ses gens. Dunois et plusieurs autres arrivent en soutien.

Jeanne prend l'initiative, donne des ordres. Celui de garder un oeil sur l'ennemi pour l'empêcher d'envoyer des renforts au secours du fort de Saint-Loup. Elle se tient debout, l'étendard déployé et depuis le rebord du fossé de la bastille, elle encourage les hommes en plein assaut. Les Anglais tiennent. La bataille dure trois heures. Ceux de la bastille St Loup comptent sur le secours des autres bastilles. Talbot leur donne l'ordre d'en sortir pour faire diversion en attaquant la ville. Ceux du fort de Saint-Pouair, (que les Anglais avaient nommé Paris), plus proche de la bastille de Saint Loup attaquée, tentent de la dégager en prenant à revers les assaillants français. Mais par deux fois la cloche du beffroi d'Orléans donne l'alerte, et les Orléanais, sous la conduite de Boussac, de Graville, du maréchal de Sainte-Sévère et du baron de Coulonces sortent aussitôt de la place au nombre de six cents, se rangent en bataille et les contraignent à la retraite. Les Anglais de

---

[12] *Capitaine bourguignon de la place forte de Montereau au service des Anglais.*

Saint Loup ne se découragent pas. Ils disputent le terrain mais reculent, et s'enferment dans le clocher de l'église. Les portes sont enfoncées et les Anglais y sont tués ou prisonniers. Parmi eux quelques gens d'Église, ou plus exactement des soldats déguisés, viennent sous l'habit ecclésiastique se présenter à Jeanne. Elle les reçoit, interdit qu'on atteinte à leurs personnes, et les emmène dans son hôtel. « *Il y eut audit clocher des Anglais qui prirent des vêtements de prêtre ou de gens d'Eglise ; on voulut les tuer, mais Jeanne les préserva, en disant qu'on devait ne rien demander aux gens d'Eglise, et elle les fit amener à Orléans.* »

C'étaient assez de tués en cette journée. « *Elle pleurait sur eux, dit Pasquerel, en pensant qu'ils étaient morts sans confession. Nos gens... ont assailli l'une des plus fortes bastides desdits ennemis, c'est à savoir celle de Saint-Loup ; laquelle, Dieu aydant, ilz ont prinse et gaignée par puissance et de bel assaut, qui dura plus de quatre ou cinq heures. Et y ont été mors et tués tous les Anglois qui dedens estoient, sans ce qu'il y soit mort des nostres que deux seules personnes, et combien que les Anglois des autres bastides fussent alors yssus en bataille, faisant mine de vouloir combattre, toutes voiz, quand ils virent nos dites gens à rencontre d'euls, ils s'en retournèrent hastement, sans les oser attendre.* »* [13]

Les Français trouvent à la bastille Saint-Loup une grande quantité de vivres et d'autres biens qu'ils emportent avant d'y mettre le feu. Les Anglais sortent des autres bastides pour porter secours à St Loup, mais voyant de loin les flammes de Saint Loup ils comprennent qu'elle est perdue et ils rebroussent chemin.

Ce premier succès est célébré dans Orléans comme une fête de la libération. Jeanne, toujours très pieuse, rappelle à tous que Dieu est l'auteur de cette victoire. Elle exhorte ses hommes d'arme à rendre grâce à Dieu dont il faut se rapprocher par la pénitence. En échange elle leur promet

---

[13] "***Tentatives de secours*** : *Charles VII en parle dans sa lettre aux habitants de Narbonne, datée du 10 mai 1429*

que dans les cinq jours le siège sera levé et plus aucun Anglais ne menacera la ville d'Orléans. Au son de toutes les cloches le peuple court dans les églises.

Pour ne pas attendre que les Anglais prennent le temps de se renforcer, dès le lendemain, <u>jeudi 05 mai 1429,</u> bien que cela soit le jour de l'Ascension, la Pucelle demande que l'on attaque la bastide de Saint Laurent. Mais les capitaines refusent, on ne sait pourquoi, ils prétextent que le jour est saint. Jeanne cède.

Elle-même honore la fête en allant recevoir la communion et rappelle à ses compagnons de suivre son exemple. Depuis sa présence à l'armée, elle n'a jamais cessé de dire aux soldats qu'il fallait rester dans le camp de Dieu et que leur pire ennemi était le désordre et le vice. Elle ordonne que personne n'irait combattre le lendemain sans avoir été confessé et elle leur renouvelle l'interdiction de se faire suivre par les « femmes dissolues » car Dieu pouvait ordonner leur défaite à cause de leurs péchés.

Alors qu'elle envoie l'armée à confesse, elle propose une dernière fois à l'ennemi de se retirer sans combattre. Elle dicte à Pasquerel une nouvelle lettre:

« A vous, hommes d'Angleterre, qui n'avez aucun droit en ce royaume de France, le Roi du ciel ordonne et mande par moi que vous laissiez vos bastilles et vous en alliez en votre pays, ou sinon je vous ferai un tél hahu (ou hahaye) qu'il en sera perpétuelle mémoire. Voilà ce que je vous écris pour la troisième et dernière fois, et je ne vous écrirai pas davantage.

JHESUS MARIA, Jeanne la Pucelle. »

Elle ajoute: *« Je vous aurois envoyé mes lettres plus honorablement, mais vous me retenez mes hérauts. Vous m'avez retenu mon héraut Guyenne. Renvoyez-le-moi et je vous renverrai quelques-uns de vos gens pris dans la bastille Saint-Loup ; car ils ne sont pas tous morts. »*

Elle prend alors une flèche, y attache la lettre, et demande à un archer de la lancer aux Anglais: *Lisez, ce sont nouvelles.* Les Anglais répondent : *« Voilà des nouvelles de la p... des Armagnacs. »*

Pendant que Jeanne dicte sa lettre et la fait parvenir aux Anglais, les capitaines de l'armée réunis chez le chancelier du duc d'Orléans délibèrent sur une stratégie à conduire. Il y a beaucoup de monde d'après « La Chronique de la pucelle » : le bâtard d'Orléans, les maréchaux de Sainte-Sévère, de Rais, le seigneur de Graville, le baron de Colonces, le seigneur de Villars, le seigneur de Xaintrailles, le seigneur de Gaucourt, La Hire, le seigneur de Coarraze, messire Denys de Chailly, Thibaut de Thermes, Jamet du Tilloy, un capitaine écossais nommé Canède, d'autres capitaines et chefs de guerre, et aussi les bourgeois d'Orléans. »

L'idée majeure est de prendre le contrôle de la rive gauche pour pérenniser le ravitaillement de la ville assiégée. Il faut rétablir la liaison de la ville avec la Sologne au sud en prenant les forts et le pont tenus par les Anglais.

Jeanne veut aller droit à la plus grande bastide, confiante dans le soutien de Dieu.

Les capitaines sont d'avis de se servir de cette attaque comme manoeuvre de diversion sur la rive droite et y attirer les Anglais se trouvant sur la rive gauche. Les forts de ce côté ainsi dégarnis seraient attaqués pour que l'on puisse prendre le contrôle du pont. A partir de là, les communications entre Orléans et la Sologne pourraient être rétablies et l'on pourrait ainsi approvisionner plus facilement Orléans pour soutenir un long siège.

Jeanne n'est pas de cet avis. Plusieurs capitaines pensent qu'il vaut mieux rien lui dire de ce plan contre les bastides de la Sologne. En effet, on l'appelle, et on ne lui fait part que du projet d'attaquer la grande bastille de la Beauce. On pense la tromper d'autant mieux, que ce projet répond à ses vues. Mais quand le chancelier du duc d'Orléans lui révèle maladroitement le véritable plan concerté, elle répond, indignée :

« Dites ce que tous avez conclu et appointé. Je cèlerois bien plus grande chose. »

Et elle fait les cent pas dans la salle. Marche rapidement à grandes enjambées.

« *Jeanne*, lui dit Dunois, *ne vous courroucez pas, on ne peut pas tout dire à une fois. Ce que le chancelier vous a dit a été résolu ; mais si ceux de l'autre côté se départent pour venir aider la grande bastille de par deçà, nous avons résolu de passer la rivière, pour y besogner ce que nous pourrons. Et nous semble que cette conclusion est bonne et profitable.* »

Jeanne se calme, mais déjà déçue par les capitaines elle reste méfiante et répond qu'elle est satisfaite qu'un plan soit conçu, pourvu qu'il soit respecté. Elle comprend que l'attaque sera décisive quelque soit le plan.

Mais les capitaines ne font rien de ce qu'ils avaient décidé. Ils portent l'attaque directement sur la rive gauche.

Les Anglais occupent le fort des Tourelles, et, un peu au sud des Tourelles, la bastille des Augustins. Ces fortifications sont couvertes par leur boulevard qui permet les communications entre les positions.

En aval du fleuve, les Anglais ont le boulevard de Saint-Privé, relié à la grande bastille de Saint-Laurent (rive droite) par un boulevard, élevé dans l'île Charlemagne. En amont, ils ont sur la rive gauche la bastille de Saint-Jean le Blanc. C'est un poste fortifié abandonné une première fois à l'approche de Jeanne, qui est occupé de nouveau par les Anglais après son entrée dans la ville.

La Pucelle et les capitaines déclenchent leur attaque sur le sud-est de la ville.: l'île aux Toiles dite aussi l'île St Aignan (Voir le plan page 65)

Le vendredi 06 mai, prise du fort des Augustins

La petite île Saint-Aignan est séparée de la rive par un étroit canal. C'est un passage stratégique idéal pour une attaque dirigée d'Orléans contre les positions des Anglais sur la rive gauche. Les Orléanais qui avaient usé déjà de cette stratégie, décident encore de porter leur attaque à cet endroit.

Deux bateaux, amarrés l'un à l'autre sont placés pour servir de pont entre l'île et la rive gauche. Mais quand ils arrivent au fort de Saint-Jean le Blanc, les Français le trouvent encore abandonné. Leur chef, Glasdale, avait donné l'ordre de l'évacuer pour renforcer les bastilles qui défendaient le pont.

La Pucelle vient aussitôt attaquer les Anglais, sans même attendre que toute la troupe passe de l'île à la rive opposée. Elle plante son étendard sur le rebord du boulevard des Augustins et appelle ses compagnons à faire mouvement rapidement. C'est alors que dans la troupe se répand la rumeur que les Anglais ont reçu le renfort des bastilles de la rive droite et qu'ils s'avancent en nombre vers eux par le boulevard Saint Privé à l'ouest en aval du fleuve sur la rive gauche. Pris d'une terreur panique la troupe française peu nombreuse qui vient de traverser cherche à faire demi-tour et à franchir le pont de bateaux afin de se réfugier sur l'Ile Saint Aignan. En effet, les Anglais, sortent du fort des Augustins, poursuivent à grands cris les fuyards et insultent la Pucelle qui cherche à couvrir leur retraite.

Alors elle se retourne, face à eux, et soudain, pourtant avec peu de soldats autour d'elle, elle marche d'un pas décidé vers les Anglais, son étendard déployé. Les Anglais s'effrayent, et sans l'attendre, fuient à leur tour jusque dans leur bastille des Augustins. Jeanne les presse, toujours à pied. Elle monte sur le haut du fossé du boulevard pour être bien visible, plante de nouveau l'étendard. Par ses appels et l'étendard qu'elle tourne à bout de bras, elle rallie ses troupes et grâce à son exemple les Français tiennent la position. Elle est blessée au pied par un chausse-trappe lancé par un fuyard anglais.

Les capitaines français se demandent s'il vaut pas mieux retourner dans la ville, quand ils voient là-bas sur l'autre rive, sur le boulevard des Augustin, la Pucelle, avec son étendard planté fièrement face à l'ennemi. Le cours de la bataille est changé.

« Lorsque les vaillants chefs et gens d'armes demeurés dans Orléans virent qu'on voulait donner un nouvel assaut, quelques-uns se précipitèrent de la cité pardessus le pont ; et, parce que plusieurs arches étaient rompues, ils menèrent un charpentier et portèrent des gouttières et des

échelles dont ils firent planche. Voyant qu'elles n'étaient pas assez longues pour porter sur les deux bouts d'une des arches rompues, ils joignirent une petite pièce de bois à l'une des plus grandes gouttières, et firent si bien qu'elle tint. »

Deux chevaliers, dans ces alternatives de retraite et d'attaque, se lancent un défi à qui ferait le mieux son devoir. Ils sont très vite au pied des palissades. Un Anglais, grand, puissant et fort, occupe à lui seul tout le passage, il les tient en échec. D'Aulon le signale au fameux canonnier Jean le Lorrain, qui l'abat d'un coup de sa couleuvrine. Les deux chevaliers dont l'un appelé Nicolas de Giresme, de l'ordre de Rhodes, dit de Saint-Jean de Jérusalem, passa le premier tout armé, et à son exemple plusieurs passèrent aussi, entrent dans la place, suivis d'une foule d'assaillants. Tous les Anglais périssent ou cherchent un abri derrière le boulevard des Tourelles. »

« Peu d'entre eux purent se sauver, car de quatre ou cinq cents combattants qu'ils étaient, tous furent tués ou noyés, excepté un petit nombre qui lurent faits prisonniers et qui n'étaient pas grands seigneurs. Glacidas, qui était capitaine et fort renommé au fait des armes, le seigneur de Molins, le seigneur de Pommins, le bailli de Mantes, plusieurs autres chevaliers bannerets et nobles d'Angleterre se noyèrent. En se précipitant sur le pont pour se sauver, il arriva que le pont rompit sous leurs pas; ce qui fut grand ébahissement de la force des Anglais, et grand dommage pour les vaillants Français qui de leur rançon auraient pu avoir grandes finances »

« L'attaque des alentours du fort des Tourelles fut faite par 3000 hommes. On fit plus de 600 prisonniers et on tua plus de 1000 Anglais ; enfin, on délivra plus de 200 prisonniers français. » (Chronique de la pucelle)

Les Français découvrent un important butin et des vivres dans le fort des Augustins mais sur ordre de la Pucelle rien n'est récupéré. Elle fait mettre le feu à la bastide car elle sait qu'à l'issue des batailles les pillages sont l'occasion pour les troupes de se désunir dans le partage du butin et d'installer l'indiscipline.

La bastille des Tourelles reste à prendre: on les investit immédiatement. Ce sont maintenant les Anglais qui sont assiégés dans leur fort. La nuit tombe, on décide de remettre l'attaque au lendemain. Des troupes doivent camper la nuit pour tenir la position autour du fort des Tourelles, et empêcher tout éventuel renfort ennemi qui pourrait venir des autres bastilles anglaises: « on leur donne sept douzaines de pains grands et petits ; cinq tonneaux de vin (10 poinceaux) ; huit pourceaux ; quatre douzaines de tasses de Beauvais. ».[14]

La Pucelle rentre le soir même coucher dans la ville avec les principaux capitaines. Elle aurait préféré rester camper avec les soldats qui avaient pris le fort des Augustin. Si elle rentre dans Orléans ce n'est pas pour mieux soigner sa blessure au pied, mais parce qu'elle sait qu'il faut préparer le combat du lendemain et qu'elle ne fait pas confiance aux capitaines qui vont décider sans elle de la suite à donner aux combats.

Les capitaines, acceptaient le concours de la Pucelle qui avait été imposée par le roi, mais ils n'acceptaient pas d'être dirigés par elle. De plus certains avaient conscience que plus la campagne avançait et plus ils pouvaient craindre de ne pas partager les honneurs de la victoire. Cependant jusqu'à présent les événements lui avaient donné raison, en avis contraire des capitaines.

En effet, ils avaient conduit l'armée à Orléans en passant par la Sologne au sud le long de la rive gauche. Elle leur avait prouvé qu'ils ont eu tort de ne pas l'avoir écoutée. Le convoi n'avait pas pu traverser le fleuve à Checy et avait dû faire demi-tour à Blois pour revenir par la Beauce, sur la rive droite comme elle l'avait demandé et malgré les bastilles anglaises que les capitaines craignaient d'affronter.

---

[14] **Attaque des Augustins** : *Voyez surtout d'Aulon (t.III, p.214), la Chronique de la Pucelle (t.IV, p.226), et celle de la Fête du 8 mai (t.V, p.292).» (Vergnaud-Romagnési, (l.1, p.10).*

Ils avaient décidé d'attaquer les bastilles de la rive gauche; et alors qu'ils voulaient abandonner, elle fait su motiver les troupes pour gagner le combat.

Alors que la victoire est promise au lendemain, que Jeanne est sûre que le pont sera dégagé de la présence des Anglais, les capitaines ne croient toujours pas au succès de leurs armes et veulent encore attendre des renforts.

Le soir, alors que Jeanne est en train de prendre son repas et soigner sa blessure au pied par une chausse-trape chez Jacques Boucher, un chevalier vient lui dire que les capitaines avaient tenu conseil. Ils pensaient qu'ils avaient eu de la chance d'obtenir la prise de la bastille des Augustins et l'encerclement actuel de la bastille des Tourelles avec le peu de troupes dont ils disposaient face aux nombreux Anglais. Dans leur esprit, maintenant que les Anglais ont renforcé leurs positions sur la rive droite, ils ont fait venir des hommes de la bastille de Saint Privé pour les placer dans celle de Saint Laurent. Cela signifie que dès que les Français attaqueront le fort des Tourelles, les Anglais attaqueront directement la ville depuis la grosse bastille de Saint Laurent à l'ouest. Sous prétexte qu'ils avaient suffisamment de vivres dans la cité, ils pensaient qu'il était préférable d'attendre des renforts de troupes envoyées par le roi. Pour finir, ils pensaient qu'il était risqué de lancer une nouvelle attaque le lendemain.

Jeanne lui répond : « *Vous avez été en votre conseil, et j'ai été au mien, et croyez que le conseil de Dieu s'accomplira et tiendra ferme, et que cet autre conseil périra ;*" et se tournant vers son confesseur, qui le raconte : « *Levez-vous demain de grand matin,* dit-elle, *et vous ferez plus qu'aujourd'hui. Tenez-vous toujours auprès de moi; car demain j'aurai beaucoup à faire, et plus que je n'ai jamais eu : demain le sang coulera de mon corps au-dessus du sein.* »

Jeanne pense alors à ces hommes qui campent devant les Tourelles exposés à une offensive nocturne des Anglais. Les habitants d'Orléans partagent l'avis de la Pucelle et viennent pendant la nuit apporter des vivres, armes et munitions pour préparer l'attaque des Tourelles à l'aube.

Elle prédit la victoire et qu'elle sera blessée.

Le samedi 07 mai prise de la bastille des Tourelles

Le matin à l'aube, l'aumônier Pasquerel dit la messe devant les troupes réunies, et Jeanne se prépare ensuite pour l'assaut. Au moment du départ, son hôte veut l'inviter à manger une alose qu'on venait de lui apporter. « *Gardez-la jusqu'au soir, et je vous amènerai un godon (*on reconnaît le sobriquet populaire*) qui en mangera sa part.* »

Elle promet d'entrer dans la ville par le pont.

Mais les capitaines toujours opposés au plan de Jeanne d'Arc, ont donné des ordres.

Le gouverneur d'Orléans, Gaucourt, garde les portes bien fermées pour empêcher toute sortie. Jeanne veut passer et le trouve en travers de son chemin: « *Vous êtes un méchant homme,* dit-elle *; et qu'il vous plaise ou non, les gens d'armes viendront et gagneront comme ils ont gagné.* » Gaucourt , menacé de se faire occire par les compagnons de Jeanne est obligé de céder. Jeanne fait ouvrir la porte de Bourgogne et une petite porte, près de la grosse tour, qui donnait directement sur la Loire.

Elle passe le fleuve, va rejoindre avec ces nouveaux combattants volontaires recrutés dans la ville, ceux qu'elle avait laissés à regret la veille devant les Tourelles.

Les capitaines accourent. Ils ne veulent pas risquer de laisser à elle seule la gloire d'une victoire. Dunois et La Hire, arrivent les premiers devant les Tourelles, suivis de Gilles de Rais, Graville, Poton de Xaintrailles, Thibaut d'Armagnac, seigneur de Termes, Louis de Culan et Gaucourt.

La lutte impitoyable s'engage dès six ou sept heures du matin.

Sous le feu des canons et les traits des arbalètes, les Français se précipitent sur les boulevards, descendent dans les fossés, et montent à l'assaut « *avec une telle vaillance, qu'il sembloit à leur hardi maintien qu'ils cuidassent être immortels* » Au sommet, un combat de corps à corps s'en-

---

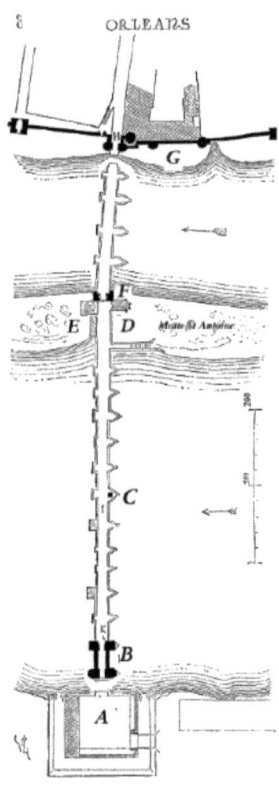

A: Boulevard des Tourelles
B: Tourelles.
C: Belle Croix.
D: Chapelle St Antoine
E: Aumonerie.
F: Bastille St Antoine.

gage, l'ennemi les repousse, armé de haches, de lances et de maillets de plomb. A chaque fois les Français repartent à l'assaut. La Pucelle, au mépris du danger est là au pied des Tourelles avec eux et les encourage : « *Ne vous doubtez* (ne craignez pas), *la place est vôtre.* »

Alors que cela fait six heures que la bataille fait rage, vers une heure après midi, elle descend dans le fossé et avec un autre elle dresse une échelle contre le parapet.

A cet instant, elle reçoit un trait d'arbalète entre l'épaule et la gorge qui la perce de part en part dans le muscle du cou.

Elle arrache le fer de la plaie. Plusieurs hommes qui l'entourent la transportent vers une tente pour les blessés. Ils lui proposent de soigner la blessure, avec quelque sortilège de superstition. Elle refuse, disant : « *J'aimerais mieux mourir que de rien faire que je susse être péché ou contre la volonté de Dieu* ». Elle accepte les soins plus conventionnels.

On lui met une compresse d'huile d'olive; après quoi elle se confesse, versant des larmes.

La longue résistance des Anglais et la vue de l'éva-
cuation de Jeanne blessée décourage les assaillants. Les
Anglais hurlent de joie, ils sont persuadés d'avoir tué la
Pucelle. Les chefs viennent aux nouvelles, la blessure n'est
pas très grave, ils lui expriment de la peine et du réconfort
et disent qu'il vaut mieux reporter l'assaut au lendemain.
Quand elle ira mieux. Elle répond qu'il faut poursuivre la
bataille. La journée est encore longue mais ils ordonnent la
suspension de l'assaut et de retirer dans la ville les troupes
et l'artillerie pour éviter les risques d'une sortie des Anglais pendant la nuit.

Jeanne, malgré ses souffrances, vient trouver Dunois. Elle le supplie de ne pas ordonner la retraite, lui demande de prendre un peu de repos et d'attendre un peu
encore avant de retourner dans la ville. Elle dit aux capitaines: « *En nom Dieu, disait-elle, vous entrerez bien brief
(*bientôt*) dedans, n'ayez doute, et les Anglois n'auront plus
de force sur vous. C'est pourquoi reposez-vous un peu,
buvez et mangez.* »

Comme le combat a commencé très tôt, tout le
monde à faim et soif à ce moment là. Les hommes
prennent un peu de repos.

Puis la voix de Jeanne se fait entendre: « *Maintenant, retournez de par Dieu à l'assaut de rechef : car sans
nulle faute, les Anglois n'auront plus la force de se défendre, et seront prises leurs Tournelles et leurs boulevards.* »

L'attaque reprend sous la clameur des assaillants.

Jeanne demande son cheval, et laisse son étendard à
d'Aulon, son écuyer. Elle se retire à l'écart du combat dans
une vigne voisine, pour prier Dieu.

Elle reparait bientôt sous les acclamations et repre-
nant son drapeau, elle dit à un chevalier qui était là :
« *Donnez-vous garde (*regardez*) quand la queue de mon
étendard touchera contre le boulevard.* » Un peu après il
lui dit : « *Jeanne, la queue y touche !* » Elle s'écria: *Tout
est vôtre et y entrez.*

A sa voix, et à la vue de l'étendard qui tournoie, les
Français repartent à l'assaut. *«Et jamais, dit un contempo-*

rain, on ne vit envol d'oisillons jaillir d'un buisson comme chacun monta contre ledit boulevard. »

La chronique de la Pucelle raconte: «*les Français assaillirent les Tournelles, les boulevards et les constructions que les Anglais y avaient faits pour les fortifier. Il y eut un fort merveilleux assaut, durant lequel furent accomplis plusieurs beaux faits d'armes, tant par les assaillants que par les défendants. Il y avait grand nombre d'Anglais fort braves, munis abondamment de tous les moyens de défense. Ils le montrèrent bien : les Français avaient beau les écheler par divers endroits, en nombre très épais ; ils avaient beau les assaillir de front au plus haut de leurs fortifications, avec une telle vaillance et une telle hardiesse qu'il semblait à leur hardi maintien qu'ils se crussent immortels ; ils les repoussèrent maintes fois, les précipitèrent de haut en bas, avec leurs canons et armes de trait, avec leurs lances, leurs guisarmes, leurs maillets de plomb, et même avec les mains, tellement qu'ils en tuèrent et blessèrent plusieurs. Entre les autres, la Pucelle y fut blessée et percée entre l'épaule et la gorge si avant que le trait passait outre. Tous les assaillants en eurent très grande douleur et chagrin, et spécialement le bâtard d'Orléans, et les autres capitaines. Ils vinrent vers elle, et lui dirent qu'il valait mieux laisser l'assaut jusques au lendemain; mais elle les réconforta par de très belles et hardies paroles, les exhortant de conserver leur hardiesse. Ne voulant pas la croire, ils délaissèrent l'assaut et se tirèrent en arrière, voulant faire rapporter leur artillerie jusqu'au lendemain. Elle en fut très affligée et leur dit : « En nom de Dieu, vous entrerez bientôt dedans, n'en ayez pas doute; et les Anglais n'auront plus de force sur vous. C'est pourquoi reposez-vous un peu, buvez et mangez. » Ce qu'ils firent ; car à merveille ils lui obéissaient. Quand ils eurent bu, elle leur dit : « Retournez de par Dieu derechef à l'assaut ; car sans nulle faute les Anglais n'auront plus la force de se défendre, et les Tournelles seront prises avec leurs boulevards ». Cela dit, elle laissa son étendard, et s'en alla sur son cheval en un lieu détourné faire oraison à Notre-Seigneur ; et elle dit à un gentil homme qui était tout près : « Donnez-vous garde (remarquez) quand la queue de mon étendard sera, ou touchera contre le boule-vard. » Le gentilhomme lui dit un peu après : « Jeanne, la queue y touche », et elle lui répondit alors : « Tout est vôtre, et y entrez ». Bientôt après, cette parole fut reconnue prophétie. »*

Alors qu'ils attaquent les Tourelles par le sud, d'autres sortent d'Orléans viennent du boulevard de la Belle-Croix, par le pont, pour attaquer les Tourelles. Pour se protéger et éloigner les postes de tir de l'artillerie, les Anglais avaient détruit plusieurs arches du pont. Les Orléanais, apportent avec eux des échelles, de vieilles gouttières de bois, des portes et autres supports qu'ils posent pour relier entre eux les piliers. Ils étayent ce pont de fortune afin de le solidifier. Dès que ce fut possible d'y passer, un chevalier de Rhodes, le commandeur Nicole de Giresme, s'y précipite le premier. Les Anglais sont donc assaillis des deux côtés à la fois. Terrifiés par la vue de Jeanne d'Arc qu'ils voient, tel un démon, les menacer encore alors qu'ils étaient sûrs de l'avoir tuée, ils cherchent à fuir du boulevard en voulant entrer par le côté près du pont, mais ceux qui viennent maintenant d'Orléans leur coupent toute retraite. Alors que le fort des Tourelles est attaqué des deux côtés à la fois, les Français amarrent au pont de bois côté berge, une barque chargée de produits inflammables qu'ils ont fait descendre du fleuve. Les Anglais, repoussés sur le boulevard, veulent se réfugier dans les Tourelles. Il leur faut passer par le pont. C'est alors que le pont attaqué par les flammes, cède, et presque tous les Anglais sont précipités dans les flots.

La Pucelle veut alors les sauver : « *Glacidas ! Glacidas !* criait-elle à leur chef, *rends-ti, rends-ti (*rends-toi) *au Roi du ciel. Tu m'as appelée p.... ; j'ai grand'pitié de vos âmes !* » Mais Glasdale fut entraîné par le courant avec les autres.

Tous les Anglais présents sur la rive gauche sont tués ou faits prisonniers.

« Trouvèrent la mort les seigneurs de Molins, de Pomins, Glacidas et plusieurs autres, jusques au nombre de quatre

cents environ; le reste fut fait prisonnier. Cette nuit lo-gèrent du côté de la Sologne la Pucelle et les autres sei-gneurs déjà mentionnés, ainsi que leurs gens, parce que, les ponts étant rompus. L'on ne pouvait rentrer dans la ville qu'en bateau. »[15]

Les Tourelles sont occupées en fin de soirée. La Pu-celle y demeure une partie de la nuit avec les vainqueurs, elle se repose et veut savoir si les Anglais de la bastide de Saint-Laurent ne veulent pas tenter un assaut pour re-prendre les Tourelles. Pendant ce temps en moins de trois heures, les Orléanais rebâtissent les arches détruites. Jeanne rentre donc de nuit dans Orléans comme elle l'avait dit le matin en passant sur le pont pour rentrer dans la ville. Perceval de Cagny témoigne: *« Et Dieu sait, à quelle joie elle et ses gens y furent reçus. »* Des femmes l'aident à retirer son armure, on lui refait son pansement sur sa bles-sure. On lui sert un peu de pain trempé dans du vin mélan-gé d'eau, et elle va se reposer.

<u>Le lendemain, dimanche 08 mai,</u> jour de fêtes dans la ville. Les cloches de la cathédrale et de toutes les églises d'Or-léans célèbrent la victoire.

Les Anglais, eux, se préparent à s'en aller. Le di-manche donc, de grand matin, avant la grande messe, les Orléanais voient les Anglais sortir de leurs bastilles et s'assembler à l'ouest de la ville.

Talbot ordonne à ses troupes de rester calmes et dis-ciplinées. C'est un capitaine expérimenté qui sait que s'il laisse voir de la peur et de la précipitation, sa retraite sera vue comme une déroute par les Français qui n'ont aucun besoin d'encouragement, et aussi par les chevaliers anglais auquel il devra rendre des comptes. Au lieu de fuir en désordre, il range son armée en bataille devant la ville, comme pour défier les Français. Ces derniers sortent aussi-tôt et se disposent en formation de combat, sous les ban-nières de leurs capitaines qui flottent au soleil. La Pucelle

---

[15] *Chronique de Jean Chartier chapitre 37*

sort sur son cheval et se range en bonne place. Elle n'a pas eu le temps de revêtir son armure. Tous les regards se tournent vers elle. Les Français ne voient pas de piège de l'ennemi. Ils sont impatients de les combattre et attendent le signal. Mais on est dimanche et en ce « jour du Seigneur », il ne faut pas aller contre la volonté de Dieu. Elle dit aux capitaines qu'il ne faut pas attaquer. Mais si les Anglais attaquent, alors Dieu sera du côté des Français. Immédiatement dans la plaine, elle fait dresser un autel de fortune par les prêtres, et puisque personne n'a eu le temps d'aller prier à la messe dans les églises, elle fait célébrer deux messes en présence de l'armée. La cérémonie achevée elle dit : « *Or, regardez, si les Anglois ont le visage tourné devers vous ou le dos.* » On lui répondit qu'ils se tournaient vers Meung : « *En nom Dieu,* reprit-elle, *ils s'en vont, laissez-les aller ; il ne plaît pas à Messire qu'on les combatte aujourd'hui: vous les aurez une autre fois.* »

Après être restés en ligne une heure entière, les Anglais se retirent en bon ordre, brûlant leurs bastilles et emmenant leurs prisonniers, mais obligés de laisser derrière eux une partie de leur artillerie et de leurs approvisionnements, et même, selon la chronique, leurs malades. La Hire et ses hommes attaquent l'arrière garde des Anglais pour leur prendre du butin.

La Chronique de Jean Chartier raconte: « *Les Anglais qui étaient en une bastille appelée Saint-Laurent, du côté de la Beauce, pouvaient bien voir la prise de celle du pont. Ceux qui étaient en la grande bastille nommée Londres, le sire de Talbot, le comte de Suffolk, les sires de Scales, Fastolf, et plusieurs autres, prirent par suite de cette défaite le conseil de se retirer et de lever le siège. Ils partirent, eux et leurs troupes, le dimanche au matin, lendemain du jour où avaient été pris les boulevards et bastille du pont, conquis le samedi soir. Ils délogèrent en très grand désarroi, si bien qu'une poignée de gens qui saillirent de la ville leur firent laisser la plus grande partie de leurs charrois, de leur artillerie, et d'autres biens encore. Cependant la partie des vainqueurs qui étaient du côté de la Sologne ne pouvait pas passer la rivière assez promptement pour inquiéter les Anglais, forts de quatre mille combattants ou environ. Ces derniers se réunirent et s'en allèrent à Meung-sur-Loire, qui était en leur pouvoir. Ils furent chevauchés et escarmouchés durant deux ou trois lieues par Etienne de Vignoles, dit La Hire, et par messire de Loré avec cent ou six-vingts lances composées d'hommes qui étaient repassés dans la ville le soir après la dernière victoire »*

Parmi les prisonniers que les Anglais veulent emmener, un Français, nommé Le Bourg du Bar, avait été fait prisonnier la veille de la bataille de Rouvray.[16] Talbot tenait beaucoup à son captif. Il le gardait « enferré par les pieds d'une paire de fers si pesants » qu'il pouvait à peine marcher. Un moine augustin anglais était chargé de sa garde.

Dans la retraite c'est ce moine qui est chargé de conduire le chevalier prisonnier. Ils marchent se tenant par le bras, ralentis par le poids des chaînes, fort éloignés du reste de la troupe d'Anglais. A un instant le chevalier Le Bourg du Bar s'arrête et tout le monde le voit monter sur les épaules du moine et lui faire faire demi tour et prendre le chemin d'Orléans, se libérant ainsi du poids de sa rançon. On imagine les rires de toute l'armée française.

Pendant que les Anglais se retirent vers Meung et Baugency, les habitants d'Orléans courent aux bastilles, les démolissent et en rapportent en triomphe les canons, bombardes et vivres de toutes sortes que les Anglais ne pouvaient pas emporter. Puis, guidés encore par Jeanne d'Arc, ils vont d'église en église remercier Dieu qui leur avait donné la victoire. Pour la première fois dans l'histoire, dans la joie du triomphe, la ville improvise une grande procession qui sera plus tard instituée par l'évêque puis la République.

« Quand vint l'après-midi, messire Florent d'Illiers prit congé des seigneurs et capitaines, des autres gens

---

[16] *La bataille de Rouvray du 12 février 1429 est aussi dite « Bataille des Harengs »*

d'armes et aussi des bourgeois de la ville ; et avec les gens de guerre qu'il avait amenés, retourna à Châteaudun dont il était capitaine, reportant grande estime, louange et renommée, pour les vaillants faits d'armes accomplis par lui et par ses gens à la défense et au secours d'Orléans. » Il reviendra pour attaquer Jargeau.

Mais pour la Pucelle la mission ne fait que commencer. Il lui reste à faire sacrer le roi à Reims, chasser tous les Anglais du sol de France, et délivrer le duc d'Orléans.

Le lendemain, au lieu de participer aux fêtes de la victoire dans l'enthousiasme général, elle quitte les Orléanais pour retourner à la cour de Charles VII.

Elle va avoir d'autres ennemis à vaincre que les Anglais, s'imagine-t-elle les obstacles politiques qui lui restent à surmonter?

*Représentation datée du XV siècle
représentant Jeanne d'Arc, vêtue
couverte d'un bassinet.*

Les conséquences de la levée du siège d'Orléans

L e siège durait depuis sept mois. Pour prendre la ville les Anglais avaient construit spécialement des boulevards et des bastilles puissantes. Jeanne en a enlevé trois, l'une après l'autre en une semaine. Les Anglais ayant subi de très lourdes pertes sont contraints d'évacuer leurs positions.

Suffolk et Talbot ne se considèrent pas battus pour autant. Il leur reste les villes de Beaugency, Meung, Janville et Jargeau dans la vallée de la Loire.

Pour les Français et plusieurs chroniqueurs européens, la délivrance d'Orléans suscite l'enthousiasme à Orléans et une profonde impression dans le reste du royaume.

L'arrivée de nouveaux volontaires, de nouvelles armes et de vivres galvanise l'armée française, impatiente de servir sous la bannière de Jeanne.

Jeanne a donné le signe que l'on attendait d'elle depuis Chinon et Poitiers. Elle est donc bien l'envoyée de Dieu, il n'y a aucun doute pour le peuple; c'est aussi le sentiment des docteurs de l'université de Poitiers, donc du parti français uniquement. Le procès de 1431 révèlera que les docteurs de l'université de Paris, sous le gant de fer du roi anglais, seront d'un avis très différent.

Le 14 mai, six jours après la levée du siège, Jean Gerson[17], fait une analyse des évènements récents. Il examine, si l'on peut ou si l'on doit croire en la Pucelle. Selon sa réflexion, plusieurs raisons militent en sa faveur. Il y a des raisons politiques: elle est suivie par le Conseil du roi et les gens de guerre, elle est précédée par l'enthousiasme populaire et la crainte et le découragement des ennemis. Il y a des raisons morales, éthiques ou religieuses: les enquêtes ont montré que sa vie passée est exemplaire et

---

[17] *Jean de Gerson 1363-1429 fut chancelier de l'Université de Paris de 1395 jusqu'en 1415 et, à ce titre joua un rôle majeur dans les troubles politiques opposant le duc d'Orléans au duc de Bourgogne, par la suite Armagnacs et Bourguignons, ainsi que dans la crise découlant du grand schisme d'Occident*

qu'elle confirme sa piété dans sa manière de servir le roi et l'église car elle agit et parle au nom du Ciel sans superstition. Il ne trouve rien de préjudiciable dans le port d'habits pour les hommes, de cheveux courts et d'armes. Ainsi, selon Gerson, ni du point de vue judiciaire, ni du point de vue moral, l'accoutrement et la conduite de la Pucelle ne sont condamnables. Dieu se prononce donc pour elle. Le très imminent Gerson ajoute: « *Quand bien même (ce qu'à Dieu ne plaise) elle serait trompée dans son espoir et dans le nôtre, il ne faudrait pas conclure que ce qu'elle a fait vient de l'esprit malin et non de Dieu, mais plutôt s'en prendre à notre ingratitude et au juste jugement de Dieu, quoique secret.* » Dans cet écrit Gerson conclue par un avertissement inspiré de la Bible: « *Que le parti qui a juste cause prenne garde de rendre inutile par incrédulité, ingratitude ou autres injustices, le secours divin qui s'est manifesté si miraculeusement, comme nous lisons qu'il arriva à Moïse et aux enfants d'Israël : le peuple d'Israël avait été puni de ne pas avoir écouté Moïse qui lui avait été envoyé par Lui, car Dieu, sans changer de conseil, change l'arrêt selon les mérites.* » en d'autres termes Gerson déclare que la victoire de Jeanne est l'œuvre de Dieu et en refuser l'idée serait agir comme les enfants d'Israel qui n'ont pas cru au secours divin à travers Moïse.

Jean Gerson mourut le 12 juillet suivant: c'est, selon toute apparence, son dernier acte public, et c'est dommage pour Jeanne qui sera l'objet d'un procès en 1431.

Un autre soutien à Jeanne d'Arc est Jacques Gelu, archevêque d'Embrun depuis 1427. Né au duché du Luxembourg il fait ses études de droit canon à Paris et de doit civil à Orléans. C'est sans doute là qu'il fait la connaissance de Charles 1er d'Orléans dont il devint le protégé. Il entre au Parlement de Paris en 1405, conseiller du royaume, président du conseil du Dauphiné en 1408 comme chanoine d'Embrun, ambassadeur du pape au conseil de Constance pour régler le schisme de l'Eglise. A l'assassinat du duc d'Orléans il prend le parti des Armagnacs et suit le dauphin Charles en 1418. Nommé par le pape archevêque de Tours jusqu'en 1427 il devient archevêque d'Embrun. Il est connu pour être le commanditaire du missel enluminé de la liturgie de Tours, et propriétaire du manuscrit des décrêtales de Grégoire IX, principale source du droit canon dans lequel il condamne l'inversion des valeurs dans lesquelles les femmes se battent.

En février 1429 Jeanne d'Arc arrive à Chinon. Des rumeurs prophétiques sont lancées autour d'elle. De nombreux clercs sont dubitatifs et Jacques Gelu écrit au roi: *« Je vous recommande de ne point converser seul avec elle, et qu'elle ne s'approche pas trop près. »* Peut être la prend-t-il pour une espionne venu de sa lointaine province à travers pays ennemi.

Le 08 mai 1429, la levée du siège d'Orléans apparait miraculeuse. Est-ce « le signe » promis par la Pucelle? Le roi demande à l'archevêque d'Embrun de lui prouver que Jeanne d'Arc est bien envoyée par Dieu. En quelques semaines Jacques Gelu rédige un traité qu'il publie en mai sous le nom de « La venue de Jeanne. Il le dédie « Au prince très chrétien, Charles le septième, sérénissime roi de France. » Dans la préface Gélu rappelle que les universitaires se sont divisés à Poitiers. Les uns affirment que la Pucelle est inspirée par Dieu, les autres pensent qu'elle est abusée par la fourberie. Jacques Gelu veut démontrer la légitimité de Jeanne selon les méthodes universitaires et le vocabulaire d'Aristote, point par point: Il dit:

« Premièrement je chercherai s'il convient à la Majesté divine d'intervenir personnellement dans les actes d'un homme ou d'un royaume »: Dieu peut-il intervenir s'il est poussé par les prières? Comment un prince chrétien peut-il penser le contraire?

« Je chercherai deuxièmement si Dieu a coutume d'exécuter ses desseins plus à travers des anges ou des hommes. » Dieu se sert de toutes les créatures. Il s'est servi d'une jeune fille pour humilier les Anglais. Ils se seraient montrés trop honorés s'ils avaient été battus au moyen d'un ange. Jeanne d'Arc sert à humilier les ennemis du roi de France. Dieu montre sa puissance aux Anglais en les faisant vaincre par une femme.

« *Je chercherai troisièmement s'il convient à la sagesse divine de confier au sexe féminin ce qui revient à des hommes.* » *Il répond: Dieu est libre. Il est maître de ses lois. seul Dieu sait utiliser une femme pour envoyer une armée. Elle s'habille homme car elle partage la vie des soldats.*

« *Quatrièmement, je chercherai si nous pouvons reconnaître si des oeuvres viennent de Dieu ou du diable.* » *Comment reconnaitre Jeanne si elle vient bien de Dieu? On le sait parce que par ses actions, son comportement, elle s'est toujours bien comportée. Et au milieu des gens armés elle n'en a pas moins vécu honnêtement et pudiquement.*

« *Cinquièmement, je chercherai si ce qui doit être accompli en raison d'un ordre divin, doit être exécuté sans prudence humaine.* » Les anglais se sont comportés de façon injuste. Dieu permettra que le roi soit vainqueur, mais le roi doit aussi participer. Il n'y aura pas de miracle.

Jacques Gelu déploie donc un raisonnement universitaire, mais cette science qui permet de défendre Jeanne d'Arc, sera employée par ses ennemis et notamment Pierre Cauchon pour la condamner selon d'autres arguments.

Le traité « De la venue de Jeanne » permet à Jacques Gelu d'exposer rationnellement l'intervention divine en faveur de Charles VII, comme l'aurait fait Aristote. Pour Jacques Gelu, Jeanne est l'envoyée de Dieu au dauphin « pour être comme son ange ». C'est une conductrice, une conseillère donnée à Charles par la sagesse divine.

C'est un traité qui a un aspect moralisant car Jacques Gelu veut susciter l'humilité du roi et renforcer sa foi dans la providence. Croire en Dieu, en son destin, dirait-on aujourd'hui. Le royaume est brisé par la guerre et va être secouru. Le roi doit s'incliner devant la majesté divine et faire confiance à une jeune fille. Les victoires de Jeanne et l'aide du Ciel en faveur de Charles montrent que la Providence et la clémence divine sont propices au royaume de France, à ses très chrétiens habitants, par suite des supplications des âmes pieuses et des sanglots des opprimés et de l'injustice des prétentions anglaises au royaume de France et l'insatiable cruauté de leur nation.

Ce traité c'est également un texte de propagande royale parce que Jacques Gelu, partisan de la première heure de Charles VII, hostile aux Bourguignons et aux Anglais, est persuadé que Jeanne d'Arc « *vient de Dieu et que son arrivée est providentielle.*[18]

Finalement l'archevêque d'Embrun, Jacques Gelu, partage l'avis de Gerson, mais il est pragmatique. Il n'est pas souhaitable que l'on néglige les voies ordinaires qui concernent la logistique de l'armée. Il pense que l'on devrait suivre l'inspiration de Jeanne en matière stratégique, parce qu'elle est inspirée par Dieu, et qu'on la préfère aux suggestions d'une sagesse humaine.

Comme Gerson, il se réfère à la Bible. Il rappelle Saül. S'il omet de faire ce que dit la Pucelle, croyant mieux faire que ce que Dieu lui inspire, le roi doit craindre de se voir abandonné du Seigneur, et privé de la victoire qu'il espère.

Les conseillers intimes de Charles VII, avaient estimé que le royaume de France n'avait pas grand chose à perdre en laissant Jeanne d'Arc escorter un convoi de ravitaillement. La confiance qu'elle inspirait au roi, ne menaçait pas leur pouvoir personnel.

Mais que voyaient les capitaines de l'armée du roi? Aucune compétence militaire ne lui a été reconnue dès le départ puisque son choix de l'itinéraire de Blois à Orléans n'a pas été entendu. Comment en pouvait il être autrement, après tout qui était-elle? Une jeune fille visiblement exaltée, aveuglée par sa foi et ses visions, sans doute assourdie par ses voix qui l'accompagnaient constamment. Les hommes d'armes jouent leur vie et leur mort sur le champ de bataille; ils doivent leur salut en leur confiance dans les sciences militaires d'avantage que dans celles de la théologie. Il n'est donc pas étonnant qu'ils ne soient pas dispo-

---

[18] *Conférence de Olivier Hanne agrégé en histoire médiévale voir sources.*

sés à remettre leur vie entre les mains d'une jeune fille inconsciente des risques de certaines entreprises, et sourde aux conseils de prudence des capitaines expérimentés.

Et puis que peuvent penser ces hommes habitués à la dureté des combats, à la vie rude des campagnes quand cette jeune pucelle, leur interdit leurs usages de vie dissolue, et les oblige à la prière? Dunois a sans doute retourné la situation en retournant à Blois pour aller retourner les réfractaires à l'autorité de Jeanne. Mais la situation a changé. Les capitaines avaient demandé des preuves que l'étendard de Jeanne d'Arc « Jhesus Maria » et « De par le Roi du Ciel » n'était pas usurpé. Le signe est là: Orléans délivrée en une semaine!

Après ce succès on peut imaginer l'état d'esprit de la Pucelle, elle qui n'était déjà pas facile à raisonner dans ce milieu hostile qui n'était pas le sien. Les chefs de l'armée, professionnels de la guerre étaient agacés de voir leur compétence mise en doute au Conseil. Les éminences grises de la politique du roi, La Trémouille et Régnault de Chartres ne pouvaient guère supporter qu'une femme, qui ne savait ni lire ni écrire, qui n'était ni docteur de l'université, ni évêque, puisse parler « en nom Dieu »

La conquête de l'Orléanais

J eanne veut mener le roi à Reims, et l'entraîner, après le sacre, à la délivrance entière du royaume et jusqu'à la délivrance du duc d'Orléans en allant en Angleterre si nécessaire.

Il faut donc que l'entourage du roi et le roi lui même se mettent en route à travers les provinces occupées par les ennemis Anglais et Bourguignons. Mais la cour est bien installée dans le confort nonchalant de ses petits plaisirs pendant que le peuple souffre des bandes armées d'hommes sans solde. Les campagnes ne sont pas sûres, dans cette période de guerre civile entre Armagnacs et Bourguignons, avec les Anglais qui tirent les ficelles de conflits régionaux. On peut compter sur Jeanne pour ne pas laisser de répit à la lâcheté de seigneurs déjà éprouvés par les désastreuses batailles encore récentes dans leurs esprits.

Jeanne quitte Orléans, passe par Blois et le 13 mai à Tours elle rencontre le roi qui vient de Chinon.

Une chronique raconte:

« *Charles la reçoit avec de grands honneurs. La Pucelle se présente devant lui, l'étendard à la main et lui fait révérence. Le roi lui-même, ôta son chaperon et l'embrassa en la saluant et, comme il sembla à plusieurs, volontiers l'eût baisée de la joie qu'il avoit.* ». Il avait en effet coutume de porter ce couvre-chef tel qu'il est peint par Jean Fouquet. Charles VII savait ce qu'il lui devait.

Les nouvelles de la prise de la bastille de Saint-Loup, puis des Tourelles, et enfin la levée du siège, viennent de tomber à la cour. Le 10 mai 1429 dans une lettre écrite aux habitants de Narbonne, le roi, sans dire encore trop de détail, informe les Narbonnais que la Pucelle avait joué un rôle dans le succès. Mais dans cette lettre le rôle de la pucelle est surtout évoqué: « *Vous ne pourriez assez honorer les vertueux faits et les choses merveilleuses que ledit héraut, (messager) qui a été pré-*

sent à tout, nous a rapportés, et d'autres aussi, de la Pucelle, laquelle a toujours été en personne à l'exécution de toutes ces choses. »

Le roi avait eu connaissance des faits. Il en savait maintenant bien davantage. Aussi lui fit-il « grande chère. » Normal en France où tout fini par un banquet. Pour la récompenser il veut qu'elle soit autorisée à porter des armoiries, il choisit les lys de France et la couronne avec l'épée tirée pour la conquérir: c'est le blason qui est décrit dans la lettre d'anoblissement en décembre 1429.

Mais Jeanne n'est pas venue à Tours chercher une récompense. Elle vient solliciter l'achèvement de sa mission et veux rentrer ensuite chez elle. Personne ne semble disposé à l'écouter.

Les Anglais, eux, ne se considèrent pas comme battus. Malgré des pertes énormes à Orléans, l'Orléanais (Beaugency, Meung, Janville, Jargeau) est encore entre leurs mains. En effet, il leur est possible de se réorganiser et de reprendre le siège d'Orléans, puisque le pont est réparé, et donc plus vulnérable à un assaut. Le 09 mai, la priorité de Suffolk, est de sauver ce qui reste des troupes anglaises.

Les commandants français veulent également prendre le temps de remettre en état leurs troupes, sauf Jeanne qui veut tout de suite poursuivre la fuite de l'ennemi.

Elle exhorte le roi à marcher le plus vite possible au nord-est, en Champagne, vers Reims.

Les commandants français répondent que les ennemis tiennent des places fortes sur la Loire. On ne peut pas les laisser sur les arrières de l'armée. Le risque est trop grand de se faire couper les liaisons avec la Sologne et le domaine royal au sud du fleuve.

Aller à Reims signifie donc d'autres combats. Charles convoque ses capitaines et « autres sages de sa cour. » Plusieurs conseils sont tenus à Tours, et la prudence des conseillers donne deux excellentes raisons à opposer aux desseins de la jeune fille:

En premier la grande puissance des armées alliées des Anglais et des Bourguignons.

En second, le manque de financement pour payer l'armée nécessaire.

Pour se rendre uniquement à Reims, la Pucelle ne demande pas de grande armée. Elle pense qu'il faut y aller rapidement, presque par surprise sans livrer grande bataille en route. *« Sûrement et sans destourbier »* (empêchement). Mais elle veut aller vite. Le temps lui est compté elle dit « *Qu'elle ne durerait guère plus d'un an et qu'on songeât à bien besogner cette année* » car elle avait beaucoup à faire.

Elle dit au duc d'Alençon qu'après le sacre, elle avait encore, à chasser les Anglais et à délivrer le duc d'Orléans. (Le duc d'Alençon est entendu le 03 mai 1456 au procès de réhabilitation)

Le roi avait reçu le traité de Jacques Gelu qui était d'avis de suivre la Pucelle. D'autres hésitent.

Le 22 mai 1429, depuis Loches le roi fait porter par le sire de Gaucourt une lettre aux consuls de la ville de Tournai racontant les exploits de la libération d'Orléans.

On raconte encore que le 23 mai 1429, la Pucelle, impatiente des lenteurs du roi, vient avec Dunois au château de Loches. Le journal et la chronique racontent.

Charles est en conversation avec deux conseillers, Christophe d'Harcourt, l'évêque de Castres, son confesseur, et le seigneur de Trêves (Robert le Maçon), ancien chancelier de France. Elle frappe à la porte, et dès qu'elle est annoncée, elle se jette aux pieds du roi:

« Gentil Dauphin, dit-elle, ne tenez plus tant et de si longs conseils, mais venez au plus tôt à Reims pour recevoir votre digne couronne. »
Christophe d'Harcourt lui demanda si ce sont ses voix qui lui avaient dit cela :

« Oui, répondit-elle, je suis fort aiguillonnée touchant cette chose ».
— Ne voudriez-vous pas, nous dire ici, devant le roi, comment font vos voix quand elles vous parlent ?

— *Je conçois bien,* dit-elle *en rougissant, ce que vous voulez savoir, et vous le dirai volontiers.* »

« *Et comme le roi, la voyant émue, lui demandait s'il lui plaisait de s'expliquer devant les assistants, elle répondit qu'elle le voulait bien, et raconta, comment, lorsqu'elle s'affligeait des doutes que l'on opposait à sa mission, elle se retirait à part et priait Dieu, se plaignant de ce qu'on ne la voulait pas croire ; et sa prière faite, elle entendait une voix qui lui disait :*

« *Fille Dé (de Dieu), va, va, va, je serai à ton aide, va !" et quand cette voix lui venait, elle était bien réjouie et elle eût voulu être toujours en cet état. En rapportant les paroles de ses voix, elle rayonnait d'une joie divine et levait les yeux au ciel.* »

Après les succès d'Orléans, la parole de Jeanne se fait plus autoritaire, investie par Dieu elle se sent légitime à imposer son point de vue. Le roi et son entourage peuvent se rallier à son idée de marcher sur Reims comme elle le désire mais faut-il prendre le risque de laisser derrière l'armée les places de Beaugency, Meung sur Loire et Jargeau que Suffolk et Talbot occupent? Dunois, Boussac, Graville, Xaintrailles, voulant profiter de la libération d'Orléans, et peut-être de l'absence de Jeanne qui était à la cour, venaient de tenter d'enlever la place de Jargeau.

Il ne faut pas qu'alors que l'armée marche au Nord vers Reims, les Anglais en profitent pour pénétrer dans le Sud de la Loire. De plus, le sacre du roi doit, selon le protocole, être accompagné des grands seigneurs du royaume qui sont dispersés dans leurs fiefs. Il leur faut du temps au XVème siècle pour se rendre à Reims. Tout ce temps nécessaire au ralliement de la cour et des seigneurs peut être employé par les armées du roi pour reprendre aux Anglais toutes les places stratégiques sur la Loire.

Sous les ordres du duc d'Alençon une armée est réunie sur la Loire. Le roi, fidèle au traité de Jacques Gelu, lui recommande de toujours prendre avis de la Pucelle avant toute décision.

Se trouvant à Chinon le 02 juin 1429, après lui avoir donné 29 marcs d'argent, Charles VII donne des armoiries à Jehanne la Pucelle avant de confier au duc d'Alençon et à elle, la mission du siège de Jargeau. Jamais elle ne portera ses armoiries. (Elle l'explique à son procès)

A partir de ce moment Jeanne d'Arc qui n'est pas encore anoblie, est considérée comme un des capitaines de l'armée.

Le mercredi 08 juin 1429, depuis Selles sur Cher où l'armée est réunie, Gui et André de Laval écrivent à leur mère un témoignage précis.

C'est André qui signe la lettre, il raconte au jour le jour les événements depuis le 05 juin: Il arrive à Saint Aignan où était le roi qui le fait venir et lui dit quelques politesses. Le lundi 06 juin il part avec le roi à Selles sur Cher. Là le roi lui présente la Pucelle qui y était déjà. Les deux frères Laval sont invités à déjeuner chez elle. Elle leur dit qu'elle leur ferait bientôt boire du vin à Paris. Après les vêpres ils partent à Romorantin, Jeanne ouvrant la marche. Le maréchal de Boussac et nombre de gens armés et de la commune avec elle. « *Et la vis monter à cheval, armée tout en blanc, sauf la tête, une petite hache en sa main, sur un grand coursier noir, qui à l'huis de son logis se démenoit très fort, et ne souffroit qu'elle montât. Et lors elle dit : "Menez-le à la croix," qui étoit devant l'église auprès, au chemin. Et lors elle monta, sans qu'il se mût, comme s'il fût lié. Et lors se tourna vers l'huis de l'église, qui étoit bien prochain, et dit en assez bonne voix de femme : "Vous, les prêtres et gens d'Église, faites procession et prières à Dieu." Et lors se retourna à son chemin, en disant : "Tirez avant, tirez avant," son étendard ployé que portoit un gracieux page, et avoit sa hache petite en la main. Et un sien frère qui est venu depuis huit jours, partait aussi avec elle, tout armé en blanc et arriva ce lundi à Selles monseigneur le duc d'Alençon qui a très grosse compagnie...*»

Cette lettre témoigne des préparatifs du départ de l'armée et du rassemblement des seigneurs enthousiastes qui comme lui ne se battent pas pour de l'argent car André

**Environ 550 km parcourus du 09 mai à
Orléans, au 29 juin départ de Gien
pour Reims.**

Laval écrit « *ne oncques gens n'allèrent de meilleur volonté en besogne que ils vont a ceste. ... , mais de l'argenta'y en a-il point à la cour que si étroitement que pour le temps présent je n'y espère aucune rescousse ni sous-tenue.* »

Tout le monde sait à l'époque que la cour de Charles manque d'argent, et qu'il ne faut pas compter sur elle. « *Pour ce, vous, madame ma mère, qui avez mon sceau, n'espargniés point ma terre par vente, ne par engage, ou adviser plus convenable affaire, là où nos personnes sont à être sauvées, ou aussi par défaut abaissées, et par aventure en voie de périr.* »

Il y apparait par la suite que les deux frères Laval citent Alençon, Dunois et Goncourt qui eux aussi partent de Selles pour marcher derrière la Pucelle. Et dans la phrase suivante Laval parle de lettres que sa mère a écrites à son cousin La Trimoille « *par occasion desquelles le Roy s'efforce de me vouloir retenir avecques lui jusques à ce que la Pucelle ait est devant les places anglesches d'environ Orléans où l'on va mettre le siège et est déjà l'artillerie pourveue; et ne s'essaye point la Pucelle qu'elle ne soit tantôt avec le Roy disant que lorsqu'il prendra son chemin à tier avant vers Reims que je crois avec luy; ...* »

Laval reproche à sa mère d'avoir usé de son influence pour l'empêcher de suivre le roi plutôt que l'armée qui se rassemble, mais il aura une consolation promise par Jeanne en allant au sacre à Reims.

Le lundi 6 juin, Jeanne et le maréchal de Boussac partent de Selles sur Cher le matin. Dunois et Gaucourt attendent le duc d'Alençon qui arrive avec sa compagnie dans la journée. Ils attentent Gilles de Rais qui doit arriver le 08 juin. Tous espèrent que le roi se joigne très rapidement à eux.

Dans sa lettre du 08 juin Gui de Laval écrit: « Et on espère, qu'avant qu'il soit dix jours, la chose sera bien avancée de côté ou d'autre. Mais tous ont si bonne espérance en Dieu que je crois qu'il nous aidera . »

Gui de Laval, témoin de l'ambiance générale ne se trompait pas. Dix jours après sa lettre à sa mère, il y avait eu les sièges de deux villes, une bataille décisive, le sacre et la campagne était terminée.

« Le journal du siège » prend le relais de la narration:

« *Le lendemain (9 juin), la petite armée rentrait dans Orléans, où elle fut reçue avec une joie extrême, et surtout la Pucelle, « de laquelle voir, dit encore le Journal du siège, ne se pouvoient saouler.* »

Jargeau

Le samedi 11 juin 1429 l'armée française quitte Orléans. Elle dispose de huit mille hommes, dont six cents lances amenées par le duc d'Alençon, six cents par Dunois, Florent d'Illiers revenu de Châteaudun et quelques autres, et le reste du peuple d'Orléans et des paroisses voisines. Ils arrivent à Jargeau.

En face, dans la ville, le comte de Suffolk a six à sept cents hommes d'élite, bien résolus à défendre chèrement leur peau, comptant sur l'aide de quelques canons.

Les Français avancent avec leur l'artillerie; et, selon le témoignage du duc d'Alençon, avant même d'être arrivés, plusieurs veulent rebrousser chemin.: « *tous rassemblés ils se trouvèrent environ mille deux cent lances. Il y eut alors discussion entre les capitaines, car les uns étaient d'avis de donner assaut à la ville, les autres étaient opposés, affirmant que les Anglais avaient une grande puissance et étaient en grand nombre. Jeanne, voyant ces dissensions entre eux, leur dit de ne pas craindre le nombre et de ne pas faire difficulté à donner l'assaut aux Anglais, car Dieu conduisait leur entreprise..* »

En effet, des renseignements font état de l'envoi de renforts anglais depuis Paris. Falstolf a reçu l'ordre du régent, le duc de Bedford de se mettre en marche avec cinq mille hommes. Il avance avec lenteur car il attend d'autres renforts qui se préparent. Il s'arrête quatre jours à Étampes, quatre jours à Janville.

Mais dans l'armée de la Pucelle il y en a encore qui craignent les Anglais, et il leur semble dangereux d'attendre toute l'armée ennemie devant une place forte occupée par leurs troupes. Plusieurs pensent partir. Jeanne ne les retient qu'en leur affirmant que Dieu est de leur côté: « *Si je n'en étais sûre,* disait-elle, *j'aimerais mieux garder les brebis que de m'exposer à tant de périls* ».

Jeanne veut, dès l'arrivée, loger l'armée dans les maisons des faubourgs. Alors que les gens d'armes cherchent des abris pour la nuit, les gens du peuple d'Orléans et des villages voisins qui ont suivi, sont résolus à se battre avant l'arrivée des renforts ennemis. Ils pensent que rien ne peut leur résister, guidés par la Pucelle. Il se jettent dans les fossés, et, sans l'attendre, ils attaquent les remparts de Jargeau. Les Anglais font une sortie, et les forcent à se replier en désordre. Jeanne, prend son étendard, vient les encourager. Le combat reprend avec vigueur.

Finalement en fin de soirée ils s'installent pour la nuit dans les faubourgs de Jargeau.

Avant de reprendre l'attaque de la ville, Jeanne, selon son habitude, s'adresse à ses défenseurs. Elle leur demande de partir pour avoir la vie sauve sinon la ville sera prise d'assaut. Les Anglais demandent quinze jours de trêve. Proposition inacceptable puis qu'il est évident qu'ils cherchent à gagner du temps pour permettre la réception de renforts. On répond qu'on leur donne une heure pour quitter la ville avec leurs chevaux. Suffolk cherche un autre moyen pour donner du temps aux renforts anglais d'arriver. Il prétend refuser de parler à la Pucelle mais uniquement à La Hire qui n'est pas sur place. Mais on rappelle La Hire rapidement et l'attaque est décidée.

Pendant la nuit, on prépare l'attaque de la ville. Dès le matin, du dimanche 12 juin, les canons et les bombardes sont en batterie, et à neuf heures, Jeanne fait sonner les trompettes et crie au duc d'Alençon : « *Avant, gentil duc, à l'assaut !* ». Le duc trouve que c'est trop tôt: mais Jeanne lui dit : « *Ne doutez point, c'est l'heure quand il plaît à Dieu; il faut besogner quand Dieu veut. Travaillez, et Dieu travaillera.* » Et elle ajoute : *"Ah ! gentil duc, as-tu peur ? Ne sais-tu pas que j'ai promis à ta femme de te ramener sain et sauf?* »

C'est vrai que la duchesse d'Alençon qui avait récupéré depuis quelques mois son mari de captivité, avait fait promettre à la Pucelle qu'elle le lui ramènerait. En effet, il risquait sa vie et il avait déjà passé une longue captivité de trois ans et dépensé une fortune pour payer une rançon bien ruineuse. Jeanne a dit à duchesse: « *Ne craignez point, madame, je vous le rendrai sain et sauf, et en tel point qu'il est ou mieux encore.* »

A Jargeau Jeanne sauve la vie du duc. Il est en terrain découvert. Il regarde l'attaque et donne ses ordres quand elle lui crie: « *Retirez-vous, car voici un engin qui vous tuera* » Elle lui montre un canon aux murs de la ville qui le vise. Il se retire, et un moment après, à cet endroit, c'est le seigneur de Lude qui est tué par cette arme. Le combat fait rage.

Les Anglais se battent vigoureusement. Le duc d'Alençon en repère un, grand et fort, qui s'agite et mène les Anglais. Il se fait passer des boulets qu'il laisse tomber sur les assaillants et renverse les échelles et les hommes. Un instant il se tient debout à découvert sur les murailles. Mais il y a parmi les Français le fameux canonnier Jean Le Lorrain, déjà présent à l'assaut des Augustins à Orléans. Le duc d'Alençon lui désigne le guerrier anglais. D'un coup de sa couleuvrine Jean le tue et le corps de l'Anglais tombe des remparts au pied de la ville. Cela fait trois ou quatre heures que l'attaque a commencé, Jeanne et le duc d'Alençon lui-même, descendent dans le fossé et courent aux murailles, suivis par d'autres troupes. Suffolk comprend le péril. Il veut parler au duc, mais on ne l'écoute pas. La Pucelle monte à l'échelle, tenant en main son étendard. Une pierre lui fait lâcher le drapeau et une autre la frappe à la tête et se brise sur son casque. (voir image page 83). Elle tombe par terre, se relève aussitôt, en criant: « *Amis, amis, sus! sus! notre Sire a condamné les Anglais. Ils sont nôtres à cette heure. Ayez bon courage !* »

Et les Français encouragés par ces paroles, escaladent les murs avec ardeur. La ville de Jargeau est prise. Suffolk et ses hommes se replient vers le pont, et l'un des deux frères du capitaine est tué. Les autres sont submergés par la furie française.

Suffolk, menacé par un écuyer d'Auvergne, nommé Guillaume Regnault, accepte de se rendre. Il lui demande s'il était gentilhomme.

« Oui, dit-il.

— Êtes-vous chevalier ?

— Non. »

Le comte le fit chevalier et se rendit à lui.

Quatre à cinq cents hommes anglais ont péri dans l'assaut. Les prisonniers, et parmi eux Suffolk et son autre frère survivant, sont gardés pour les rançons. La ville, l'église de Jargeau où les Anglais avaient stocké leurs biens et leur butin de guerre, tout est pillé. Quant aux prisonniers ils sont triés comme le veut l'usage. Ceux dont on espère des rançons ou faire des échanges, sont envoyés par bateau, sur la Loire, de nuit à Orléans, de peur qu'ils ne soient tués par les soldats.

Cette crainte est justifiée car au retour d'Orléans, après un débat sur le sort de quelques captifs restants, ils les tuèrent.

Le lundi 13 juin, Jeanne et le duc d'Alençon, reviennent à Orléans, après avoir laissé des effectifs à la garde de Jargeau. L'accueil est formidable. Un messager est envoyé au roi pour l'informer de leur victoire. Ils restent les deux jours suivants à Orléans, pendant lesquels se rallient à eux tous ceux qui n'avaient pas eu le temps de les rejoindre au premier siège : les seigneurs de Laval et de Lohéac, ces deux jeunes frères dont on a vu la lettre; Chauvigny, La Tour d'Auvergne, le vidame de Chartres.

Meung sur Loire:

L e mardi, 14 juin la Pucelle appelle Alençon, et lui dit : "*Je veux demain, après-midi, aller voir ceux de Meung[19] ; faites que la compagnie soit prête à partir à cette heure.* » Ils partent le lendemain. Les défenses anglaises à Meung-sur-Loire s'établissent sur trois niveaux: la ville fortifiée, la fortification près du pont et un grand château à l'extérieur du village. Le château de Meung sert de quartier général à John Talbot et Thomas Scales, les commandants anglais.

Le 15 juin le Duc d'Alençon et Jeanne d'Arc arrivent rapidement à Meung, avec 6000 hommes. Le pont que les Anglais avaient solidement fortifié, est tout de suite attaqué et pris dans la journée: *Journal du siège: «mais en voyant le pont de Meung-sur-Loire combien les Anglais l'avaient fortifié et fortement défendu par des vaillants combattants...malgré cette défense, le pont fut pris dans l'assaut sans guère retarder l'armée.* » Le passage stratégique de la Loire est sous le contrôle des Français. Ils refusent de perdre du temps dans l'attaque du château et le siège de la ville. Les forces françaises sont de l'ordre de 4 à 6 000 hommes.

L'armée a hâte de marcher sur Baugency, autre place stratégique du franchissement de la Loire.

Beaugency.

L a ville de Beaugency et son pont sont protégés par une enceinte. C'est une citadelle rectangulaire en bordure de la Loire. Les Anglais laissent quelques soldats dans la ville et l'essentiel de leurs troupes se retranche dans le château, son donjon, la tour César et sur le pont fortifié.

---

[19] *Meung sur Loire est à 26 km en aval d'Orléans. Beaugency est à 39 km en aval d'Orléans.*

Le jeudi matin 16 juin, les Français arrivent. Les Anglais évacuent la ville aux premiers combats et se réfugient dans le château. John Talbot organise la défense. Il attend des renforts.

De leur côté le duc Jean II d'Alençon et Jeanne d'Arc disposent des troupes de Jean d'Orléans, Gilles de Rais, Jean Poton de Xaintrailles et la Hire. Ils placent leurs canons et leurs bombardes et commencent le pilonnage de la citadelle.

C'est à ce moment là qu'est annoncé le renfort du connétable de Richemont avec un millier d'hommes. Il s'invite à la bataille. Ce renfort est sur le point de diviser l'armée française jusque là unie contre les Anglais. En effet Arthur de Richemont est en disgrâce depuis deux ans pour des questions d'intrigues à la cour de Charles VII. Intrigue reposant sur la loyauté du connétable et la rivalité avec La Tremoille. Le connétable est à Parthenay. Dès qu'il a connaissance qu'enfin on veut marcher sur Orléans, Arthur de Richemont décide de lever une troupe de quatre cents lances et de huit cents archers bretons. Mais arrivé à Loudun, il reçoit un message du roi qui lui ordonne de faire demi-tour, que, s'il passe outre, on le combattrait. Le connétable s'arrête à Loudun. Là il apprend qu'Orléans est délivrée du siège et que l'armée royale part en campagne sur la Loire. Il reprend sa marche, passe la Loire à Amboise et, apprenant que le siège de Baugency est en cours, il s'y rend.

D'après Guillaume Gruel, dès la nouvelle de l'arrivée du connétable, le duc d'Alençon et la Pucelle partent à cheval pour le combattre. Mais La Hire et plusieurs autres, dirent à Jeanne d'Arc: « *que si elle y alloit, elle trouveroit bien à qui parler ; et qu'il y en avoit en la compagnie qui seroient plutôt à lui qu'à elle ; et qu'ils aimeroient mieux lui et sa compagnie que toutes les pucelles du royaume de France.* »

La Pucelle part à la rencontre de Richemont. Mais au lieu de le combattre elle lui fait bon accueil . Elle met pied à terre, s'incline et Richemont lui dit [20]: « *Jeanne, on m'a dit que vous me voulez combattre. Je ne sais si vous êtes de par Dieu ou non. Si vous êtes de par Dieu, je ne vous crains de rien, car Dieu sait mon bon vouloir; si vous êtes de par le diable, je vous crains encore moins.* » C'est sur ce mot que Gruel montre Richement par immédiatement à l'assaut prenant la charge du guet : « et fut le plus beau guet qui eût été en France, passé a (il y a) longtemps. » Au risque d'une disgrâce royale, Jeanne d'Arc accepte son aide.

Guillaume Gruel n'ignore pas que son maître le comte de Richemont a un litige avec le duc d'Alençon. Ce dernier fait un récit différent. L'arrivée de Richemont est fort mal vue des capitaines qui connaissent sa disgrâce. Alençon avait reçu les ordres du roi avant le départ. Il déclare à Jeanne qu'il n'est pas question que le connétable se joigne au combat. Il menace de s'en aller. Le succès est paradoxalement compromis par l'arrivée de renforts. Tous ces incidents ne sont que des querelles très anciennes de courtisans, entre le connétable de Richemont et La Trémoille.

Pour négocier un rapprochement entre eux il faut une cause supérieure aux intérêts personnels.

Cette cause est évidente: le combat contre l'ennemi qui ne va pas tarder à faire parvenir des renforts. Jeanne dit au duc d'Alençon qu'elle parlera au roi pour le convaincre. Dans l'immédiat, le connétable prête serment devant la Pucelle et les seigneurs qu'il servira loyalement le roi. Ces derniers sont témoins et se portent garants de la réconciliation.

La troupe anglaise annoncée en renfort à Beaugency est celle de Falstof qui vient de Paris. Il s'était mis en marche pour sauver Jargeau mais de passage à Janville, il lui reste 60 km à parcourir quand il reçoit un messager qui lui apprend que c'était trop tard, Jargeau était déjà tombée

---

[20] Lire « étude de Achille Le Vavasseur « Valeur historique de la Chronique d'Arthur de Richemont écrite par Guillaume Gruel » , son écuyer. Bibliothèque de Chartes 1886 tome 47 p 525-www.persee.fr

aux mains des Français. Talbot (et Scales) en retraite depuis Orléans l'informe le même jour que Meung est perdue et que Beaugency est sur le point de capituler.

Falstolf est d'avis d'abandonner la garnison de Beaugency. Il constate que depuis l'échec d'Orléans ses troupes anglaises sont « moult amaties et effrayées. » Il pense donc qu'il vaut mieux ne rien risquer, se renfermer dans les forteresses les plus sûres, et y attendre que les soldats anglais reprennent confiance et que Bedford leur envoie tous les secours promis. Mais Talbot s'indigne et jure qu'il ira combattre avec ses troupes et ceux qui voudront le suivre avec l'aide de Dieu et de Saint Georges. Falstolf ne veut pas être traité de lâche ou de traitre, il cède. Le lendemain ses troupes sont en ordre de bataille: mais il réunit les capitaines et leur remontre encore les périls de l'entreprise. Ils ne sont qu'une poignée de gens face aux Français, et, « *si la fortune tournoit mauvaise sur eux, tout ce que le feu roi Henri avoit conquis en France à grand labeur et long terme seroit en voie de perdition.* » Mais cette mise en garde n'est pas mieux écoutée. Il commande aux étendards de prendre la route de Meung sur Loire, ils ont 50 km à parcourir vers le Sud. Ils passent peut-être par Patay qui est sur la route.

Les Français, laissent une partie des leurs autour du château de Beaugency, viennent au-devant des Anglais et les rencontrent "à une lieue près de Meung et assez près de Beaugency." Wavrin, qui raconte cette journée, estime leur nombre à six mille environ commandés par Alençon, Dunois, Lafayette, La Hire, Xaintrailles et la Pucelle. Ils se postent sur une hauteur, observent les ennemis. Les chefs anglais, s'attendent à la bataille, font mettre pied à terre, avec ordre aux archers de s'entourer de leur ceinture de pieux; selon leur stratégie habituelle.

Mais voyant que les Français ne bougent pas, ils envoient des cavaliers les défier, pour les faire descendre dans la plaine. Mais la Pucelle leur envoi sa réponse: « *Allez vous loger pour maishuy (aujourd'hui), car il est tard, mais demain, au plaisir de Dieu et de Notre-Dame, nous nous verrons de plus près.* »

Les Anglais viennent se loger dans la garnison de Meung, et changent de tactique. Au lieu de marcher droit sur les assiégeants de Baugency, ils veulent passer par l'autre rive. Pour cela ils canonnent toute la nuit le pont de Meung. Le plan de Falstof est de sortir de Meung, déloger les Français du pont, traverser la Loire pour rejoindre et renforcer leurs troupes à Beaugency sur l'autre rive. Il y a 8 km entre Meung/Loire et Beaugency.

Mais pendant cette canonnade nocturne, qui occupe les anglais au pont de Meung, les Français prennent d'assaut la place de Beaugency.

Les défenseurs anglais du château de Baugency sont, comme ceux de Jargeau, les débris de l'armée d'Orléans: ils avaient vu l'étendard de la Pucelle. Du haut de leurs murs ils ont vu l'arrivée des renforts de Richemont, et ils ont perdu l'espoir d'en recevoir eux-mêmes. Le départ de la Pucelle leur avait fait croire que l'armée de Falstolf était arrivée mais le lendemain le retour de la Pucelle leur a fait comprendre que leur cause était perdue. Dans la place de Beaugency il y avait six à sept cents Anglais ayant pour capitaine Guichard Guettin.

Le bailli d'Evreux qui commande les Anglais, voit le connétable de Richemont se préparer à donner l'assaut par l'autre rive. Le bailli d'Evreux hisse le drapeau blanc, il capitule demandant la sortie avec les honneurs de la guerre, emmenant leurs chevaux, avec leurs harnais et la valeur d'un marc d'argent au plus. Ils promettaient de ne point reprendre les armes avant dix jours.

Le 18 juin au matin, les Anglais partent de Beaugency. Un messager porte la nouvelle à Meung sur Loire aux Anglais qui avait canonné le pont toute la nuit. Ils s'apprêtaient à donner l'assaut et entrer dans la ville où croyant être reçus par les leurs ils se seraient retrouvés confrontés à l'armée française.

Les Anglais sonnent la retraite en bon ordre.

Derrière une première troupe, conduite par un chevalier anglais, marchent l'artillerie et les bagages; le reste de la garnison de Meung, puis le corps de bataille sous les ordres de Falstolf, de Talbot, de Raveston; et l'arrière-garde, toute composée d'Anglais, on ne parle pas de la présence de leurs alliés bourguignons. (Jean, Bâtard d'Orléans (1403-1468), comte de Dunois et de Longueville, devient seigneur de Beaugency par son mariage avec Marie d'Harcourt.)

Patay le 18 juin 1429.

P rologue de la bataille:
Les Français reprennent donc le contrôle de trois ponts stratégiques sur la Loire: Jargeau, le 11 et 12 juin, le 13 ralliement des renforts de troupes à Orléans, le 15 juin prise du pont de Meung/Loire; le 16 et le 17 juin reddition de la place forte de Beaugency. La rapidité des mouvements est la clef du succès car il faut devancer la jonction des troupes de Fastolf et de Talbot.

Les Français, maîtres du château de Beaugency, ont « hâte de voir les Anglais de près », comme ils l'avaient promis la veille. Dès l'apparition de l'avant garde française à Meung, les Anglais se retirent sur la route de Blois en direction de Paris. Les Français se lancent à leur poursuite. L'arrière garde anglaise donne l'alerte. La bataille est inévitable. Comme à Crécy, les éclaireurs Anglais cherchent et trouvent un terrain favorable pour la bataille qui s'annonce.

John Talbot donne l'ordre à l'avant-garde d'aller s'établir, avec l'artillerie et les bagages, le long d'un petit bois (près du hameau de Lignerolles) au sud de Patay. Pour y parvenir, il faut traverser un talweg et sur une élévation de terrain, se placer sur un passage resserré entre deux haies très-fortes qui constituent deux lignes de défenses naturelles. A l'arrivée du corps principal de son armée, Talbot met pied à terre, et désigne l'endroit pour y installer cinq cents archers d'élite jusqu'à l'arrivée de l'arrière-garde. Talbot compte briser la charge de cavalerie française avec ses archers et ensuite, de faire une retraite le long de ces haies, gagner à son tour la position le long du petit bois du hameau de Lignerolles au sud de Patay où l'avant-garde de Fastolf attend. Là, à cet endroit, tous réunis, ils pourront   soutenir le combat et vaincre le reste de l'armée française.

Talbot compte bien utiliser leur tactique habituelle.

On peut se donner le temps de la détailler.

La stratégie anglaise de la guerre de Cent Ans

En 1188, en combattant les Gallois, un chevalier anglo-normand, Guillaume II de Briouze, est blessé d'une flèche qui a traversé sa cotte de maille, son pourpoint, sa cuisse, sa selle et son cheval.[21] Dès lors, les Anglais savent que le longbow permet de percer les armures. L'arc long est essayé en 1216 par les troupes anglaises lors de l'invasion de l'Angleterre par le futur Louis VIII. En 1277 Edouard 1er lutte contre la guérilla Galloise. Les rivalités internes au Pays de Galles lui permettent de recruter des archers Gallois. Grace à eux Edouard 1er remporte la bataille d'Orewin-bridge en 1277 contre d'autres clans gallois. Puis, pendant les guerres d'indépendance de l'Ecosse, les Anglais apprennent à leurs dépens l'intérêt de l'emploi du « Long Bow », et des piquiers qui donnent la supériorité à des troupes bien moins nombreuses et moins bien armées. Ils adoptent définitivement la stratégie.

La portée de l'arc long oblige l'adversaire à attaquer. Les Anglais ont une tactique simple: attirer l'ennemi en terrain qui lui soit défavorable et, parce qu'il se sent fort, le contraindre, par des provocations, à attaquer une position fortifiée au préalable. A Crécy l'armée anglaise se retranche sur un monticule, à Poitiers derrière des haies, à Azincourt derrière un terrain embourbé. Les compagnies d'archers *Long Bow* protègent leurs arrières ou leurs flancs par des chariots ou des obstacles quasi infranchissables pour de la cavalerie lourde (rivières, forêts…comme l'avait fait Robert The Bruce en Ecosse). Talbot veut se

---

[21] des reconstitutions archéologiques ont confirmé ces performances

servir de deux haies à Patay. Devant leurs positions ils plantent des épieux taillés en pointe et ferrés de manière à briser les assauts. À longue distance (de 100 à 300 mètres), on utilise des flèches à empennage court et à pointe plate ou « en barbillon », plus dévastatrices sur les combattants peu protégés. Les archers sont utilisés par centaines, voire par milliers (6 000 à Crécy ou Verneuil, 7 000 à Azincourt)

Le retranchement derrière les pieux a deux avantages:

- faire pleuvoir des nuées de flèches sur l'adversaire (la très grande cadence de tir de 72 flèches à la minute compense l'imprécision du tir à 300 mètres). Cette pluie désorganise les charges de cavalerie en blessant les chevaux. La chute du cavalier est aggravée par le poids de son armure. La densité de flèches plantées dans le sol, les cadavres ou les mouvements des chevaliers et des chevaux blessés, sont autant d'obstacles qui gênent la progression des lignes d'assaut, d'autres cavaliers ou des fantassins.

Déployés sur trois doubles rangées, les archers tirent alternativement pour obtenir un tir continu. À plus courte distance, le tir se fait de façon moins parabolique, avec des projectiles plus perforants et plus précis (empennage long). Les armures sont transpercées. Pour diminuer l'effet perforant et dévier les flèches et les lances venant de face les chevaliers font profiler leurs armures de plates. Alors les Anglais disposent les compagnies d'archers sur les ailes, en V ou en croissant plutôt qu'en ligne, afin que leur tirs croisés ne ricochent pas sur les armures.

-Lorsque la charge de cavalerie arrive au contact, les montures viennent s'empaler dans les pieux disposés devant les archers.

-Les archers, équipés d'épées ou de haches, ou prenant les armes de leurs victimes, achèvent les chevaliers désarçonnés, engoncés dans leurs lourdes armures.

Cette stratégie anglaise est bien rodée. Elle réussit systématiquement contre la cavalerie lourde française depuis 83 ans. Il n'y a pas de raison pour que Talbot change de tactique.

Les Français savent qu'il ne faut pas leur laisser le temps de s'organiser et de mettre en place leurs rangs d'archers.

Dans les batailles précédentes de la guerre les Français ont tenté plusieurs stratégies: mise à pied des combattants montés, augmentation de la surface protégée par des plates dans les armures, protection des chevaux, neutralisation des archers ou création des compagnies d'ordonnances et des francs-archers.

Les Français doivent longtemps se résoudre purement et simplement à éviter de combattre les Anglais de front en rase campagne et réorientent leur stratégie vers une guerre de siège, utilisant la tactique de la terre déserte, seul moyen efficace de lutter contre les chevauchées anglaises qui pillent le pays. (règne de Charles V)

L'amélioration de l'artillerie de campagne des frères Bureau permettra à Charles VII de remporter sur les Anglais les victoires qui termineront la Guerre de Cent Ans (Formigny & Castillon)

Le 18 juin 1429: la bataille de Patay.

Sources: D'après le chroniqueur ennemi (bourguignon) Enguerrand de Monstrelet, et Guillaume Gruel, le Chroniqueur du connétable de Richemont.

Les Français marchent. Ils cherchent l'ennemi. La Pucelle leur a prédit que les Anglais les attendraient. Dans l'espoir de les intercepter avant qu'ils n'aient pu terminer leurs préparatifs, les Français opèrent donc une série de reconnaissances ayant pour éclaireurs soixante de leurs chevaliers. Le terrain est valloné et boisé il n'est pas facile de repérer l'ennemi. Soudain, ils surprennent un cerf. L'animal effrayé se réfugie dans un bois. Il est reçu par des cris. Depuis leur emplacement les éclaireurs français entendent et reconnaissent l'ennemi. Ils repèrent la position anglaise et constatent qu'ils ne sont pas en ordre de bataille. Sans se faire repérer eux mêmes ils donnent l'alerte.

112

Il ne faut pas perdre de temps, bientôt les deux armées seront face à face et il ne faut pas laisser aux Anglais le temps de s'organiser.

A cette nouvelle, le duc d'Alençon demande à Jeanne ce qu'il faut faire.

« *Avez-vous de bons éperons ?* » lui dit-elle.

Plusieurs s'écrient :

- *Que dites-vous ? Nous tournerons donc le dos ?*

« *Nenni, en nom Dieu*, dit Jeanne, *ce seront les Anglois ; ils seront déconfits, et vous aurez besoin des éperons pour les suivre.* »

Comme on disait qu'ils avaient plus de mille hommes d'armes :

« *Ah! beau connétable*, dit-elle à Richemont, *vous n'êtes pas venu de par moi, mais, puisque vous êtes venu, vous serez bien venu.* »

Et quelques-uns manifestent encore des doutes, sinon de la crainte :

« *En nom Dieu*, dit Jeanne, *il les faut combattre; quand ils seroient pendus aux nues, nous les aurons, parce que Dieu nous les envoie pour que nous les châtiions.* »

Et elle répond de la victoire :

« *Le gentil roi, aura aujourd'hui la plus grant victoire qu'il eut pièça (de longtemps). Et m'a dit mon conseil qu'ils sont tous nôtres.* »

Elle veut être à l'avant-garde. D'Alençon la retient. C'est La Hire qui est à juste titre choisi pour conduire la charge. Il reçoit l'ordre d'attaquer les Anglais « *assez vivement pour leur faire tourner le visage, point assez pour qu'ils tournassent le dos* ». On veut par une escarmouche les retenir sur le terrain pour donner au gros de l'armée française le temps d'arriver, sans leur laisser à eux celui de gagner la position où ils comptent se réunir.

Mais l'impétuosité de La Hire, et sans doute aussi la terreur que Jeanne, même de loin, inspire, déjouent le plan de d'Alençon.

Les 180 chevaliers de l'avant-garde française menés par les capitaines La Hire et son frère Amadoc, Penensac, Giraud de La Paglière, Stévenot, Ambroise de Loré, Jean

Poton de Xaintrailles tombent sur l'arrière-garde anglaise. Ils attaquent les archers par les flancs qu'ils n'avaient pas eu le temps de se protéger. Talbot et Falstolf n'ont pas eu le temps de faire leur jonction.

Tandis que l'élite des archers anglais est taillée en pièces par les chevaliers français, les chevaliers anglais fuient la charge de cavalerie française.: d'Alençon, et le connétable Arthur de Richemontl, la Pucelle, monseigneur de Laval, monseigneur de Lohéac, le maréchal de Rays, le batard d'Orléans et Gaucourt, et grand nombre de seigneurs venaient en ordonnance. La tactique française de la charge de cavalerie lourde l'emporte dans la plaine de la Beauce.

L'infanterie de l'avant-garde française arrive peu de temps après pour combattre le reste des soldats anglais toujours présents sur le champ de bataille.

L'avant-garde anglaise, n'a pas connaissance de la bataille en cours, en voyant un de ses commandants paniqué courir vers eux, elle croit que l'arrière garde anglaise est en difficulté ou vaincue.

Falstolf veut faire demi-tour et marcher à l'ennemi mais c'est trop tard. Talbot est encerclé. Les Anglais paniqués se dispersent et les Français maitres du champ de bataille tuent ou font prisonniers ceux qui leur tombent sous la main. Falstolf voit que la bataille est perdue, parvient à s'enfuir avec quelques uns de ses capitaines. Wavrin, fait le récit de la bataille. Il dit que les Anglais perdent deux mille morts et deux cents prisonniers.

Dunois, sans distinguer les morts des prisonniers, évalue leur perte à quatre mille hommes.

Le célèbre John Talbot est fait prisonnier par le capitaine Jean Dagneau, sous les ordres du Grand-Écuyer Poton de Xaintrailles (Ce fait d'armes lui rapporta ses lettres de noblesse en mars 1438)

Comme on présente Talbot au duc d'Alençon, le jeune prince lui dit :

« Vous ne pensiez pas, le matin, que cela vous arriveroit. »

Talbot répondit : « C'est la fortune de la guerre. »

114

Les historiens militaires anglais indiquent 2 500 morts du côté anglais sur les 5 000 engagés, et 100 morts et blessés du côté français.

Le corps d'élite des archers anglais est mis hors de combat; il ne sera pas reconstitué[22]. Outre Talbot, de nombreux officiers furent capturés par les Français. Fastolf, accompagné d'une petite troupe, parvenu à s'enfuir est disgracié : le duc de Bedford met la défaite sur son compte et le radie de l'ordre de la Jarretière[23].

Conséquences stratégiques de la bataille de Patay.

Cette journée a des résultats considérables. En une semaine la campagne sur la Loire est achevée. Tout le pays ne cherche plus à cacher sa haine des Anglais. A Janville, les habitants refusent d'ouvrir les portes de la ville aux Anglais venu chercher leur biens qu'ils y avaient laissés. Plus aucune citadelle n'est sûre pour eux dans la région. Ils évacuent les garnisons de Mont-Pipeau, Saint- Sigismond, etc., Ce qui était plus grave pour les Anglais, c'est que, même en plaine, la crainte de les affronter a disparu. Ils sont vulnérables au harcèlement et à la guérilla s'ils ne se déplacent pas en force.

Leur tactique acquise dans les combats en rase campagne de Crécy, de Poitiers et d'Azincourt avait consacré un prestige qui se dissipe avec la bataille de Patay. La fin de la suprématie de l'arc long anglais sur les champs de bataille de France est définitive avec les innovations à la fois sur le plan technique (boulets en fer, amélioration substantielle de la poudre) et sur l'utilisation tactique bientôt de l'artillerie par les frères Jean et Gaspard Bureau. Cette

---

[22] *La formation des archers est longue et l'amélioration de l'artillerie est leur fin.*

[23] *Sa fâcheuse réputation inspire Shakespeare pour le personnage de Falstaff dans 2 pièces: « Henri VI acte 1 » et « Les Joyeuses commères de Windsor ».*

artillerie confère un avantage décisif à l'armée française dans le siège des places fortes.

À l'échelle des armées de l'époque, cette bataille est pour les anglais un désastre comparable à celui qu'avaient connu les Français à Crécy ou Azincourt. Ils ne s'en relèveront jamais et le reste des opérations militaires de la guerre de Cent Ans sera désormais une longue série de sièges par lesquels les Français reprennent une à une les places-fortes tenues par les anglais.

Conséquences politiques internes au royaume de France.

Jeanne avait déjà rencontré bien des résistances. A Domrémy, à Vaucouleurs, à Chinon, à Poitiers, parce qu'elle est une femme et parce qu'elle est jeune la défiance la précède. Après l'enquête de Poitiers finalement on sait que l'on ne prend pas de risque si on l'autorise à suivre un convoi de vivres pour Orléans. Après Patay, c'est encore parce qu'elle est une femme et parce qu'elle est jeune que la défiance la précède malgré les victoires.

Le peuple croit en elle, mais il est crédule, pensent les grands du royaume qui se servent d'elle sans la croire. Ils la laissent marcher devant mais derrière, à son insu, ils tirent les ficelles, qu'il s'agisse de l'itinéraire pour aller à Orléans ou de la stratégie de l'attaque des places fortes.

Mais elle n'écoute que sa foi, elle est persuadée qu'il faut « bousculer » l'apathie du roi et de son entourage pour les motiver, les convaincre que l'on peut battre les Anglais, avec l'aide de Dieu.

La délivrance d'Orléans, est plus qu'une victoire, elle imprime un espoir et une dynamique. La campagne contre les places fortes de la Loire a été remportée en une semaine et à Patay, tout le corps de bataille anglais a été mis en fuite par une simple avant-garde.

Dans les sièges et dans les batailles, Jeanne a apporté aux gens de son époque la preuve que sa mission est divine.

Après Patay, ce n'est plus seulement le peuple, ce sont les soldats, les capitaines et presque tous les seigneurs qui croient en elle et ne demandent qu'à la suivre.

Elle avait, dans le cours de cette rapide campagne, mis en valeur le commandement du jeune duc d'Alençon qui avait besoin de redorer son blason après sa capture et sa libération sous rançon. Quant au connétable en disgrâce, elle l'avait accueilli et promis de l'aider à faire la paix avec le roi.

Mais cette dynamique effraye ceux qui, dans le cercle intime des conseils du roi, ont toujours combattu la Pucelle et le connétable de Richemont.

C'est notamment le cas du favori du roi: La Trémouille. Sa puissance est fondée sur l'inertie du prince et sur son isolement. Jeanne ramène donc le retour en grâce à la cour d'un homme vainqueur des Anglais, mais toujours ennemi juré de La Témouille. Impossible à La Ttémouille pour l'instant de s'opposer de front à la Pucelle et Richement en plein succès; il lui reste la solution d'intriguer en coulisse pour que le roi ne soit pas totalement gagné par l'euphorie ambiante des derniers succès. Il peut ainsi garder toute son influence auprès du roi sans être balayé par ceux qui méritent leur gloire sur le champ de bataille.

Cette politique néfaste fera le malheur de la France des prochaines années.

Il faudra attendre la paix avec les Bourguignons et la reprise des campagnes vingt ans plus tard, pour que Charles VII soit surnommé « le victorieux ».

Cette déclaration est portée par le héraut d'armes.

A l'époque, le héraut d'armes du roi est Gilles le Bouvier né vers 1386 en Berry, nommé le jour de Noël 1420 par le Dauphin Charles à Mehun sur Yèvre.

« *Je, Gilles Le Bouvier, dit Berry, premier hérault de très hault et très chrestien roy Charles septiesme, par luy nommé et créé hérault en l'an MCCCCXX, et depuis coronné et créé par iceluy prince en son chastel de Mehun en la feste de Noël, roy d'armes des pays et marches du Berry, etc.* »

Les hérauts d'armes occupaient un rang hiérarchique et avaient un statut d'une haute importance dans le moyen âge, chargés de proclamations comme les déclarations de guerre, ou les propositions de paix, de veiller au respect des règles de la chevalerie dans les tournois. Ils étaient spécialistes dans l'art héraldique et les enregistraient. Aussi Gilles Le Bouvier a-t-il fait un Traité des armoiries. Enfin il a écrit une Chronique en français du roi Charles VII de l'an 1402 à 1455. Il accompagne Jacques Coeur ambassadeur auprès du pape et peut-être dans d'autres voyages en Europe et en Orient car il fait une description géographique de ces pays vers 1445.

La Pucelle revient à Orléans le dimanche matin 19 juin. c'est à dire le lendemain de la bataille de Patay.

Les habitants fiers de la délivrance de leur cité, du succès des armes dans les places de la région, de leur participation aux combats et de cette éclatante victoire à Patay attendent le roi avec impatience.

Pour fêter les évènements et montrer leur attachement au roi, ils pavoisent à grand frais les rues d'Orléans aux couleurs de France.

Tout est prêt pour recevoir le souverain.[24]

Mais sans doute influencé par son hôte, ou effrayé par « les bains de foule » car on connait son traumatisme des évènements de sa jeunesse à Paris (en 1418), le roi reste chez La Trémouille au château de Sully sur Loire.

Ce premier succès d'homme de cour de La Trémouille sur les combattants, lui en promet d'autres.

Les Orléanais sont déçus mais à cette époque les chroniqueurs au service des seigneurs n'ont pas trop intérêt à relater en détail les idées du peuple.

Puisque le roi ne veut pas venir à Orléans, il faut donc aller le voir à Sully.

---

[24] *Cf « journal de la Pucelle »*

C'est ce que décide la Pucelle. Alors, accompagnée du duc d'Alençon et des seigneurs victorieux contre les Anglais elle se rend à Sully. Elle a promis à Richemont de parler au roi en sa faveur, elle tient à respecter sa parole et à conter au roi le rôle joué par Richemont et ses 1500 hommes dans la bataille de Patay.

Le roi ne peux pas faire autrement que d'accepter le retour en grâce de Richemont mais il lui refuse absolument de l'admettre au voyage de Reims. « Pour l'amour du seigneur de La Trémouille » dit le roi.

Arthur de Richemont avait été nommé connétable par la belle mère de Charles VII en 1425, et ce dernier le renvoie « dans sa maison » dit Gruel. Plusieurs sources sont concordantes pour affirmer le rôle joué par La Trémoille dans la disgrâce persistante du connétable de Richemont.

- d'après Gilles Le Bouvier, dit « Berry », le roi *« renvoya le Connétable et contremanda le comte de Pardiac, parce que le sire de La Trémoille craignait qu'ils ne voulussent avoir le gouvernement du roi, lui faire déplaisir de sa personne, et le bouter dehors.....il fut grandement accompagné des seigneurs de son sang et des barons de son royaume, tels que le duc d'Alençon, le comte de Vendôme, le sire d'Albret, le bâtard d'Orléans, le comte de Clermont, les maréchaux, l'amiral, le maître des arbalétriers, le sire de Laval et moult d'autres barons. »*

- D'après Guillaume Gruel, chroniqueur de Richemont:*« Le roi manda au connétable qu'il s'en retournast en sa maison ; et mondit seigneur envoya devers luy le supplier que ce fust son plaisir qu'il le servist, et que bien et loyaument il le serviroit, et le royaume ; et y envoya les seigneurs de Beaumanoir et de Rostrenen, et prioit La Trimouille qu'il luy pleust le laisser servir le roy, et qu'il feroit tout ce qu'il lui plairoit, fûst-ce jusques à le baiser aux genoux.*et oncques n'en voulut rien faire. Et luy fit mander le roy qu'il s'en allast, et que mieux aimeroit jamais n'estre couronné que mondit seigneur y fust.»

- *D'après Godefroy:* « *Mais oncques n'en voulut-il rien faire : et luy fit mander le Roy qu'il s'en allast, et que mieux aimeroit-il n'estre jamais couronné que mondit seigneur y fust,* ».

La Trémouille, toujours ennemi juré du connétable veut l'éloigner du conseil du roi.

Mais on peut le soupçonner d'entretenir d'autres raisons d'écarter un homme influent de l'entourage du roi. Peu de temps avant le siège d'Orléans, la ville de Sully qui est une des seigneuries de La Trémouille avait été occupée par les Anglais qui l'avaient ménagée en nommant pour capitaine le propre frère de La Trémouille. On peut donc se demander si La Trémouille est sincèrement le plus grand ennemi des Anglais. (Chron. de la Pucelle, chap. XXXIV), (le Mystère du siège d'Orléans, v. 17 381 et suiv.)

Jean Chartier raconte: « *la Pucelle fut très déplaisante ; et si furent plusieurs grands seigneurs..., mais toutefois n'en osoient parler parce qu'ils voyoient que le roi faisoit, de tout, ce qu'il plaisoit à celui seigneur de La Trémouille.* »

Toujours aussi apathique le roi n'avait pas envie de faire le voyage à Reims.

Ce n'est pas dans sa nature de se retrouver au milieu d'un grand rassemblement populaire. Jean Chartier le confirme : « *Et par le moyen d'icelle Jehanne la Pucelle venoient tant de gens de toutes parts devers le roi pour le servir à leurs dépens, qu'on disoit qu'icelui de La Trimolle et autres du conseil étoient bien courroucés que tant y en venoit, pour le doubte, (crainte) de leurs personnes. Et disoient plusieurs que si ledit sire de la Trimolle et autres du conseil du roi eussent voulu recueillir tous ceux qui venoient au service du roi, ils eussent pu légèrement recouvrer tout ce que les Anglois tenoient au royaume de France.* »

Cependant le 22 juin le voyage de Reims est décidé. Un conseil royal réuni le roi et ses capitaines à Saint-Benoit-sur-Loire près de Châteauneuf. Le roi se fait attendre. La Pucelle est présente. A son arrivée le roi se montre à son égard reconnaissant et lui commande de se reposer. Mais elle voit que le roi de son côté est en retard et hésitant sur la suite à donner. Sans doute effectivement épuisée, Jeanne d'Arc dans un sanglot, dit au roi qu'il ne doit pas douter qu'il sera bientôt couronné.

De cette réunion, il ressort la décision d'organiser le rassemblement de troupes à Gien, pour prendre ensuite la route vers Reims. Jeanne retourne à Orléans pour préparer le départ. Le 24 juin ils partent d'Orléans et arrivent à Gien dans la journée.

Gien

Le 25 juin, depuis Gien, Jeanne d'Arc adresse aux habitants de Tournai une lettre.

Cette ville isolée au milieu des provinces bourguignonnes est restée fidèle à la France. Les habitants doivent être informés des succès remportés en huit jours sur les Anglais. Dans sa lettre elle annonce que le roi va être sacré à Reims, qu'il va passer par leur ville. Aussi, elle leur demande de lui faire un bel accueil.

Mais Jeanne ne sait pas encore que les choses ne sont pas si avancées qu'elle l'espère. Chaque jour le roi, toujours hésitant réunis de nouveaux conseils. Dunois y est présent et raconte les alternatives envisagées:

- des princes et des capitaines remettent en question le voyage de Reims. Ils proposent une entreprise plus audacieuse: attaquer Rouen, la capitale anglaise en terre de France. Parmi eux on peut supposer l'intervention du duc Jean II d'Alençon. Le « gentil duc » comme le surnomme Jeanne, est pressé de retrouver ses terres normandes et son duché d'Alençon. Il sera déçu à l'avenir.

- D'autres admettent en principe le voyage de Reims mais, sous prétexte de lui donner plus de sûreté, ils veulent attendre plus de troupes et pour lui donner plus de prestige, ils veulent attendre la reine et un certain nombre de seigneurs restés loin dans les terres du Sud avec de potentiels renforts importants. Ils cherchent donc à ajourner le sacre. Ces derniers proposent en attendant de reprendre aux Anglais d'autres places généralement abandonnées ou faiblement défendues par eux ou par les Bourguignons et généralement sur la Loire: Marchénoir, Bonny, Cosne et la Charité. D'ailleurs les évènements poussent à prendre cette solution.

Le 26 juin, Louis de Culan[25] prend Bonny.

Richemont, interdit de sacre est resté à Beaugency, de là il menace d'attaquer Marchénoir. La ville répond qu'elle veut se rendre. Cosne et la Charité refusent de capituler. Il serait facile de s'y rendre et de les prendre l'une après l'autre mais ces villes sont plus au sud, le roi retournerait à 50 km de là chez lui à Bourges et Jeanne sait qu'il sera difficile ensuite de le remonter à Reims.

Les hésitations royales produisent des effets négatifs sur la marche de la campagne. Ainsi les habitants de Marchénoir qui voulaient abandonner la ville à Richemont pour éviter son attaque, avaient donné des otages et obtenu dix jours pour emporter leurs biens. Mais ils apprennent la conduite du roi envers Richemont, alors ils pensent qu'il a bluffé. Ils se servent du délai accordé pour saisir quelques otages à leur tour et ils décident de garder la place.

La Pucelle perd patience, elle se rend compte qu'elle n'arrive pas à convaincre et qu'on la manipule.

Le 27 juin, en colère, elle quitte Gien, et s'en va bouder à l'extérieur de la ville.

La réaction semble immédiate. La reine Marie d'Anjou était venue à Gien pour aller ensuite au sacre à Reims. Mais la traversée des provinces de Bourgogne est encore risquée pour la reine et sa suite. On lui demande de

---

[25] *Louis de Culan Amiral de France. Louis de Culan, Baron de Châteauneuf sur Cher, Seigneur de Culan et d'Ainay le Vieil, est nommé Amiral de France en 1421. La charge d'amiral de France est une dignité et non d'un grade dans la marine. Le château d'Ainay le Vieil est dans le sud du Cher et se visite.*

retourner à Bourges. Ainsi la décision royale est arrêtée. Pour Cosne/Loire et La Charité/Loire, on verra plus tard.

Le 29 juin 1429 l'armée quitte Gien et part pour Reims.

Jean Chartier raconte qu'au départ pour Reims: « *Il faut savoir qu'il y avait dans l'armée plusieurs femmes diffamées qui empêchaient quelques hommes d'armes de suivre diligemment le roi. Ce que voyant Jeanne la Pucelle, après le cri d'ordre d'aller en avant, elle tira son épée, et en battit si bien deux ou trois qu'elle rompit son épée; ce dont le roi fut fort marri ; il dit qu'elle aurait dû prendre un bâton pour frapper de tels coups, sans employer une épée qui lui était venue divinement, ainsi qu'elle le disait.* »

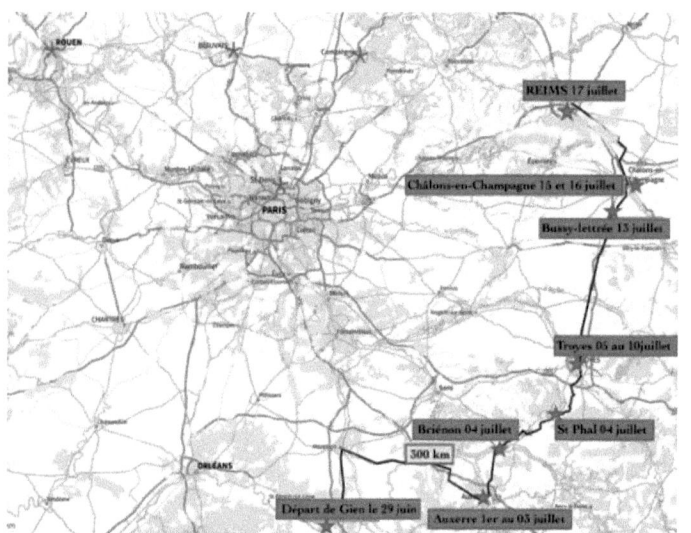

3- La chevauchée vers Reims

F ont partie de l'expédition pour Reims: le roi, la Pucelle, le duc d'Alençon, les comtes de Clermont, de Vendôme et de Boulogne, le bâtard d'Orléans, le maréchal de Boussac, l'amiral Louis de Culan, les seigneurs de Gilles de Rais, de Laval, de Lohéac, de Chauvigny, La Hire, Poton de Xaintrailles, La Trémouille, plusieurs autres chevaliers et douze mille combattants seulement, d'après la chronique de jean Chartier les hommes sont payés « pas plus de 2 à 3 francs pour chaque homme d'armes. »

Sur la route de Reims, le Connétable de Richemont envoie Pierre de Rostrenen au dauphin pour lui demander congé de le servir à son sacre. Rostrenen accompagne le connétable à Parthenay. Richemont exécute les ordres de roi qui ne veut pas de lui au sacre.

Parti le lendemain de Gien, le roi passe par Montargis puis Auxerre. Là, le 1er juillet, les habitants de la ville ne veulent pas se montrer hostiles au roi de France mais ne veulent pas non plus se compromettre avec le roi d'Angleterre. Ils envoient des personnalités pour négocier. Chartier écrit: *« quelques bourgeois vinrent à sa rencontre, après avoir, disait-on, donné de l'argent à la Trémoille afin d'obtenir pour cette fois de demeurer en trêve et abstinence de guerre »* Jeanne est d'avis de ne pas accepter leurs conditions scandaleuses, elle voudrait que la ville d'Auxerre se soumette ou qu'on la prenne. Plusieurs capitaines sont de son avis. Mais La Trémouille est gouverneur en titre de cette ville, contre deux mille écus d'or remis aux habitants, l'armée reçoit des vivres. Il convainc le roi d'accepter une trêve. Selon l'accord, les habitants gardent les portes de la ville fermées à l'armée royale qui bivouaque dehors. Informés que les villes de Troyes, de Châtillon et de Reims sont sur l'itinéraire, les habitants de Montargis promettent de s'en remettre aux mêmes résolutions que prendront ces autres villes.

Après trois jours de repos passés devant Auxerre, Saint-Florentin, ouvre ses portes sans difficulté.

Le roi décide alors d'envoyer une lettre aux habitants de Reims. Alors qu'il est à Brienon le 04 juillet, il leur expose les évènements à Orléans, à Jargeau, à Beaugency, *« plus par grâce divine que œuvre humaine; »* il leur annonce son arrivée, et les invite à le recevoir selon la coutume pour le sacre et il les assure qu'ils n'ont rien à craindre de sa vengeance:« assurés d'être traités par lui en bons et loyaux sujets. »

Le 04 juillet, à Saint-Phal, alors que l'on approche de Troyes, la Pucelle, écrit aux habitants pour leur laisser le choix entre se soumettre ou subir l'attaque. Mais Troyes est une ville de garnison occupée par cinq à six cents Anglais et Bourguignons. Au lieu de répondre au roi, ils écrivent à Reims. Ils demandent aux autorités locales l'aide directe de la ville de Reims et surtout d'alerter le duc de Bedford afin qu'il envoie des renforts. Mais ce courrier est bien trop tardif, les armées françaises arrivent.

Troyes

Le 5 juillet, à neuf heures du matin, l'armée royale est devant les murs de Troyes « *en laquelle il y avait bien cinq à six cents Anglois et Bourgongnons* » qui tentent une sortie vite repoussée. Le roi veut négocier avec la ville une soumission volontaire. Sa lettre est lue au conseil municipal qui répond qu'ils ont juré fidélité au duc de Bourgogne et sans son ordre écrit ils ne peuvent pas ouvrir les portes à Charles. Ils précisent que dans les murs de la ville ils sont sous la menace de l'armée anglaise qui leur dit qu'ils sont résolus à combattre jusqu'à la mort et que la Pucelle, qui leur a écrit « *est une Cocquarde* » *comme ils l'appelaient : ils certifiaient que c'était une folle pleine du diable ; que sa lettre n'avait ni rime ni raison, ajoutant qu'après s'en être bien moqués, ils l'avaient jetée au feu sans daigner y répondre.* »

A Troyes à ce moment là il a un moine, Frère Richard, très connu pour être allé sur les lieux saints et pour ses prêches très longs, qui rassemblent toujours beaucoup de monde à Paris, en Bourgogne, en Champagne. Ayant entendu parler de la Pucelle il veut voir la sorcière entre deux signes de croix.

— « *Approchez hardiment, lui dit la Pucelle, je ne m'envolerai pas.* »

Après l'avoir rassuré, elle lui donne de nouvelles lettres pour la ville assiégée, mais n'en tire pas plus de succès.

Les faits sont racontés par Jean Chartier:

L'armée de six à sept milles hommes est là devant Troyes depuis cinq jours. Les hommes ont mangé du pain rassis depuis huit jours et des fèves et des grains de blés trouvés dans les champs. La ville refuse de se rendre, et comme on ne montre pas l'intention de l'attaquer, certains dans le camp de Charles parlent de lever le siège. L'armée est parti sans provision, car on compte se ravitailler en chemin dans les villes. Le manque de vivre va bientôt poser problème. Le roi fait venir le duc d'Alençon, le duc de Bourbon, le conte de Vendôme, d'autres seigneurs pour leur demander leur avis. L'archevêque de Reims Régnault de Chartres est là, il ne parait pas pressé de retourner dans sa cathédrale. Il déclare que l'on ne peut pas faire le siège de la ville de Troyes qui est plus forte et mieux défendue que celle d'Auxerre, que l'ost royal est sans provision et sans argent, et sans artillerie qu'il faudrait aller chercher à Gien, à plus de trente lieues. Il pense que le mieux à faire serait de faire demi tour. Il demande son avis à Robert le Maçon seigneur de Trèves, qui répond qu'il faudrait demander l'avis de Jeanne d'Arc, qui est membre de l'ost mais pas du conseil, car c'est de sa faute si l'armée est partie si vite sans provision et sans artillerie. Il profite de cette occasion pour montrer la faute professionnelle de la Pucelle. Le roi l'envoie la quérir.

Jeanne est informée par Masson que des délibérations sont en cours. Elle vient frapper à la porte. On l'autorise à entrer, et l'archevêque de Reims lui expose les débats. Jeanne se tourne vers le roi et lui demande s'il est prêt à vouloir la croire.

« *Parlez, dit Charles, et, si vous dites chose profitable et raisonnable, volontiers on vous croira.* »

— *Me croirez-vous? répéta Jeanne.*

— *Oui, selon ce que vous direz.*

— *Gentil roi de France, dit-elle, si vous voulez cy demeurer devant votre ville de Troyes, elle sera en votre obéissance dedans (avant) deux jours, soit par force ou par amour; et n'en faites nul doute.*

— « *Jeanne, dit l'archevêque, qui seroit certain de l'avoir dedans six jours, on l'attendroit bien. Mais dites-vous vrai?* »

Elle dit qu'elle n'en avait aucun doute.

Le roi accepte d'attendre deux jours.

Jeanne sort de la pièce et part. A cheval, au galop, son étendard au vent, elle va dans le campement de l'armée, et ordonne de tout préparer pour l'assaut. Chevaliers, écuyers, soldats tous s'activent. Devant les murs on porte les fagots, des portes, des tables, des fenêtres et autres planches de récupération destinées à couvrir l'approche des fantassins, combler les fossés et la mise en place de quelques batteries d'artillerie. Jeanne qui a dressé sa tente près du fossé, est très active elle même à la préparation de l'assaut. Le lendemain matin, tout est prêt, et déjà la Pucelle criait : « A l'assaut ! » et faisait jeter les fascines[26] dans les fossés, quand l'évêque et les principaux notables de la bourgeoisie sortent de la ville de Troyes et annoncent leur capitulation.

Dès la veille, les habitants de Troyes voyant les préparatifs de l'assaut comprennent à ce moment là que les Français sont déterminés et que pour eux il n'est pas question de courir le risque de subir des périls pour leurs biens et leurs personnes à cause de l'occupation anglaise qu'ils subissent eux mêmes. Voyant l'agitation française ils s'en vont voir l'évêque Jean Laiguisé pour qu'il intervienne auprès de Charles VII.

Le roi qui désire le ralliement d'autres villes adopte une politique d'ouverture. Il accorde donc aux habitants: garanties pour les personnes et pour les biens, liberté de commerce, et tous ce qu'ils demandent en matière d'impôts, aides, monnaie, sécurité pour la ville en général et pour chacun en particulier: il maintient chacun en possession des offices obtenus du roi d'Angleterre, à la seule condition de reprendre leur titres au nom du roi de France. Charles s'engage à n'imposer à la ville ni garnison ni capitaine. Les soldats anglais et bourguignons ont la permission de s'en aller avec leurs biens.

Le Dimanche 10 juillet, le roi entre dans Troyes triomphalement escorté de tous les seigneurs et capitaines. La Pucelle est près du roi, son étendard à la main. L'armée royale n'entre pas dans la ville et reste sous la garde d'Ambroise de Loré.

La garnison ennemie sort librement, selon la convention. Mais, plusieurs sortent de la ville avec leurs prisonniers français, en vertu de l'article de l'accord qui leur laisse leurs biens. Pour Jeanne il n'en est pas question.

---

[26] *les fascines sont des fagots fortement liés pour des travaux de fortification ou de terrassement.*

« Elle se tint à la porte en disant que, en nom Dieu, ils ne les emmèneraient pas; et de fait les garda. »

Le roi, qui n'avait pas prévu la question des prisonniers et de leur rançon, doit trancher. Il a la faiblesse de décider de payer les rançons pour respecter le traité signé.

Le roi place dans Troyes un bailli Guillaume Bellier, l'hôte de Jeanne à Chinon, et d'autres officiers.

Le lundi 11 juillet l'armée, traverse la ville et prend la route de Châlons.

Châlons en Champagne

La ville de Châlons, est sous le contrôle des Bourguignons et des Anglais. Sous leur contrainte, au premier jour du siège de Troyes, « ceux de Châlons » envoient à Reims un message pour dire qu'ils vont résister aux troupes de Charles VII. Mais ayant connaissance des derniers évènements à Troyes, les Anglais et leurs partisans prennent la fuite alors que le roi est à Bussy-Lettrée au sud de Châlons.

Le 13 juillet 1429, les seigneurs et les députés de la bourgeoisie ayant à leur tête, l'évêque, Jean de Sarrebruck, vont au devant du souverain et le rencontrent à Lettrée, se soumettent immédiatement, avouent leurs fautes et lui remettent les clefs de la ville de Châlons. Charles les accueille et les absout du passé. Il fait le jour même, son entrée dans la ville. Le lendemain, 14 juillet, les délégués de la ville écrivent à Reims pour leur proposer de faire honneur au roi. « *Qui est doux, gracieux, piteux, miséricordieux, belle personne, de beau maintien et haut entendement* ».

Jeanne, elle, reçoit une belle surprise, sa famille et plusieurs personnes de son pays de Domremy sont venues à Châlons pour la voir: elle offre à Jean Morel un habit rouge qu'elle avait porté; et elle dit, peut être pour plaisanter, à Gérardin d'Épinal, ce garçon de son village connu pour avoir été sympathisant des Bourguignon, qu'elle ne craignait qu'une chose : les traîtres.

Le roi loge la nuit dans la ville avec son armée. Il quitte Châlons le 15 juillet après y avoir installé Denis de Chailly, un de ses chambellans, comme capitaine royal. Il se rend à Sept-Saulx, proche de Reims. Nous verrons que la région n'est pas pacifiée pour autant:

« *Le 12 août 1429, les Anglais qui voyaient le pays leur échapper, se réunirent pour attaquer encore une fois Châlons. Ils escaladèrent les remparts près du couvent des Cordeliers à la Porte du Jars et pénétrèrent dans la ville. Mais Eustache de Conflans les chargea si vigoureusement avec quelques compagnies qu'ils durent se retirer dans le grand désordre. De Barbazan, gouverneur de Champagne, profita de cette circonstance pour faire travailler de nouveau aux fortifications est donner un subside au roi qui en avait grand besoin; quelques bourgeois et notamment des chanoines du chapitre ayant refusé de se soumettre à cette contribution, Barbazan les fit jeter en prison et les força à payer le double de leur part.* »[27]

Les Anglais savent depuis plusieurs semaines que l'objectif de Charles est de se rendre à Reims. Pourquoi donc Bedford n'envoyait-il pas de troupes renforcer ses positions? Charles, lui, doit traverser des provinces qui ne lui sont pas favorables, et sa marche est ralentie par les villes qu'il faut rallier à sa cause.

Alors qu'Orléans était assiégée depuis plusieurs mois, qu'un convoi de vivres avait été intercepté par ses troupes, Bedford pensait en avril que la ville était sur le point de tomber et que s'ouvrait à lui la route de Bourges, capitale de son ennemi Charles. En quelques jours seulement, les cartes du jeu sont redistribuées. Bedford est moins sûr de son pouvoir en France.

Bedford se rappelle qu'après la signature du traité du 21 mai 1420, les villes du parti Bourguignon dans la lutte contre les Armagnacs, s'étaient ralliées à Henri V, roi

---

[27] **Edouard de Barthélémy** (1830-1880) Histoire de la ville de Châlons-sur-Marne et de ses institutions : depuis son origine jusqu'en 1789- pages 183 et suivantes.

d'Angleterre, et avaient juré d'obéir à son fils. Henri VI est très jeune c'est au régent Jean de Lancastre, duc de Bedford que la France doit obéir. Le dauphin Charles est déshérité. Des provinces et des villes continuent de lui obéir. Il s'est auto-proclamé roi de France à Bourges. Bedford doit donc aller s'approprier par la force ce qui lui revient de droit. Or c'est précisément à Troyes, ville où a été signé par son frère le traité dont il revendique les droits, alors qu'il est sûr en avril de sa victoire totale sur le « petit roi de Bourges », il se rend compte maintenant que tout est compromis. En quelques semaines il apprend que non seulement il perd toute chance d'envahir le sud de la Loire, car les Français ont repris les ponts et villes stratégiques, mais qu'en plus ils sont dirigés par une femme qui ose lui envoyer des ultimatums.

Pour justifier cet échec Bedford reconnait l'intervention de puissances surnaturelles mais liées au démon et certainement pas au Ciel.

Bedford écrit que ses revers sont « *Causés en grande partie, comme je pense, par enlacement de fausses croyances, et par la folle crainte qu'ils ont eue d'un disciple et limier de l'Ennemi (du diable), appelé la Pucelle, qui usait de faux enchantements et de sorcellerie, etc. (of lakke of sudde beleve and of unlevefull double that they hadde of a disciple and lyme of the Feende, called the Pucelle, that used fals enchantements and sorcerie)*[28].

Il reconnait l'importance des pertes, et la démoralisation de l'armée.

Le 26 juin, Bedford avait écrit aux gens tenant le conseil du roi à Rouen, de mettre « *provision de gens et de vivres ès places où il en faudrait,* » parce que lui-même ne pouvait s'en occuper pour le moment, et de faire « emparer ou démolir » les places qu'il fallait défendre ou sacrifier »

---

[28] *Rymer, t. X, p. 408, cité par M. J. Quicherat, t. V, p. 136.*

En conséquence, Pontorson est démantelé en juillet 1429, et on renforce les garnisons de Caen et de Rouen.[29]

A la nouvelle de la délivrance d'Orléans, Bedford craint un mouvement populaire anti-anglais et quitte Paris pour se réfugier au fort de Vincennes.: *(Bedford) doubtant que aucuns de Paris se deussent pour cette desconfiture réduire en l'obéissance du roy et faire esmouvoir le commun peuple contre Anglois, si se partit à très-grand haste de Paris, et se retira au bois de Vincennes, où il manda gens de toutes parts, mais peu en vint : car les Picards et autres nacions du royaume qui tenoient son party se prindrent à deslaisser les Anglois et à les haïr et despriser.*

Il a eu de la peine à former une armée pour secourir les villes de la Loire, et cette armée est battue à Patay. Il parait également que pour ne pas la démoraliser, il n'a pas informé son armée en Normandie et à Paris de la défaite de Patay.

En fait Bedford demande que des renforts viennent d'Angleterre mais le parlement anglais est déjà sollicité pour une croisade contre les Hussites financée sur les deniers de l'église. Heureusement pour Bedford cette croisade connait des retards, il peut ainsi demander au cardinal de Winchester de lui envoyer provisoirement cette armée pour la mettre au service du « roi de France et d'Angleterre » pendant quelques mois. (Ses troupes sont prises au service du roi, « du 23 juin passé au 21 décembre. »): On réservait au cardinal le droit de faire alors la croisade dont le commandement lui était conféré par un acte du 18 juin, - *Traité avec Winchester : Rymer, t. X, p. 424 (1er juillet 1429.)*

Bedford se tourne vers le duc de Bourgogne. Il s'agit de lui rappeler le traité de Troyes. Il lui envoie à Hesdin une ambassade : un évêque, deux notables docteurs du droit, plusieurs bourgeois influents. Le duc de Bourgogne ac-

---

[29] *(Ch. de Beaurepaire, Administration de la Normandie sous la domination anglaise, p. 61.)*

cepte de venir à Paris. Bedford lui rappelle que son père Jean sans peur a été assassiné par Charles et on lui relit le traité de Troyes. Le duc Philippe de Bourgogne et toute l'assemblée de notables et docteurs de l'université de Paris réunie à Notre Dame, renouvellent le serment de fidélité au traité de Troyes et au « roi de France et d'Angleterre. »

Mais il faut du temps encore pour l'arrivée de renforts et organiser la contre-attaque sur Reims.

Pour le moment Bedford ne peux qu'envoyer des courriers à la ville de Reims pour contraindre la ville à respecter son serment. Bedford constate avec colère que les habitants de Reims ne lui demandent aucun renfort. A Reims on craint que Bedford envoie des troupes pour les contraindre alors que l'on hésite à se rallier ou pas au parti Armagnac. Le conseil de la ville est divisé sur ce point. On cherche à savoir qui est Bourguignon qui est Armagnac. On décide de fortifier la ville et pour çà on demande au régent de financer les travaux de fortification par une aide et par un prélèvement sur la gabelle. Bedford se méfie de la fidélité de la ville, et pour s'en assurer, le 29 juin il envoie en ambassade deux hommes de confiance: Pierre Cauchon évêque de Beauvais, et le bailli de Vermandois. Reims ouvre ses portes à cette ambassade à la condition qu'elle ne soit pas escortée d'une troupe armée.

Alors que Charles VII commence son voyage vers Reims, la ville est dans un sentiment mitigé. Les Anglais se posent des questions sur la fidélité de la ville car ils ont déjà constaté que d'autres villes avaient ouvert leurs portes à Charles. Les habitants de Reims reçoivent des courriers de toutes parts: de Charles, du duc de Bedford, du duc de Bourgogne et d'autres villes qui sont des exhortations soit à résister, soit à se soumettre à Charles.

Le duc de Bourgogne est très explicite: il met en garde les traîtres qui appellent le dauphin chez eux et comptent bien lui offrir les clés de la ville. Reims est informée quotidiennement de la marche des armées françaises. Quand on apprend que l'ost est à Montargis, un bourguignon, Philibert de Moulant écrit de Nogent-sur-Seine pour rappeler à Reims que les villes ne sont pas du côté des Armagnacs et de leur Pucelle, et que lui est prêt à leur envoyer des renforts « comme bon chrétien doit faire ».

Les villes de Troyes et de Châlons écrivent qu'elles n'ont pas eu à se plaindre finalement d'avoir reçu le roi de France et exhortent Reims à faire de même.

Le capitaine de la ville de Reims, Guillaume de Châtillon se trouve à Château-Thierry début juillet 1429. [30]

Le conseil de la ville de Reims toujours indécis et fidèle à sa politique de ménager les deux camps, lui transmet le 08 juillet , les courriers reçus de Troyes et de Châlons et l'informe que *« Le conseil s'était réuni pour délibérer, mais il ne s'était pas trouvé en nombre pour conclure. Le peuple avait été assemblé par quartier ; il avait juré de vivre et de mourir avec les notables, de se gouverner selon leurs avis, de ne rien faire sans l'ordonnance du capitaine.. »*

Un bailli lui porte le message à Château-Thierry, pour lui demander de venir à Reims, mais à la condition qu'il ne soit pas accompagné d'une force de plus de 40 à 50 cavaliers. Guillaume de Châtillon comprend bien que cette force ne permettrait de mettre en place qu'une garde de la ville sans avoir l'effectif suffisant pour y faire la loi. Par conséquent il en conclue que le conseil de la ville de Reims se prépare à recevoir Charles. Il envoie Pierre de la Vigne notifier au conseil de Reims une liste de conditions.

Guillaume de Châtillon demande que la ville se mette rapidement en alerte pour sa défense, qu'elle lève une troupe de trois ou quatre cents hommes pour tenir tête au dauphin Charles, qu'on le conserve dans la garde de la ville de Reims où il sera logé dans le château porte de Mars avec cinq ou six notables de la ville qui feraient parti de son conseil. Ces notables seraient en fait des otages

---

[30] *Chronique d'Enguerrand de Monstrelet L.II-64 - « Comment le Roy Charles de France, à tout grande et noble chevalerie et à tout grand nombre de gens d'armes, s'en vint en la cité de Rains, où il fut sacré. »*

pour s'assurer de la fidélité de la ville au duc de Bourgogne.

Au conseil de la ville on écrit: « *on peut juger, par le comportement dudit seigneur de Châtillon sur les occurrences de ce temps, qu'il avait reconnu que le dessein des habitants dudit Reims était d'admettre et de recevoir ledit dauphin en ladite ville. C'est pourquoi il ne veut pas y venir qu'il ne soit le plus fort.* »

Les conditions de Guillaume de Châtillon sont bien sûr refusées, mais les Bourguignons veulent garder la ville sous leur influence.

Le 10 juillet le bailli de Vermandois menace Reims. Il répond que huit mille Anglais ont débarqué à Boulogne avec Winchester. Le duc de Bedford et le duc de Bourgogne l'attendent à Paris. Il dit que bientôt « *il y auroit la plus belle et grande compagnie qui ait été, passé vingt ans;* » et prédit que Charles sera menacé par le duc de Bourgogne qui contrôle la région, lui bloquera sa retraite vers le Sud.

Mais Charles VII conscient du danger ne pense qu'à marcher sur Reims. Troyes s'est rendue et cela fait forte impression à Reims.

Jean de Châtillon, frère du capitaine de Reims, envoie une lettre à Reims le 13 juillet par laquelle il explique que cette reddition de Troyes est la faute de l'évêque, du doyen de Troyes, et surtout du cordelier frère Richard. Les seigneurs de la ville de Troyes n'étaient pas d'accord, et qu'ils ont été contraints par une sédition populaire. Il dit que l'ennemi français n'était pas en état de remporter le siège car ils étaient prêts à lever le siège de Troyes n'ayant rien à manger. Quant à la Pucelle, son messager l'a vue. Il affirme: « *que c'étoit la plus simple chose qu'il vit oncques ; et qu'en son fait n'avoit ni rime ni raison, non plus qu'en le plus sot qu'il vit oncques.* » *(oncques=jamais)*

Jean de Châtillon a beau impliquer le manque de fidélité de certains et dénigrer la Pucelle pour expliquer comment la ville de Troyes s'était rendue, cela sera vain.

Les habitants et ensuite l'archevêque de Reims leur apportent les mêmes garanties royales que la ville de Troyes.

Reims

Après Troyes, c'est donc Châlons sur Marne qui se rend le 15 juillet et le lendemain, le seigneur de Châlons, invite les seigneurs de Reims d'imiter son exemple.

Guillaume de Châtillon, voit que les événements se précipitent, le roi va être sacré à Reims. Il s'y rend avec les seigneurs de Saveuse et de Lisle-Adam et de nombreuses troupes pour se battre contre les Français.

Il répond aux habitants de Reims que l'armée anglaise a débarqué en France mais qu'elle ne sera pas prête avant cinq ou six semaines. Il leur dit qu'il faudra tenir en attendant l'armée de Bedford et du duc de Bourgogne et leur promet qu'il enverra lui aussi des secours.

Mais les habitants de Reims n'ont pas envie de recevoir du secours de Châtillon et ne laissent pas ses trois hommes et leurs troupes entrer dans la ville. Juste après, les notables envoient la délégation que Charles espère.

Du côté Anglais, pendant ce temps là…

Les renforts anglais débarqués avec John Radclyffe dix jours plus tôt, arrivent le 15 juillet à Amiens et vont à Rouen ou l'attend Jean de Lancastre, le duc de Bedford.

Samedi 16 juillet, au matin, Philippe Le Bon quitte Paris pour retourner à Laon. Pendant que l'archevêque de Reims, Renault de Chartres entre dans Reims avec Guillaume le seigneur de Châtillon-sur-Marne et du sir de Saveuses, ils vont dans son château à Sept-Saulx.

Charles encore « roi de Bourges » arrive devant la ville de Reims le 16 juillet en même temps que la lettre de Châlons. Sa petite armée s'arrête au château de l'archevêque à Septsaulx, à une quinzaine de kilomètres de Reims. Le roi fait savoir qu'il attend la délégation des habitants.

Malgré leur promesse de lui résister six semaines jusqu'à

l'arrivée des secours de Bedford et de Philippe le Bon, les délégués de la ville négocient. Le 16 juillet, Charles rédige une amnistie de leurs fautes (pour avoir prêté serment de fidélité au roi d'Angleterre) et après le dîner, il entre et dort à Reims.

L'archevêque de Reims Regnault de Chartres, arrivé le matin même, vient à la rencontre de Charles à la tête d'une délégation des corporations des métiers.

Tous les regards se tournent vers le roi et surtout l'étendard qui flotte derrière lui, et cette jeune femme dont tout le monde parle.

Le reste de la journée et toute la nuit du 16 au 17 juillet on se dépêche à organiser le sacre.

Ce même jour, René d'Anjou entre à Reims. Il apporte l'hommage de la Lorraine et du Barrois au dauphin.

Le Sacre

L e sacre est célébré le dimanche 17 juillet.

Les maréchaux de Boussac et de Rais (Gilles de Rais est fait maréchal ce jour-là), le sire de Graville, grand maître des arbalétriers, et le sire de Culan, amiral de France, vont à l'abbaye de Saint Rémy à Reims, et jurent de ramener la sainte ampoule (qu'une colombe a apporté du Ciel pour le baptême de Clovis).

Dans l'église, sous leur escorte, l'abbé, revêtu de ses plus beaux habits liturgiques, porte solennellement « La Sainte Ampoule » de l'église de Saint-Rémy jusqu'au parvis de la cathédrale Notre-Dame de Reims, où l'archevêque, à la tête du chapitre, la prend pour la déposer sur le grand autel. Au pied de l'autel, le roi est en prières.

L'archevêque de Reims, successeur de saint Rémy officie; le sire d'Albret tient l'épée devant le roi.

Les seigneurs et les évêques présents ont remplacé les douze paires du royaume six ecclésiastiques et six laïcs qui doivent, selon les usages, entourer le roi.

-comme pairs ecclésiastiques: l'archevêque de Reims, l'évêque de Laon et l'évêque de Châlons; les évêques de Séez, d'Orléans, et un sixième au nom des autres titulaires, qui n'ont pas pu se déplacer. Le roi prête devant eux serment de protéger l'église et le clergé.

-Comme pairs laïcs: le duc d'Alençon à la place du duc de Bourgogne; les comtes de Clermont et de Vendôme, les sires de Laval, de La Trémouille et de Beaumanoir. Devant eux le roi prête serment du royaume. Il s'engage à préserver la paix, à protéger le peuple, à être juste et chasser les hérétiques.

Le prince, Charles de Ponthieu, fils de Charles VI, est fait chevalier par le duc d'Alençon. Il reçoit les éperons d'or et l'épée de Charlemagne. Puis, l'archevêque de Reims, Regnault de Chartres, procède à l'onction sacrée à sept endroits du corps, notamment les mains, stigmates du Christ, du mélange d'huile et de baume et de quelques gouttes de l'huile de la Sainte Ampoule avant de le revêtir de gants et de lui passer l'anneau et le manteau royal. La couronne, le sceptre, le globe, la main de justice ne seront pas du cérémonial car ils sont alors à Saint-Denis, contrôlée par les Anglais. Le roi de France, à la différence d'autres princes chrétiens, n'est pas simplement couronné, il est sacré, placé entre Dieu et les hommes. La présence des pairs laïcs et ecclésiastiques évoquent la place de la noblesse et du clergé dans la monarchie.

Le maintien de ce rituel souligne dans la conscience française l'enracinement profond du pouvoir royal dans un équilibre mystérieux avec l'Eglise, la noblesse et le peuple.

Le rite essentiel est accompli; bien que le 2ème concile de Lyon (1274) ne confirme que 7 sacrements, l'onction des rois de France confère à la cérémonie un caractère sacramental au même titre que le baptême, la confirmation, l'ordination des prêtres et la consécration des moines. Le signe sacré du pouvoir légitime et de la personne royale, vient d'être conféré à Charles VII, faisant de lui le monarque légitime, représentant des Valois authentiquement désigné par Dieu. Face à la légitimité du roi Charles VII, il y a son neveu, Henri VI encore mineur et Jean de Lancastre duc de Bedford qui n'est que le régent, imposé par les armes ennemies et la signature irresponsable d'un roi malade.

Parmi l'assistance se trouve un personnage non prévu par le protocole que tout le monde a oublié pendant la cérémonie: c'est la Pucelle. Debout aux côtés du roi, son étendard à la main, et derrière elle son écuyer et sa famille, Jeanne d'Arc rend grâce à Dieu de l'avoir aidée. La Pucelle, se jette à ses pieds, lui embrasse les genoux, et pleure à chaudes larmes. Elle ne lui dit plus « Gentil dauphin » mais ici, dans la cathédrale de Reims, à genoux devant le roi, devant les paires du royaume et l'archevêque, Jeanne , qui n'a aucun titre ose ces paroles: : « *Gentil Roy, ores est exécuté le plaisir de Dieu qui vouloit que je levasse le siège d'Orléans, et que je vous amenasse en ceste cité de Rheims pour recevoir vostre saint sacre, en monstrant que vous estes vray roy, et celluy auquel le royaulme de France doibt appartenir* ». Elle pleure d'émotion, et les seigneurs avec elle.

Elle lui rappelle qu'elle a accomplit sa mission et tout ce que lui, le roi lui doit.

Mais elle ne dit certainement pas par hasard *« en montrant que vous êtes vrai roi »* Nous ne savons pas exactement ce que le roi et Jeanne se sont dit dans le privé de la conversation à Chinon. Mais il est tout de même facile d'imaginer que Charles n'a pas dû apprécier d'être nommé *« gentil dauphin »* par cette jeune pucelle. Il pas manqué de lui dire qu'il avait été sacré roi à Bourges le 30 octobre 1422. A quoi bon se rendre à Reims pour un sacre? A l'époque il avait 19 ans. Depuis ses ennemis l'appelaient « Roi de Bourges » Il a donc fallu le convaincre que sa légitimité devait passer par la cathédrale de Reims et l'onction de la Sainte Ampoule pour être « vrai roi ».

La déclaration de Jeanne est solennelle et très osée mais elle considère qu'elle est la seule à avoir cette légitimité car c'est elle, par sa mission, qui a fait le vrai roi.

Jeanne prend ainsi sa revanche sur la défiance de tous ceux qui ne voulaient pas la croire au mois de mars à Chinon, et pendant les six semaines d'enquête faite sur elle à Poitiers. Jeanne sentait bien que cette défiance était persistante. Pourtant Orléans qui était assiégée depuis des mois avait été délivrée en quatre jours, et il n'avait fallu qu'une semaine pour chasser les Anglais des principales places fortes de la Loire et vaincre en rase campagne l'armée ennemie supposée bien supérieure tactiquement. Ensuite, le roi accompagné d'une petite armée a traversé le pays occupé par l'ennemi pour obtenir le ralliement des villes sur le chemin de Reims.

Le sacre a des conséquences politiques considérables: Il légitime entièrement Charles VII qui avait été déshérité par le traité de Troyes. De plus, il a lieu à Reims, en plein coeur d'un vaste territoire contrôlé par les Bourguignons. Pour tous les gens de l'époque, seul Dieu a pu permettre cet exploit en si peu de temps.

Le sacre, n'est cependant pas le terme de la mission de Jeanne d'Arc. Pour elle, ce n'est que le début de la reconquête. La couronne et le sceptre sont à Paris. Les Anglais sont encore en France. Dans l'armée, parmi le peuple l'enthousiasme est au plus haut, des villes et des campagnes se rallient au roi sans qu'il soit besoin de combattre. Il faut poursuivre sur cet élan.

Encore une fois les espérances vont être déçues. Comment? L'inertie et l'apathie du roi, son conseil, La Trémouille toujours très influent oiseau de mauvaise augure , vont pousser le roi à tergiverser, négocier une trêve avec le duc de Bourgogne et briser l'élan du peuple que le roi ne voit pas encore naitre mais qui est bien là cependant, parce que c'est le peuple qui souffre de l'insécurité des campagnes et des villes à cause des guerres.

La mission de Jeanne d'Arc après le sacre:

Il y a d'abord un point que l'on devrait éclaircir à partir d'une anecdote citée par deux chroniques: le journal du siège et la chronique de la Pucelle. Cette anecdote, telle qu'elle est rapportée, indiquerait qu'au lendemain du sacre, Jeanne estimait que sa mission divine était terminée.Puisque le roi ne lui demandait pas de s'en retourner chez elle à Domrémy, elle estimait dorénavant qu'elle recevait du roi et non plus de Dieu, la mission militaire de bouter les Anglais hors du royaume.

Anecdote racontée par la Chronique de la Pucelle:

Après le sacre, Charles VII traverse la Ferté-Milon et Crespy en Valois. Le peuple accourt , Jeanne entre à cheval dans la ville entre l'archevêque de Reims et Dunois, elle dit : « *Voilà un bon peuple, et je n'ai jamais vu peuple qui se réjouît tant de l'arrivée d'un si noble prince. Et puissé-je être assez heureuse pour finir mes jours et être inhumée en cette terre !* — O Jeanne, lui dit l'archevêque, en quel lieu croyez-vous mourir ? » Elle répond : « *Où il plaira à Dieu, car je ne suis assurée ni du temps, ni du lieu, plus que vous-même. Et que je voudrais qu'il plût à Dieu, mon créateur, que je m'en retournasse maintenant, quittant les armes, et que je revinsse servir mon père et ma mère à garder leurs troupeaux avec ma soeur et mes frères, qui seraient bien aises de me voir !* »

Anecdote racontée par le journal du siège: Jeanne dit à Dunois : « *J'ai accompli ce que Messire m'avait commandé, qui était de lever le siège d'Orléans et faire sacrer le gentil roi. Je voudrais bien qu'il voulût me faire ramener auprès mes père et mère, etc.* »

Le Journal du siège est, comme son nom l'indique, rédigé au jour le jour, mais il ne concerne que les évènements qui se sont déroulés au siège d'Orléans, pour les autres il s'agit d'évènements rapportés a posteriori.

La Chronique de la Pucelle est un rapport de faits et de propos tenus par les uns ou les autres, rassemblés par un contemporain mais il n'était pas témoin direct. Par conséquent il n'est pas facile de savoir la vérité très exacte sur les sentiments de Jeanne d'Arc.

Les paroles de Jeanne, c'est le cri du coeur d'une jeune fille qui vient de revoir sa famille venue à Reims pour elle et qui vient de repartir à Domrémy. Elle à 19 ans, elle se demande si elle reverra un jour son père et sa mère et son pays natal. Elle à l'habitude de dire que pour elle il ne s'agit que d'obéir à ses voix. A Vaucouleurs, quand elle demandait à partir, elle déclarait que le salut de la France ne pourrait passer que par elle. Mais elle disait comme à contre coeur: « *Et pourtant j'aimerois bien mieux filer auprès de ma pauvre mère; car ce n'est pas mon état : mais il faut que j'aille et que je le fasse, parce que Messire veut que je fasse ainsi.* »

Entend-t-elle ses voix au lendemain du sacre, maintenant que le roi est sacré à Reims?

Pendant le procès elle affirmera à plusieurs reprises que ses voix ne l'ont pas quittée.

Cependant, c'est à partir de cette courte conversation à la Ferté-Milon que certains historiens ont déduit que la mission de Jeanne d'Arc était terminée. Elle a dit, au roi, dans la cathédrale de Reims, et devant plusieurs témoins: « *Ores est exécuté le plaisir de Dieu, qui vouloit que vinssiez à Reims recevoir votre digne sacre, en montrant que vous êtes vrai roi et celui auquel le royaume doit appartenir. ...»*

D'autres interprètent que les larmes qu'elle verse au sacre sont dues au fait qu'elle ne serait pas émue par la cérémonie mais par un pressentiment de sa fin prochaine au service de la politique du roi et plus au service de la foi.

Alors pourquoi après le sacre, Jeanne qui peut s'en retourner chez elle avec ses parents, continue-t-elle de marcher au service du roi?

Pour tenter de répondre à cette question il ne nous reste qu'à examiner les témoignages de l'époque.

Deux partis s'opposent:

1) Ceux qui pensent que la mission s'arrête avec le sacre:

Au procès en réhabilitation, en 1451 plusieurs témoins sont de l'avis qu'en arrivant à Chinon Jeanne déclarait avoir reçu de Dieu deux commandements :
1/faire lever le siège d'Orléans,
2/mener le roi à Reims pour le sacre.

Il s'agit de plusieurs personnalités et notamment de Dunois qui dit: « *que Jeanne, bien que souvent sur le fait des armes elle parlât par manière de plaisanterie, pour animer les gens de guerre, de beaucoup de choses touchant la guerre qui peut-être ne sont point arrivées à l'effet, cependant, quand elle parlait sérieusement de la guerre, de son fait et de sa mission, elle ne déclarait jamais affirmativement autre chose, si ce n'est qu'elle était envoyée pour faire lever le siège d'Orléans, secourir le peuple opprimé dans cette ville et lieux circonvoisins, et mener le roi à Reims pour le faire consacrer.* »

2) Ceux qui pensent que la mission de Jeanne d'Arc n'est terminée qu'avec l'expulsion de tous les Anglais:

Perceval de Boulainvilliers dans sa lettre: « *Elle affirme que les Anglais n'ont aucun droit en France, et qu'elle est envoyée de Dieu pour les chasser et les vaincre, toutefois après sommation préalableElle a pour le roi une vénération extreme. Elle dit qu'il est spécialement chéri de Dieu qui veille sur lui.... ».*

C'est ce que disent encore, les allemands « *...Et est le roi maintenant sur les champs avec la Pucelle, et force Anglais sont chassés du pays, car la Pucelle leur a garanti qu'avant que le jour de la Saint Jean-Baptiste de l'an vingt-neuf arrive, il ne doit pas y avoir un Anglais si fort et si vaillant soit-il qui se laisse voir par la France, soit en campagne, soit en bataille.*

Alain Chartier dans une lettre écrite après le sacre: « *Quitte l'habit de femme pour l'habit d'homme, lui dit la voix, prends des compagnons qui te mènent du capitaine*

144

de Vaucouleurs au roi. Partant d'où que tu sois et ayant conversé avec le roi, fais en sorte que tu délivres Orléans du siège ; que tu mènes sacrer le roi à Reims , et qu'après la couronne tu lui rendes Paris et le royaume..... elle a ranimé la hardiesse du courage français, elle a arrêté la ruine de la France, fait reculer l'incendie qui dévorait le royaume.... »

Jean Gerson et Jacques Gelu, « *le rétablissement du roi dans son royaume et l'expulsion de ses ennemis;* » Henri de Gorcum, lui aussi dit que l'objet de la mission de Jeanne n'est pas uniquement la conduite du roi au sacre, mais bien d'expulser les Anglais.

Quant à Christine de Pisan, elle chante cette guerre sacrée de la délivrance du saint royaume de France:

« *Et sachez que par elle Anglois*
Seront mis jus (à bas) sans relever :
Car Dieu le veult. »

Cependant il est difficile d'étudier l'histoire des faits et des témoignages sans les mettre dans leur contexte.

Les témoins de 1429 sont dans l'espérance de la libération de toute la France de l'occupation anglaise et dans la réconciliation entre les Armagnacs et les Bourguignons.

Les témoins de la réhabilitation en 1451 peuvent s'exprimer avec le recul du temps et l'effacement de certains faits de leur mémoire.

La déposition impartiale des témoins allemands dans leur courrier de 1429 donne le climat de la société française et rendent compte de l'ambiance populaire plus que l'analyse politique de la situation intérieure de la France divisée entre ses seigneurs Armagnacs d'une part et Bourguignons et Anglais d'autre part.

Cependant les témoignages factuels de 1429 ont incontestablement sur les autres de 1451, un premier avantage : c'est que, à la condition que leurs sources soient incontestables, les témoins visuels offrent par leur date même la garantie d'une plus grande fidélité. Le second avantage de ces témoignages de 1429, c'est qu'ils peuvent être corroborés avec les déclarations de Jeanne dans les actes authentiques du procès et dans les courriers qu'elle a reçu, rédigés ou signés, qui lui seront présentés au procès de 1431.

Dans la lettre qu'elle a écrite aux Anglais avant de les attaquer, le 22 mars 1429, elle leur dit expressément : « *Je suis cy venue de par Dieu, le Roi du ciel, corps pour corps pour vous bouter hors de toute France.* »

Si elle considérait que sa mission était d'uniquement chasser les Anglais du siège d'Orléans, certains pourront dire qu'elle serait rentrée chez elle ensuite. Mais il faut une déclaration plus générale pour être prise au sérieux. Et puis, si la première étape de la mission était accomplie, pourquoi ne pas poursuivre plus loin, après le sacre? Paris et toute la France doivent être libérées. En fait, dès le début de sa campagne elle se donne l'objectif, les limites finales de sa mission et elle lance le défi à ses ennemis, jusqu'au jour de sa comparution condamnée à être « arse »

Dans le numéro 10 des 70 articles du réquisitoire prononcé contre elle à son jugement, on lui reproche:

« *qu'elle ferait lever le siège d'Orléans, couronner Charles qu'elle dit son roi, et chasserait tous ses adversaires du royaume de France.* » Elle a aussi déclaré que le roi « qu'il aurait tout le royaume de France entièrement à l'aide de Dieu et moyennant son labeur (*quod ipse haberet totum regnum Franciæ in integro, mediante Dei auxilio et mediante labore ipsius Johannæ*). » Dans l'article 17: « *Elle confesse qu'elle porta les nouvelles de par Dieu à son roi, que notre Sire lui rendroit son royaume, le feroit couronner à Reims et mettre hors ses adversaires ;* » et ajoute « *qu'elle disoit tout le royeume, et que si monseigneur le duc de Bourgogne et les autres sujets du royaume ne venoient en obéissance, le roi les y feroit venir par force.* » Le 02 mai, dans la séance de l'admonition publique, interrogée sur l'habit d'homme qu'elle refuse d'enlever, et pourquoi elle le portait sans nécessité, par exemple dans la prison, elle répond : « *Quand j'aurai fait ce pour quoi je suis envoyée de par Dieu, je prendrai habit de femme.* »

Au procès, les juges lui demandent si c'était par un miracle qu'elle entendait délivrer le duc d'Orléans. Elle dit: « *non pas par miracle.. qu'elle aurait pris en-deçà de la mer assez d'Anglais pour le ravoir (par échange), et si elle n'en eût pris assez, elle eût passé la mer pour l'aller chercher en Angleterre par force »*. Elle dit aussi à ses juges, « *que si elle n'avait pas été arrêtée dans un délai de moins de trois ans elle l'aurait libéré, ce qui signifie qu'elle serai allé en Angleterre pour cela.* »

La mission de Jeanne d'Arc est en quatre étapes: levée du siège d'Orléans, sacre du roi à Reims, expulsion des Anglais, délivrance du duc d'Orléans. C'est ce que pense un éminent témoin au procès en réhabilitation: le duc d'Alençon. « *Elle disait, déclare-t-il, qu'elle avait quatre charges : mettre en fuite les Anglais, faire consacrer et couronner le roi, délivrer le duc d'Orléans et faire lever le siège mis par les Anglais devant Orléans.* »

Mais Jeanne pensait-elle que l'intégralité de cette mission devait lui revenir à elle seule? En fait elle a toujours dit qu'elle était envoyée pour les faire, pour donner l'élan de la victoire mais elle ne se considère pas comme une guerrière.

Quand Jeanne est interrogée sur ce que lui disent les voix, elle répond qu'elles lui avaient dit de faire lever le siège d'Orléans et sacrer le roi à Reims. Mais elles avaient seulement prédit, sans lui donner la mission, que les Anglais seraient chassés de toute la France et le roi entrerait dans Paris. (constatation de Seguin au procès en réhabilitation).

4- La campagne de Paris

Dans le précédent chapitre nous avons mené une réflexion sur la mission de Jeanne d'Arc:

Deux étapes, 1°: Libérer Orléans, 2°: Faire sacrer le roi à Reims.

Quatre étapes: avec en plus de deux précédentes: 3°: Chasser les Anglais de toute la France (Normandie et Aquitaine) 4°: Libérer le duc d'Orléans prisonnier en Angleterre.

Les évènements qui suivent peuvent nous donner une réponse. Il s'agit de la politique de Charles VII sous les conseils La Trémouille.

Si après le sacre Jeanne avait voulu de son initiative retourner dans son pays, rejoindre sa famille, il est peu probable que Charles VII s'y serait opposé.

En effet, Regnault de Chartres et La Trémouille avaient cédé à ce qu'ils considéraient comme un caprice du roi de se rendre à Reims. Il était temps maintenant de passer à leur politique. En attendant les cartes sont dans les mains des Anglais et des Bourguignons. Il y a urgence à agir. Ils comprennent que la légitimité du « roi de Bourges » est maintenant d'une autre envergure et que le peuple de France commence à y être sensible.

Bien sûr tout le monde s'attend à ce que la Pucelle poursuive le combat et le premier concerné est le duc de Bedford, le régent du roi d'Angleterre.

Le 16 juillet, la veille du sacre, le régent bien informé, sait que le lendemain Charles va être sacré roi de France à Reims. Il a deux regrets:

1): Henri V et Charles VI sont décédés en 1422. Charles VII se proclame roi à Bourges en 1422 et Henri VI qui vient de naitre le 06 décembre 1421, n'a que quelques mois. Dès lors en 1429, alors que Charles VII est sur le point de tout perdre, il aurait été possible, en vertu du traité de Troyes, de faire venir rapidement Henri VI en France, pour le faire sacrer roi de France et d'Angleterre avant son rival Charles VII à Reims. Bedford écrit: « que

Henri VI vienne « *en toute possible célérité* » : car, ajoute-t-il, « *s'il eût plu à Dieu que plus tôt y fût venu, ainsi que déjà par deux fois lui avait été supplié par ambassadeurs et messagers, les inconvénients ne fussent pas tels qu'ils sont.* » En effet, parmi les inconvénients, on lui répond que voyage est périlleux et qu'Henri VI est de santé fragile et n'a que 8 ans.

2): Les villes sur la chevauchée de Reims: Gien, Troyes, Châlons, n'ont pas montré beaucoup d'ardeur à combattre les troupes de Charles VII. Comment réagiront les villes entre Reims et Paris s'il décide de marcher sur la capitale?

Bedford est en difficulté. Il doit compter sur le duc de Bourgogne et l'absence de son demi-frère, le «cardinal d'Angleterre»: Winchester[31] qui a pourtant promis de nombreuses troupes.

Les deux régents anglais, Winchester et Bedford ont signé un traité le 1er juillet seulement. Bien entendu leurs troupes ne sont pas prêtes. Bedford part à leur rencontre en Normandie et en Picardie.

Le duc de Bourgogne était avec Bedford à Paris le 16 juillet, il rentre chez lui le soir même. Il ne peut guère compter sur ses troupes, de Picardie et de Flandres qui ne sont pas inclinées à se battre pour le compte des Anglais. Il le sait mais il promet à son beau-frère Bedford d'amener des renforts. Pour veiller au respect de cette promesse, Bedford demande à sa femme de l'accompagner car c'est la soeur du duc de Bourgogne. Les deux frères, Gloucester et Bedford, ne se sont jamais entendus. Bedford veut s'allier avec le duc de Bourgogne mais ce dernier se rappelle aussi que Bedford lui avait refusé toute éventuelle souveraineté sur le duché d'Orléans en cas de prise de la ville. C'est pour cette raison qu'il avait retiré les troupes bourguignonnes du siège d'Orléans. Cependant le duc n'a pas

---

[31] *l'évêque de Winchester est Henri de Beaufort, demi-frère de Gloucester et Bedford.*

la mémoire courte. Il se rappelle que Gloucester[32] a tenté de lui prendre le Hainaut. Gloucester s'était marié avec Jacqueline de Hainaut qui avait répudié le duc de Brabant. Ce mariage ayant été annulé par le pape, Gloucester voit échouer son plan mais ne renonce pas. On lui a prêté des projets homicides. Il y en a trace, non pas seulement dans un procès de 1427 dont le duc de Bourgogne a conservé les pièces en ses archives, (où il est question d'accusations et de rétractations d'un témoin) mais dans un autre document émané du duc de Bretagne, et qui se trouve aux archives de Dijon. [33]

Cette pièce, est une lettre par laquelle le duc de Bretagne charge son chancelier d'inviter le duc de Bourgogne à se joindre à lui pour résister à l'Anglais, lequel a formé le dessein de les tuer tous les deux comme il en est instruit par la comtesse de Suffolk. Ainsi les projets d'assassinats étaient connus, la preuve n'en n'a pas été faite car l'authenticité des lettres a été contestée. Cependant à tort ou à raison, le duc de Bourgogne ne pouvaient plus faire confiance aux Anglais.

Philippe le Bon avait été invité par la Pucelle à faire la paix avec Charles et à venir à sa rencontre.

Alors que Charles marchait vers le Nord pour se rendre à Reims, le duc Philippe le Bon, lui se rendait à Paris. Prévoyait-il cette rencontre? En tous cas la marche des troupes françaises sur Reims a été trop rapide pour que les princes aient le temps de négocier une rencontre.

---

[32] *Le duc de Gloucester à cette époque est Humphrey de Lancastre 1390-1447 Comte de Pembroke, 4ème fils de Henri IV, il est donc le jeune frère de Jean de Lancastre, le duc de Bedford et de Henri V.*

[33] *Mémoire et instructions données au chancelier de Bretagne, envoyé au duc de Bourgogne de la part du duc de Bretagne pour le prier de se joindre à lui pour résister à l'Anglais lequel a conçu le dessein de les tuer tous les deux, selon les lettres de la comtesse de Suffolk. Il s'y trouve joint un avis secret donné au duc par le comte de Richemont, connétable de France, et contenant que le susdit chancelier a toujours tenu le parti des Anglais. (sans date : environ 1426). Gachard, Archives de Dijon. (Layette LXXV, liasse 1, n°5, n°115, p.60.)*

La situation n'est pas favorable à Bedford. Le sacre a un retentissement considérable sur Paris, l'opinion publique se tourne de plus en plus vers Charles VII et se détourne des Anglais qu'on a assez vu. Plusieurs villes lui ont ouvert leurs portes, comment réagira Paris à son approche? Trois Angevins présents au sacre écrivent à la reine Marie d'Anjou et à sa mère Yolande d'Aragon: « ... *Aujourdhuy ont esté faitz par le Roy contes le sire de Laval et le sire de Sully et Rays mareschal.... Demain s'en doibt partir le Roy tenant son chemin vers Paris. On dit en ceste ville que le duc de Bourgongne y a esté et s'en est retourné à Laon où il est de present ; il a envoyé si tost devers le Roy qu'il arriva en ceste ville. A ceste heure, nous espérons que bon traité y trouvera avant qu'ils partent. La Pucelle ne fait doubte qu'elle ne mette Paris en l'obéissance....»*

Le duc de Bourgogne, parti de Paris le 16, s'était arrêté à Laon pour entrer en discussion avec Charles VII dont il sait qu'il est à Reims (les gentilshommes angevins en parlent le 17 dans leur lettre). Ils poursuivent leur lettre en disant: « *A cette heure, nous espérons que bon traité y trouvera avant qu'ils partent.* »

Cette démarche, ouvre la voie des négociations entre Charles VII et le duc de Bourgogne.

Jeanne d'Arc elle même y est à priori favorable. En effet, si avait elle écrit aux Anglais pour leur dire sous forme d'ultimatum de partir de France, elle « supplie à mains jointes » le duc de Bourgogne de faire la paix avec Charles car « sera grant pitié de la grant bataille et du sang qui y sera respandu; » car c'est le sang de France. »

Jeanne est d'accord pour négocier, mais pour soutenir la pression sur le terrain des négociations, elle pense qu'il faut agir sur le terrain des conquêtes.

Il est possible de rallier à la couronne de Charles plusieurs villes sur l'itinéraire de Reims à Paris. Après avoir passé quatre jours à Reims puis Saint Marcoul pour fêter religieusement le sacre, Charles se rend à Vailly-sur-Aisne où il reçoit les représentants des villes de Soissons et de Laon qui lui apportent les clefs de leur ville. Il se déplace ensuite à Soissons le 23 juillet où là ce sont les villes de Château-Thierry, Provins, Coulommiers, et Crécy en Brie qui envoient des représentants.

C'était presque une marche triomphale vers Paris que la Pucelle voulait aller rejoindre car pour que le sacre soit complet, il fallait rallier Paris à la couronne.

A la cour on était d'un avis différent. Puisque le duc de Bourgogne n'a pas fermé la porte à des négociations, on se demande s'il ne serait pas plus judicieux de le charger lui de cette mission, de retourner Paris en faveur du roi. Mais Philippe le Bon n'était pas trop favorable à l'idée d'en assumer seul les risques militaires. Il se rendait sourd aux nouveaux courriers du roi.

Les conseillers de l'intimité du roi Charles VII la Trémouille et Regnault de Chartres, ne demandent pas mieux que cette courte trêve qui ne dit pas son nom.

Tout occupés dans les négociations et les marchandages personnels à la soumission des villes ils font déplacer le roi au gré de leurs intérêts, sans avoir Paris pour objectif principal. Bedford profite donc de la duplicité complice des conseillers de Charles.

Le 25 juillet Bedford arrive enfin avec les troupes de Winchester qu'il est allé chercher après leur débarquement. Cinq mille Anglais entrent dans Paris. Le 29 juillet, à Château-Thierry, le sire de Châtillon ouvre les portes de la ville. Il sait que son opinion publique est favorable à la Pucelle et Charles VII. Alors il prend la fuite et galope rejoindre Bedford[34]. Le 1er août, Montmirail; le 2 août, Provins ouvrent leurs portes. Après Provins les Français décident de descendre dans le Sud vers la Loire!

Charles VII a donc tourné en rond sans tirer avantage stratégique du sacre, du ralliement de nombreuses

---

[34] *Montrelet ajoute que le sire de Châtillon et les autres chevaliers allèrent à Paris rejoindre Bedford qui rassemblait des troupes. (Montrelet, II, 63 et Perceval de Cagny (p. 21)*

villes, de l'engouement populaire de son sacre qui aurait pu entrainer le peuple au rejet des troupes anglaises et la levée de troupes enthousiastes.

Le 3 août, le régent signe une proclamation dans laquelle il donne un mois aux seigneurs de Normandie et de ses provinces en France pour lui envoyer des troupes et dans ce délai, sans attendre il part avec 10 000 hommes (avec les 5000 de Winchester) de Paris et arrive à Melun le 04 août.

A cette annonce les Français sortent de Provins le 03 août et vont à la Motte de Nangis.

L'armée arrive à la Motte de Nangis le lendemain, et attend les Anglais qui ne viennent pas.

En quittant la Motte-de-Nangis, le roi, certainement influencé par La Trémouille, se rend à Bray, le 05 août où il compte passer la Seine le lendemain, pour prendre la direction du Sud vers la Loire. L'avant garde des Français présents à Bray sont des notables qui s'apprêtaient à rentrer pacifiquement dans la ville quand ils apprennent qu'une troupe d'Anglais est arrivée et a été repoussée pendant la nuit. Effrayés ils refusent d'avancer plus loin. Leur marche vers le Sud est stoppée. Toute l'armée qui les suit vers le Sud était indignée de recevoir l'ordre de stopper l'avance vers Paris alors que la stratégie à suivre était d'aller de l'avant. Le duc de Bar René d'Anjou et le duc d'Alençon, les comtes de Clermont, de Vendôme et de Laval, Jeanne et tous les autres capitaines, ne cachent pas leur joie de ce contre-temps.

Le 05 août 1429, la Pucelle écrit aux habitants de Reims, inquiets de la retraite du roi. Elle leur dit que le roi a conclu une trêve de quinze jours avec le duc de Bourgogne, pour lui laisser le temps de se joindre à lui et qu'ensuite le roi ira à Paris.

En vertu de cette trêve, il fallait que le roi soit à Paris dans les quinze jours, c'est à dire vers le 20 aout. Le roi reprend donc le chemin inverse. Le 07 aout il est à Coulommiers, le 10 à la Ferté-Milon, le 11 à Crépy-en-Valois.

Bedford s'alarme du risque du retour de Charles VII vers Paris. Pourtant c'est lui qui lui avait coupé la route en

envoyant des troupes à Bray pour obliger Charles à pousser vers le Sud. Bedford arrive à Montereau-surYonne (de sinistre mémoire pour le duc de Bourgogne) où il comptait rencontrer Charles. Mais, apprenant que Charles se dirige vers Paris, Bedford lui écrit une lettre le 07 août 1429.

Dans cette lettre écrite en français, il se présente comme le régent du vrai roi de France: « *souverain seigneur, Henri, par la grace de Dieu, vray, naturel et droiturier roy de France et d'Angleterre* »,

-il l'insulte: « *qui faites séduire et abuser le peuple ignorant et vous aidiés plus de gens suppersticieus et reprouvés, comme d'une femme desordonnée et diffamée, estant en habit d'homme et de gouvernement dissolu, et aussi d'un frère mendiant, appostat et sédicieux, comme nous sommes informés ; tous deux, selonc la Saincte Escripture, abhominables à Dieu* »,

-Il rejette sur lui la responsabilité de la guerre: « *avez occupé ou pays de Champaigne et aultre part, aulcunes cites, villes et chasteaulx apartenans à mondit seigneur le roy, et les subgiez demourans en ycelles constraint et induict à desloyaulté et parjurement, en leur faisant rompre et violer la paix finale des royaumes de France et d'Angleterre, sollempnellement jurée par les rois de France et d'Angleterre qui lors vivoient, et les grans seigneurs, pers, prélats* »

-Il dit qu'il est en légitime défense des intérêts du royaume de France et d'Angleterre: « *pour garder et deffendre le vray droit de mondit seigneur le roy, et vous et vostre puissance rebouter de ses pays et seigneuries, à l'ayde du Tout-Puissant nous sommes mis sus et tenons les champs en nostre personne, en la puissance que Dieu nous a donnée.*

-Lui dit qu'il cherche à le rencontrer en vain: « *Et comme bien avez sceu et sçavez, vous avons poursuivi et poursuivons de lieu en lieu pour vous cuidier trouver ou rencontrer, ce que n'avons encore peu faire, pour les advertissemens que avez fais et faites.* »

-Lui dit qu'afin d'épargner le peuple des malheurs de la guerre commis par sa faute, comme devrait le faire un vrai prince, il doit cesser le combat : « *Nous, qui de tout nostre ceur désirons l'abrégement de la guerre, vous sommons et requerrons que, se vous estes tel prince qui quérés honneur et ayez pitié et compacion du povre peuple chrestien, qui tant longuement à vostre cause a esté très inhumainement traictié, foulé et opprimé, et que briefment soit hors de ces afflictions et douleurs, sans plus continuer la guerre*»

-Il lui propose des pourparlers de paix mais pas comme celle de Montereau où Jean Sans Peur avait été assassiné: « *Et tous jours sommes et serons enclins et volontaires à toutes bonnes voies de paix, non fainte, corrompue, dissimulée, violée ne parjurée, comme à Monstreau fault Yonne celle dont, par vostre coulpe et consentement, s'ensuivit le très horrible, detestable et cruel murdre commis contre loy et honneur de chevalerie* »

-ou bien de terminer promptement la querelle par les armes, « *chascun de nous pourra bien garder et deffendre à l'espée sa cause et sa querelle, ainsi que Dieu, qui est seul juge,* »

Charles VII reçoit cette lettre volontairement provocatrice trois jours plus tard, le 11 août à Crépy en Valois. Entre temps, Bedford s'était déplacé à Mitry, sur un terrain favorable, près de Damartin. Son plan est simple il veut une fois de plus appliquer la stratégie habituelle des troupes anglaises: provoquer la charge de cavalerie des Français sur les compagnies d'archers bien retranchées sur des positions minutieusement choisies. Crécy, Poitiers et Azincourt avaient été des victoires pour lui, mais depuis les Français avaient montré à Patay qu'ils savaient comment les vaincre.

Charles VII répond à la provocation grossière. Il se transporte à Lagny-Le-Sec et envoi son avant-garde à Dammartin. Comme à Patay, des chevaliers partent en éclaireurs encadrés par La Hire.

Le 13 aout, autour des bourgs de Thieux, Dammartin et Mitry des escarmouches opposent ces cavaliers à l'avant-garde anglaise. Mais ils constatent que les Anglais sont prêts, qu'ils ont choisi leur champ de bataille. On décide de ne pas les attaquer et Bedford considérant qu'il n'a pas assez de troupes, rentre sur Paris chercher des renforts.

Le roi revient à Crépy en Valois, et de là il envoie des messagers à Compiègne et Beauvais. Il est en route vers Compiègne quand on apprend que Bedford est à Louvres où il a fait la jonction avec des troupes de renfort. Charles envoie Loré et Xaintrailles en éclaireurs. Ils voient les Anglais aller sur Senlis. Charles fait avancer son armée entre Mont L'Evêque et Montépilloy, près de Senlis.

Le lendemain, 15 août, c'est jour férié. Avant la bataille qui parait inévitable tout le monde va à la messe, et ensuite on se prépare au combat. Trois corps d'armée sont constitués;

• Le premier corps commandé par le duc d'Alençon et le comte de Vendôme;

• Le second corps sous les ordres de René d'Anjou, duc de Bar;

• Le troisième corps, formant l'arrière-garde, où était le roi avec le comte de Clermont et La Trémouille : les maréchaux de Boussac (Sainte-Sévère) et de Rais commandaient les ailes ; Graville, les archers.

• Un corps de réserve avec à sa tête Dunois, La Hire, d'Albret et la Pucelle.

L'armée française s'avance vers l'armée anglaise qui se positionne près de l'Abbaye de La victoire à l'ouest de Mont l'Evêque, près de Senlis. Encore une fois les Anglais ont choisi leur champ de bataille qu'ils ont passé la nuit à fortifier fidèles à leur tactique habituelle. (Cf page 107)

Les Anglais ont protégé les arrières des compagnies d'archers par la rivière La Nonette et un étang, et sur les côtés par de fortes haies d'épines. Ils ont créé une barricade avec leurs chariots et tout ce qu'ils peuvent trouver de branchages. Quelques dizaines de mètres en avant ils ont creusé ou approfondi des fossés qu'ils ont garni de palissades. Tout leur dispositif est prêt à soutenir le choc de l'armée française. Les archers en première ligne, à pied derrière leurs pieux plantés en terre. Derrière ce dispositif, sur une élévation de terrain, près d'une tour à Monte-pilloy, les seigneurs anglais à pied eux aussi, dans un seul corps de bataille, avec l'étendard de Saint-Georges et les deux bannières de France et d'Angleterre.

Le piège anglais est facile à lire. Il faut les faire sortir de ce retranchement. Jeanne d'Arc va au devant d'eux pour les provoquer et essayer de les faire sortir. Tentative vaine. Alors elle fait reculer ses gens pour qu'il rejoignent le corps de bataille français. Les Anglais ne bougent toujours pas. On décide ensuite de faire reculer l'armée toute entière pour inviter les Anglais à se ranger en corps de bataille face à eux. Comme ils ne bougeaient pas, on envoie sur leurs lignes quelques groupes d'assaut pour les provoquer à faire des sorties. Ils repoussent ces groupes mais ne bougent pas de leurs positions. Leur intérêt est évident de ne pas se rendre à découvert où ils seraient vulnérables à la cavalerie lourde française.

La Trémouille s'impatiente et veut montrer qu'il va lui être plus efficace. Il s'élance sur son coursier contre l'ennemi la lance au poing. mais son cheval fait une chute et le fait tomber près des Anglais. On réussi à lui porter secours. Ces escarmouches auraient fait dans les trois cents morts selon Monstrelet. Il précise que la haine entre les Franco-Ecossais et les Anglais était à tel point qu'il n'était pas question de faire de prisonniers.

Le roi français et ses capitaines comprennent que sans artillerie, on ne pourra pas forcer les Anglais à quitter leurs positions défensives pour engager le combat sur le champ de bataille.

Charles VII décide de rentrer à Crépy en Valois pour y passer la nuit. Il est accompagné d'une partie des troupes.

La Pucelle, le duc d'Alençon et tout leur corps d'armée restent sur le champ de bataille. Le lendemain de grand matin, les Français décident de reculer sur Monté-pilloy, car ils se disent que si l'ennemi les voit moins nombreux et en retraite peut-être auront-ils envie de sortir enfin de leurs positions pour les attaquer sur leurs arrières. Mais non, les Anglais effectivement bougent, pas pour une attaque, mais pour une retraite sur Senlis et ensuite Paris. Trop tard pour les suivre. L'armée va donc rejoindre le roi à Crépy en Valois. (Plusieurs chroniques sont concordantes sur ces faits)

Charles est à Crépy en Valois, et ordonne au comte de Vendôme et aux maréchaux de Boussac et de Rais de marcher sur Senlis. Les habitants de Senlis, qui venaient de voir Bedford battre en retraite, n'ont aucune appréhension à les accueillir. Charles envoie des messagers à Beauvais et à Compiègne. Il y reçoit les clefs de Compiègne le 17 août.

A Beauvais les habitants voyant arriver le messager du roi portant ses couleurs lui font une haie d'honneur au cri de « Vive Charles, roi de France ». Le peuple proclame que ceux qui ne veulent pas se soumettre au roi de France doivent s'en aller très vite. L'évêque de la ville, Pierre Cauchon, connu pour ses idées très favorables aux Anglais est directement menacé. Il doit fuir la ville en laissant tous ses biens. Cela coûte énormément à cet homme également connu pour sa cupidité. Plein de haine contre les habitants et contre les Français, il cherchera à se venger plus tard sur le dos de la Pucelle.

Le 18 août le roi entre dans Compiègne sous les acclamations de la foule.

Charles veut en remettre les clefs à La Trémouille mais la ville pour être bien défendue doit être dirigée par un seigneur local qui saura se sortir des griffes du duc de Bourgogne d'un côté et des Anglais de l'autre. Les bourgeois suggèrent au roi le nom de Guillaume de Flavy qu'ils avaient déjà choisi et qui a des attaches familiales avec le chancelier Regnault de Chartres.

La Trémouille le connait car il a servi sous ses ordres auprès d'une mission chez le comte de Foix en 1427. La Trémoille accepte d'être nommé capitaine de la ville de Compiègne et que Guillaume de Flavy en soit le lieutenant avec la délégation de tous ses pouvoirs.

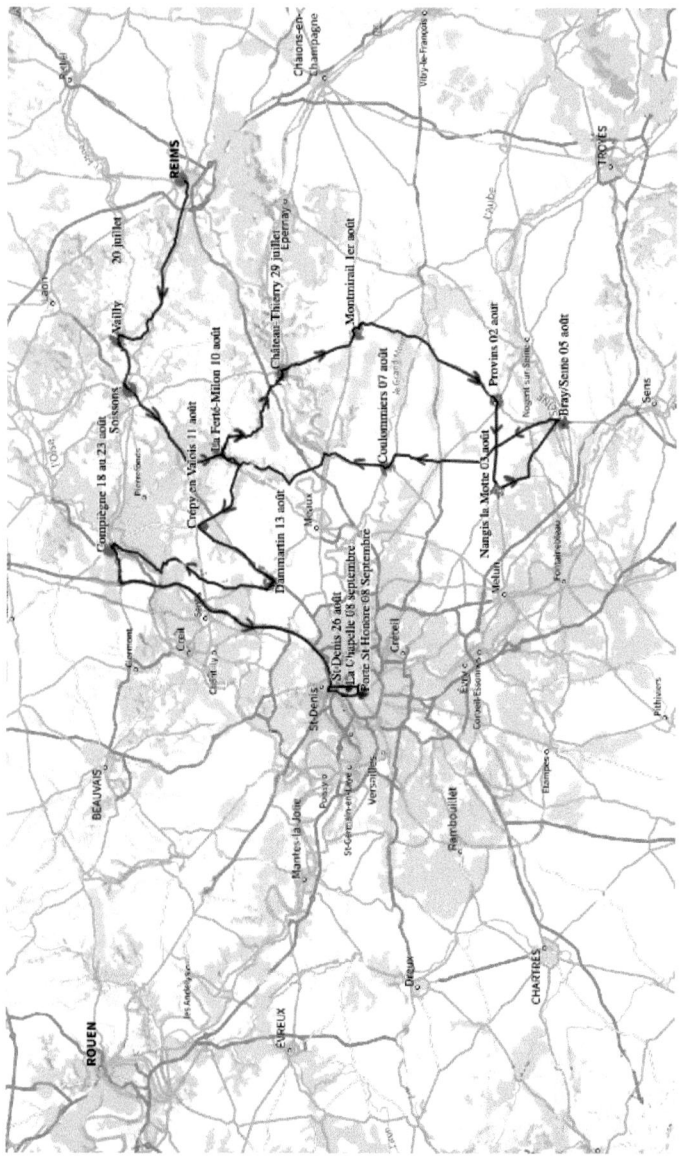

La marche vers Paris du 17 juillet au 08 septembre 1429 environ 500 km

A Paris le Parlement s'inquiète de la progression des Français: Un greffier du parlement de Paris témoigne: « *Le vendredi 19e jour d'août et les jours en suivans, les présidens et conseillers de céans n'ont guère vaqué à entendre à l'expédition et jugement des procès et à oïr les plaidoieries des causes, par occasion des ennemis qui s'estoient approchés de la ville de Paris, qui avoient occupé plusieurs cités, villes et forteresses environ Paris, sans siége et sans résistance.* » (*R*egistres du Parlement, t. XV, f° 17 verso.)

Négociation d'une trêve à Compiègne entre Charles VII et le duc de Bourgogne jean le Bon.

Charles VII avait envoyé en ambassade auprès du duc de Bourgogne à Arras, son chancelier l'archevêque de Reims, les sires d'Harcourt, de Dampierre, de Gaucourt et deux autres. puis il reçoit les ambassadeurs du duc: Jean de Luxembourg et l'évêque d'Arras venus faire de nouvelles propositions à Charles. On arrive en effet à l'expiration de la trêve de quinze jours.

Le duc de Bourgogne menacé par le duc de Bedford n'est pas en mesure de respecter sa promesse à Charles d'intervenir pour lui livrer Paris.

Le duc de Bourgogne propose, avec la médiation du duc de Savoie, la conclusion d'une paix prochaine. Dans la durée des ces nouvelles négociations, on propose une trêve de quatre mois jusqu'au 1er janvier 1430. Dans les termes de cette trêve, Le roi se déclare prêt à faire des réparations pour le crime de Montereau,[35] Il s'en excuse sur sa jeunesse, et promet la mise en jugement des coupables; il consent aux restitutions, aux indemnités, aux abolitions réclamées; il dispense le duc de lui faire hommage, avec une stipulation importante: si le roi meurt avant le duc, le duc devra faire hommage à ses héritiers. Le duc soumet ces propositions à son conseil. Le plus grand nombre dé-

---

[35] *Chronique de Monstrelet chapitre II n°67*

sire la paix avec la France. « *Et mesmement*, dit Monstrelet, *ceux de moyen et de bas estat y estoient si affectés, que dès lors ils s'empressoient autour du chancelier pour obtenir de lui des grâces, des lettres de rémission, comme si le roi fût pleinement en sa seigneurie.* »

La ville d'Auxerre en devait être le siège des négociations de paix:

On fixe la date butoir au 1er avril 1430. Tous les points (cité dans le paragraphe précédent) sont arrêtés et signés en conseil ce même jour par le roi, puis envoyés au duc de Bourgogne, acceptés de lui à Arras par lettres patentes du 12 octobre, et du roi par lettres du 4 novembre à Issoudun. *(Dom Plancher, Hist. de Bourgogne, t. IV, p. 131-133, et Preuves, n° LXX, p. LXXVIIILXXX.)*

La trêve elle-même est, sans plus attendre, publiée par Charles VII par lettres du 28 août. La trêve à laquelle les Anglais ont la faculté d'accéder s'étend, sauf quelques villes d'exceptions, aux pays situés au Nord de la Seine : « *C'est assavoir en tout ce qui est par deçà la rivière de Saine, depuis Nogent-sur-Saine jusques à Harefleur, sauf et réservées les villes, places et forteresses faisans passage sur la dicte rivière de Saine ; réservé aussi à nostre dit cousin de Bourgoingne que, se bon luy semble, il porra, durant ladicte abstinence, employer luy et ses gens à le deffence de la ville de Paris et résister à ceulx qui vouldroient faire guerre ou porter dommage à icelle; à commencier la dicte abstinence, c'est assavoir depuis le jour d'uy, XXVIIIe jour de ce présent mois d'aoust au regard de nostre dit cousin de Bourgoingne, et au regard des dits Anglois du jour que d'iceulx aurons sur ce receu leurs lectres et consentement; et à durer jusques au jour du Noël prochain venant.* » *(Nouveaux documents sur Charles VII et Jeanne d'Arc, publiés par M. Jules Quicherat, p. 4. Paris, 1866.)*

En fait, la trêve ne s'est pas étendue aux Anglais. En ce qui concerne Paris, le duc promet au roi de livrer la capitale au roi. Cet engagement est rappelé par Jeanne dans sa lettre aux habitants de Tournai. En raison de cette promesse, le roi attend simplement que le duc lui livre la ville sans intervenir lui même. En signant cet accord le 28 août Charles montre qu'il n'est pas impatient d'entrer dans Paris et qu'il ne tient pas à y être entraîné par la pression du peuple ou de la Pucelle.

Plusieurs places de la région Ile de France envoient leur soumission au roi de France: Creil, Pont-Sainte-Maxence, Choisy-sur-Aisne, Gournai-sur-Aronde, Chantilly, etc. ; et d'après le chroniqueur bourguignon de l'époque, Monstrelet, il aurait pu recevoir la soumission de villes de Picardie qui sont du duché de Bourgogne s'il n'avait pas eu cette trêve. Saint-Quentin, Corbie, Amiens, Abbeville ; car « *la plupart des habitants d'icelles, étoient tout prêts de le recevoir à seigneur, et ne désiroient au monde autre chose que de lui faire obéissance et pleine ouverture.* »

Malgré cet élan qui lui est très favorable le roi était en train d'abandonner son ambition de conquérir Paris. Il fallait pourtant acquérir cette ville pour retrouver durablement le pouvoir.

Jeanne d'Arc s'en rend compte. Elle considère que le roi est replongé dans sa léthargie; puisqu'une fois encore il hésite, il consulte, il tergiverse alors qu'il a son armée prête moralement au combat. L'opinion publique, est toute en la faveur du jeune roi, toutes les villes contactées lui rendent hommage y compris donc sur les terres du duché de Bourgogne.[36]

Jeanne pense qu'il faut provoquer les évènements. Elle décide de prendre l'initiative comme elle l' avait fait à Gien pour entraîner le roi sur la route de Reims.

Elle appelle le duc d'Alençon et lui dit: « *Mon beau duc, faites appareiller vos gens et ceux des autres capi-*

---

[36] *Soumissions des places de l'Ile de France : t. IV, p. 391 (Monstrelet, II, 70). A Abbeville, le maire et les échevins mettent en prison deux hommes qui avaient outragé le nom de la Pucelle, t. V, p. 143. On voit dans Monstrelet (II, 71), combien le duc de Bourgogne, dans le même temps, s'efforçait de se gagner Amiens et les Picards, en leur faisant espérer qu'il interviendrait auprès du régent pour les exempter des impositions et des gabelles.*

taines ; je veux aller voir Paris de plus près que je ne l'ai vu »

Attaque de Paris

L e mardi 23 août, la Pucelle et le duc d'Alençon partent de Compiègne avec une nombreuse troupe. En passant par Senlis ils sont renforcés par une partie de la garnison qui s'y trouve.

Ils arrivent à Saint Denis le vendredi 26. Le roi les suit à contre coeur car il pense à sa trêve avec Jean Le Bon, duc de Bourgogne. Alors que Charles hésite toujours à se rapprocher de Paris, et avance lentement, il reste en effet du 28 au 30 à Senlis; Bedford, lui, est contraint de filer sur la Normandie car les actes anti-anglais s'y multiplient. Après la défection des villes importantes comme celle de Beauvais, il sait que, dans la Bretagne toute proche, le connétable interdit de campagne sur Reims et Paris, est prêt à montrer au roi de France qu'il a eu tord de se passer de ses services.

Cependant il reste un espoir à Bedford, c'est la haine des parisiens pour les Armagnacs et on se rappelle encore les réformes fiscales et évènements qui les ont obligés à les chasser en 1418.

Bedford part donc pour Rouen mater les Normands et il laisse dans Paris deux mille Anglais commandés par Louis de Luxembourg, l'évêque de Thérouanne, un chevalier anglais, nommé Radley, et L'Isle-Adam avec ses Bourguignons.

Ces hommes s'activent pour assurer la défense de la ville. Le 26, août, alors que la Pucelle et le duc d'Alençon entrent dans Saint-Denis, le chancelier Louis de Luxembourg réunit en la chambre du parlement toutes les autorités de Paris: l'évêque et le prévôt de Paris (Simon Morhier) les maîtres des comptes, les prieurs des couvents, les curés des paroisses, etc..., et il leur fait renouveler le serment de fidélité qu'ils avaient déjà prêté devant Bedford puis il désigne deux magistrats pour recevoir ce serment de tout le personnel ecclésiastique régulier et séculier dans les églises et les couvents. Pendant que l'on s'assure la fidélité des autorités anglaises, on demande aux chefs de quartiers de renforcer les fortifications, on place des canons en batterie, on répare les fossés, on accumule les pierres de jet. Pour requérir sans contrainte le peuple à l'ouvrage, on diffuse dans les églises des alertes de propagande. D'après la chronique du Bourgeois de Paris, on attise la peur et la haine du roi et des Français. On prétend que les habitants de Paris, hommes, femmes et enfants sont promis au massacre et au pillage. « *ce qui n'est pas facile à croire*, » dit le témoin; mais cette propagande relayée dans le peuple par les curés donne ses fruits, et comment pourrait-il en être autrement.[37]

Le duc d'Alençon est alerté de cette propagande anti-française. Il veut agir sur les élites et sur le peuple de Paris. Usant de son titre, il invite les échevins à recevoir le roi, expliquant que cela avait été fait pour les autres cités qui n'avaient pas eu à s'en plaindre par la suite. Ensuite il fait crier dans les rues des proclamations en faveur du roi. Cela ne lui rapporte que des menaces. On lui fait comprendre qu'il ne faut pas réitérer ces démarches. Inévitablement on en vient aux armes dans les rues et aux portes de Paris. La chronique retient une escarmouche qui s'élevait entre la porte Saint Denis et la porte de la Chapelle. Ce moulin est aujourd'hui l'emplacement de Notre Dame de Bonne Nouvelle.

La pucelle observe l'agitation, et elle étudie les défenses de la ville pour préparer un assaut. Mais sans l'ordre du roi d'envoyer plus de troupes l'assaut parait impossible.

Les demandes de renforts du duc d'Alençon au roi sont sans réponse. Il va lui même voir le roi à Senlis le 1er septembre, sans résultat. Le 05 septembre d'Alençon retourne voir le roi et arrive enfin à le faire venir à Saint-De-

---

[37] *Préparatifs de défense à Paris, t. IV. p. 452,455-458. Clém. de Fauquemberque, f° 17, v°); p . 463 (Bourgeois de Paris).*

nis. Le 06 septembre d'Alençon installe l'armée à La Chapelle.

Le mercredi 07 septembre dans la soirée, l'arrivée du roi à Saint-Denis est saluée comme une victoire et l'armée ne doute plus de son succès avec ce renfort et se demande tout de même pourquoi le roi persiste à refuser le combat. Tout le monde se dit: « *Elle mettra le roi dedans Paris, si à lui ne tient.* » Un accrochage violent a lieu avec les Anglais.

Le lendemain, 08 septembre les Français tentent un assaut malgré jour férié de « la nativité » (fête toujours au calendrier aujourd'hui). Mais même si plus tard à son procès les ecclésiastiques lui reprochent cette offensive ce jour là, pour Jeanne cela n'est pas incompatible avec la sainte mission qu'elle a reçue.

Elle indique que les seigneurs encore une fois n'avaient pas voulu lancer une offensive d'ampleur suffisante pour pourvoir emporter la différence.

Dès lors elle se résout à « passer outre » (une de ses expression favorites au procès) et elle veut entrainer les troupes au delà des fossés.

Partis à huit heures du matin de la Chapelle, divisés en deux corps: le premier corps part à l'assaut et le second reste en retrait en réserve pour les couvrir, ils sont sous la direction d'Alençon et de Clermont positionnés en réserve derrière la forte butte de Saint Roch. De là ils peuvent surveiller la porte de Saint Denis. De leur côté les maréchaux De Rais et Gaucourt et la Pucelle se dirigent sur la porte Saint Honoré, forcent la barrière et pénètrent sur le boulevard qui la protège mais la porte Saint Honoré reste fermée.

La Pucelle se saisit de son étendard et le brandissant bien haut, franchit le premier fossé entourée des plus courageux, sous le feu des défenseurs: pierres, canons, couleuvrines. Le premier fossé est sec, donc praticable, les assaillants montent sur une légère butte et redescendent de l'autre côté vers les murailles mais ils découvrent un second fossé rempli d'eau.

Jeanne est surprise mais pas découragée, du bas de la muraille elle somme la ville de se rendre et sonde la profondeur du fossé avec la hampe de son étendard. Elle donne l'ordre d'apporter des fagots pour combler le fossé afin de pratiquer un passage. A ce moment là elle est frappée d'un trait d'arbalète à la cuisse. Bien que blessée, Jeanne continue à donner ses ordres, presse les hommes d'apporter plus de fagots et les encourage car elle leur dit qu'avec quelques efforts la ville sera prise.

A l'intérieur de la ville les rumeurs courent. Les parisiens se disent perdus, les prédicateurs qui avaient juré fidélité aux Anglais avant l'arrivée des Français continuaient à haranguer le peuple rassemblé dans les églises. Mais la panique gagne la ville.

Le soir commence à tomber, depuis midi les troupes sont à l'assaut et elles commencent à être épuisées, Jeanne est blessée. Les capitaines décident de remettre l'assaut au lendemain Jeanne refuse de s'éloigner, elle est sur le point de rester presque seule sous les murailles ennemies, alors le duc d'Alençon et Goncourt donnent l'ordre qu'on aille la chercher de force et qu'on la mette sur son cheval pour la ramener à La Chapelle. Le duc d'Alençon donne l'ordre de faire jeter un pont sur la Seine à la porte saint-Denis pour attaquer la ville par ce côté le lendemain. Pendant le trajet Jeanne, bien que blessée, ne cesse de protester, elle dit qu'il ne faut pas cesser le combat.

Le lendemain, 09 septembre Jeanne compte bien reprendre le combat, malgré sa blessure, elle se lève tôt le matin et se prépare. Elle fait appeler le duc d'Alençon et lui demande de faire sonner les trompettes du rassemblement. Elle monte à cheval en lui promettant de ne pas partir de la ville sans l'avoir prise. Le duc d'Alençon, le baron de Montmorency et autres capitaines se préparent au combat. Ils savent que la place de Paris n'est pas entièrement acquise à la cause des Bourguignons et encore moins à celle des Anglais. Tout le monde sait que l'on a des chances de l'emporter d'autant que beaucoup de parisiens et de notables regardent la venue de la Pucelle comme un signal de se rallier au roi.

Au moment où le duc d'Alençon donnait l'ordre de marcher sur la ville, le baron de Montmorency et cinquante ou soixante gentilshommes sortent de Paris[38] pour se joindre à la compagnie de la Pucelle.

Tous réunis approchent confiants des murailles, pleins d'ardeur, sûrs de leur victoire. C'est à ce moment là que René d'Anjou et le comte de Clermont viennent au nom du roi, dire à la Pucelle que le roi la convoque à Saint-Denis. Ordre est également donné au duc d'Alençon et aux autres capitaines de revenir et de ramener la Pucelle à Saint Denis pour le cas où elle refuserait.

Ils obéissent. Mais en s'éloignant de Paris, ils gardent l'espoir d'y retourner par la porte Saint-Denis où le pont avait été préparé.

Le roi ne donne aucune explication à ceux qui assaillaient la ville le matin même. Il estime qu'il n'a pas à se justifier auprès de gens qui pourtant son prêts à mourir pour sa cause.

Dans la nuit suivante, du vendredi 09 au samedi 10 septembre, Charles VII fait détruire le pont. Le roi qui décidément manque d'audace, a cédé une fois de plus à la peur ou à ceux qui lui conseillent de négocier avec le duc de Bourgogne, parce que ces conseilleurs ont tout à y gagner personnellement. Charles montre clairement qu'il n'a pas l'intention, de rentrer dans Paris. C'est une ville qu'il n'aime pas, inscrite de sinistre mémoire pour lui depuis 1418 et l'avenir montrera qu'il n'y retournera jamais volontiers. Il entre cependant dans la basilique de Saint Denis où dorment ses ancêtres. « *Il s'y fit introniser, selon l'usage,* » dit Thomas Basin. Dans son esprit, maintenant qu'il est très officiellement investi roi de France, il n'a plus de compte à rendre à personne et surtout pas à Jeanne d'Arc.

---

[38] *en représailles Par lettres du 10 septembre 1429 expédiées au nom de Henri VI, la baronie de Montmorency est déclarée confisquée et donnée au bâtard de Saint-Pol.*

Charles tient plusieurs conseils pour organiser le gouvernement des places et seigneuries récemment retournées dans le giron royal. Le comte de Clermont en a le commandement. Le comte de Vendôme et le sire de Culan, amiral de France restent à Saint Denis avec des troupes, mais il les laisse volontairement en nombre insuffisant pour les empêcher de prendre toute initiative contre Paris, mais au risque de ne pas pouvoir défendre leur position en cas d'attaque. Bien évidemment Charles conserve l'essentiel des troupes pour se protéger dans sa retraite vers Bourges.

Le 13 septembre avant de partir à Bourges, il écrit aux principales villes une circulaire dans laquelle il dit qu'une trêve est conclue jusqu'à Noël avec le duc de Bourgogne. Il ajoute qu'il faut alléger les charges du royaume qui ne peut pas payer des troupes plus longtemps. Mais Charles VII oublie un détail et commet une faute: il signe cette trêve avec le duc de Bourgogne, mais pas avec le duc de Bedford qui occupe Paris et la Normandie. Pourtant il a la possibilité de rassembler une troupe plus nombreuse encore pour affronter les Anglais. Mais Charles a-il vraiment à cœur de travailler à l'achèvement de la conquête?

Les chroniqueurs mêmes ennemis jugent très sévèrement la décision de Charles VII (qui décidément n'est pas la hauteur du dévouement de ses hommes et surtout de Jeanne d'Arc). Tous témoignent du fait que la ville de Paris était facilement prenable. Des notables s'apprêtaient à ouvrir les portes, *« un nommé monseigneur la Trimoulle croyait qu'il y aurait encore trop de tués et le duc de Bourgogne avait envoyé un messager à Charles »* etc.

En effet on peut lire dans Le Journal du siège d'Orléans: *« Et certes aucuns dirent depuis que se les choses se feussent bien conduites, qu'il y avoit bien grante apparence qu'elle en fust venue à son vouloir, car plusieurs notables personnes estans lors dedans Paris, lesquels cognoissoient le roi Charles, septième de ce nom, estre leur souverain seigneur, lui eussent faict plainière ouverture de sa principale cité de Paris »* (t. IV, p. 200).

Et Pierre Cochon dans sa Chronique normande: « *Et estoient lesdits assaillans si près des murs qu'il ne falloit mès que lever les eschielles dont ils estoient bien garnis, et ils eussent esté dedens; mès fu avisé par ung nommé monseigneur La Trimoulle du coté dudit Charles : car il auroit trop grant occision.... Et auxi l'en disoit que monseigneur de Bourgogne avoit envoié ung herault devers ledit Charles, en disant qu'il tendroit l'apointement qu'il avoit fait avec ledit Charles, et cessast lui et ses gens, mès s'il y avoit apointements entre eux, quel il estoit, je n'en sauroye parler; mes toutes voies il y eut trève jusquesà Noel ensuivant, et ainssi fit ledit Charles audit assault sonner de retraite et se retrairent; et croy qu'ils eussent gaigné ladicte ville de Paris, se l'en les eut lessié faire.* » (P. Cochon, Chron. normande, chap. LI, p. 460, Éd. Vallet de Viriville, ou Procès, t. IV, p, 342.) —

la Chronique rédigée à Tournai : « *Et en tout ce voiage la Pucelle ne avoit aultre intention, fors de elle et ses gens aler assallir la ville et cité de Paris, devant laquelle elle fist plusieurs courses avec les siens et partout là autour. Et estoit courouchée que aultrement ne se faisoit; mais les cappitaines ne se accordèrent assallir ladite ville; ains par aulcuns du conseil du roi, firent retraire leurs gens d'armes, dont il convint que ladite Pucelle se retraiist à Saint-Denis où le roi se tenoit. Et trois jours après, le roi créand aulcun de son conseil, contre le gré de ladicte Pucelle s'en ala menant icelle avec lui oultre la rivière de Loire. Et là se tint tout le yver sans gaires besogner au fait de la guerre, dont ladicte Pucelle estoit très malcontente; mais ne le povoit amender.* » (Chron. des Pays-Bas, etc., ap. Smet, Coll. des chron. belges, t. III, p. 415.) »

Alors la Pucelle voit qu'il n'y a pas moyen de retenir Charles à Paris. Découragée, elle se rend dans l'abbaye de Saint-Denis. Elle y dépose ses armes en offrande aux pieds de la statue de la sainte Vierge et devant les reliques de Saint Denis que l'on invoque dans les batailles et au nom duquel les rois sont sacrés: « Montjoie » « Saint Denis ». Et selon un témoin, Jeanne ajoute à sa prière « *pour ce que c'est le cry de France*»

Charles prend une résolution malheureuse qui lui fait perdre tout pouvoir de retrouver l'intégralité du royaume et mettre fin à l'occupation anglaise.

Mais la Pucelle décide de ne pas quitter le roi. Elle croit que sa mission n'est pas terminée et qu'il faut la mener à terme, même contre la volonté du roi.

Cependant quelque chose s'est cassé. Elle est triste. Il y a quelques semaines seulement elle chevauchait assurée de conduire son « gentil dauphin » vers la reconnaissance de ses droits légitimes, aujourd'hui sa bannière est en berne. Mais le roi qui n'a honte de rien, est pressé de rentrer chez lui, l'armée avance si vite que sa retraite ressemble à une fuite.

Toujours aussi courageux, Charles choisi de passer par des villes dont il est sûr: Lagny, Provins, Bray. On évite Sens qui lui ferme ses portes, déjà ! Et l'on fait le retour inverse par Courtenay, Château-Renard, Montargis et Gien.

Charles ne fait-il plus confiance à Jeanne alors qu'il lui doit toutes ses victoires? Est-il superstitieux et pense-t-il que la blessure de Jeanne est un signe du destin?

Ce jeune homme de vingt six ans a-t-il honte d'être redevable d'une Pucelle ?

Quelles raisons peut on prétendre à la justification de cette retraite? Les conseillers du roi la justifient dans la confiance qu'ils accordent à un prince de sang, le duc de Bourgogne. Habilement ce dernier envoie de temps en temps des courriers pour renouveler ses engagements et il l'aurait fait jusque devant les murs de Paris alors que Jeanne y recevait sa blessure[39]. Mais le roi fait il un bon calcul? Ne vaut il pas mieux ne rien devoir à un potentiel ennemi en allant chercher Paris soit même? Laisser le duc de Bourgogne prendre Paris, c'est courir le risque qu'il

---

[39] *Chronique normande de Pierre Cochon.*

garde la ville pour lui seul. Bien sûr les intimes du conseil du roi ne sont pas de cet avis. La prise de Paris par la force plutôt que par la diplomatie conduirait au sein du Conseil du roi, à un transfert du pouvoir vers la classe militaire des seigneurs. Pourtant prendre Paris n'est pas suffisant, il faut encore en garder le contrôle et pour cela le roi a besoin de son armée et surtout d'un meilleur conseil. Il lui faudrait se débarrasser de certaines personnes comme l'archevêque de Reims, Regnault de Chartres et La Trémouille qui n'ont pas fini de nuire. En fait, il manque encore au roi cette maturité qui lui viendra plus tard.

Le conseil privé du roi reprend donc le contrôle et c'est la pire des choses qui arrive à la France à cet instant.

Regnault de Chartres et La Trémouille, dans leur esprit n'avaient pas pu empêcher le roi de se lancer dans cette aventure jusqu'à Saint Denis. La blessure de Jeanne d'Arc est providentielle pour ses ennemis. Le roi prend peur de l'échec de la prise de Paris qui risque de compromettre un nouveau traité qui effacerait celui de Troyes. Mais dans Paris que voit-on? La propagande anglaise ne manque pas de dire que les troupes françaises sont vaincues. Les parisiens sont dressés contre les Armagnacs une fois de plus et le duc de Bourgogne n'a aucune chance de rallier la ville de Paris à la couronne de France. Le 30 septembre sous prétexte d'aller à la rencontre des échevins et du Parlement de Paris, le duc de Bourgogne se fait remettre un sauf conduit par Charles VII pour traverser les provinces récemment ralliées.

Arrivé à Paris il rencontre le duc de Bedford auquel il renouvelle son amitié. En remerciement, ce dernier lui donne la lieutenance du royaume et l'investiture de la Champagne. Philippe le Bon est donc chargé par Bedford de reprendre pour son compte la ville de Reims et d'installer garnison à Paris. Bedford, lui se garde le gouvernement de la Normandie.

Autre conséquence de cette retraite, les ennemis de Jeanne à la cour de Charles VII n'hésitent pas à rejeter l'échec de la prise de Paris sur sa responsabilité. Voici en quelques mots comment ils présentent les évènements:

Jeanne avait dit qu'elle était envoyée pour délivrer Orléans, faire sacrer le roi à Reims et chasser les Anglais du royaume. On l'avait laissée accompagner un convoi de vivres à Orléans, en faisant semblant de croire qu'elle pouvait avoir le moindre succès; les troupes françaises sont victorieuses, mais pour la première fois, c'est grâce à l'élan populaire enthousiaste plus que l'expertise de l'élite militaire et ecclésiastique qui craint maintenant de perdre son influence auprès du roi et son pouvoir politique. Serait-ce le début de la fin de la féodalité? C'est donc poussé par les événements qui s'enchaînent trop rapidement que le roi est entraîné dans la marche vers Reims puis Paris. Le Conseil du roi et le roi lui même craignent maintenant que si on suit l'armée et la Pucelle dans la ville de Paris, rien ne les arrêtera tant qu'un Anglais sera présent sur le sol de France. Il est donc urgent d'arrêter Jeanne, si on ne veut pas être précipité dans une grande guerre. Regnault de Chartres se charge de la réputation de la Pucelle. L'échec de Paris, sa blessure, habilement dénoncés par la propagande sèment le doute dans l'esprit du peuple qui croit à la prophétie de Jeanne. Dans le Conseil du roi on pense qu'il ne faut plus lui obéir désormais. Bien sûr, côté Anglais la propagande est triomphale.

Les partisans de la Pucelle sont troublés.

Jeanne d'Arc avait bien dit que la place de Paris serait conquise mais jamais elle n'avait dit que cela devait se faire sans risque et sans effort; « Aide toi, le Ciel t'aidera » en quelque sorte. Certes, elle avait été blessée devant Paris, mais à Orléans aussi. Alors qu'elle était évacuée dans une tente pour y être soignée, les capitaines avaient voulu se retirer. Mais elle avait insisté, repris le combat et les Tourelles avaient été prises. Les faits identiques auraient pu donner les mêmes résultats devant la porte St-Honoré à Paris.

Regnault de Chartres pour la sauvegarde de ses intérêts personnels, pour conserver son pouvoir auprès du roi, ne fait que répéter que Jeanne a échoué dans sa mission.

L'attaque de Paris n'est pas l'échec de Jeanne mais bien celui du roi toujours aussi mal entouré. Certains personnages peuvent lui dire que maintenant qu'il a été sacré roi, la mission de Jeanne est terminée. Mais outrepassait elle sa mission en voulant délivrer Paris? Devant Jargeau le 08 juin elle dit au comte de Laval on s'en souvient: « *Et fit venir le vin et me dit qu'elle m'en feroit bientost boire à Paris,* »

Concernant l'assaut du 08 septembre, elle répond à son procès: « Ce ne fut ni contre ni par le commandement de mes voix » qu'elle a tenté cet assaut.

Jeanne d'Arc avait dicté une lettre pour le duc de Bedford avant le siège d'Orléans. Elle lui avait dit qu'elle a pour but de « bouter les Anglais hors de France ». Prendre Paris fait donc partie de sa mission.

Quant à la libération du duc d'Orléans, comment Jeanne compte-elle s'y prendre? Jeanne y voit une négociation, mais, à défaut de libération pacifique dans le cadre d'échange de prisonnier, elle pense à une délivrance par la force, une expédition véritable : « *Et si non cepisset satis extra, ipsa transiisset mare, pro eundo quæsitum in Anglia cum potentia ;* » ou, comme dit le texte en ancien français : « Et se elle n'eust prins assez prinse de ça, elle eust passé la mer pour ce aler querir à puissance en Angleterre »

5- La Campagne sur les abords de la Loire puis Compiègne.

L e retour du roi à Gien a des conséquences prévisibles et immédiates. La garnison laissée par le roi à Saint Denis, sous le commandement du comte de Vendôme avec peu de troupes, voit arriver l'armée anglaise. Ils reçoivent l'ordre de se replier sur Senlis. Aussitôt les Anglais se jettent sur la ville de Saint Denis, la pillent et entrent dans la basilique où ils volent les armes que la Pucelle y avait laissées près des reliques du saint. Puis ils élèvent une nouvelle forteresse et nomment le prévôt de Paris, Simon Morhier capitaine pour la commander.

Peut-être que le roi Charles VII comprend à ce moment là qu'il n'a pas signé de trêve avec les Anglais. Mais tout n'est pas perdu si le duc de Bourgogne respecte sa promesse. Le comte de Clermont, Charles 1er de Bourbon[40] la lui rappelle au nom du roi le 18 septembre, en lui disant que sont dans la sphère de la trêve de quatre mois, Saint-Denis et le château de Vincennes, les ponts de Charenton et de Saint-Cloud.

Plusieurs jours se passent en conférences sans permettre de trêve entre la France et l'Angleterre.

Elles réunissent le comte de Clermont pour le compte de Charles VII d'une part et pour la partie adverse, le sire de Lannoy et Louis de Luxembourg, chancelier de

---

[40] *après la reconquête de la Champagne et d'une partie de l'Ile-de-France, il fut nommé le 12 septembre 1429 lieutenant-général de ces provinces.*

Henri VI, élu évêque de Thérouanne [41] Louis de Luxembourg chancelier de Henri VI. Le comte de Clermont n'a pas les moyens militaires d'assumer la protection de toutes les villes ralliées à Charles VII. Sous l'attaque des Anglais, il se retire, ramenant ses troupes vers le Bourbonnais.

Plus tard il reviendra sur la scène politique en qualité de beau-frère du duc de Bourgogne, il jouera un rôle important en arrivant à le convaincre de renverser son alliance avec les Anglais pour signer le traité de paix d'Arras avec Charles VII et faire enfin la paix entre Armagnacs et Bourguignons en 1435. (Il est duc de Bourbon en 1434. C'est son fils qui remporte la bataille de Formigny en 1450)

Dans Paris le duc de Bourgogne fait publier en même temps la trêve signée avec Charles VII et la lettre de Henri VI qui l'institue lieutenant du royaume. Pour les Parisiens, la ville gagne un statut de neutralité et pour les Anglais, la ville reste sous leur contrôle. Cependant les Anglais n'ont signé aucun engagement avec les villes récemment soumises à Charles VII. Ce dernier veut leur assurer de son soutien. Arrivé à Gien le 23 septembre il écrit le 02 octobre aux habitants de Troyes. Pour les rassurer, il leur dit qu'il a demandé à Louis 1er Bourbon-Vendome, comte de Vendôme (Ancêtre de Henri IV) de leur venir en aide. (Communication du roi et de la Pucelle aux habitants de Troyes, 2 octobre 1429)

Mais Charles VII n'a pas laissé assez de troupes aux comtes de Clermont et de Vendôme pour la protection des villes d'Ile-de-France et de Champagne récemment ralliées.

---

[41] *Louis de Luxembourg est élu et consacré par Regnault de Chartres, archevêque de Reims. Confronté à la désignation de Guillaume de Challant par Jean XXIII. Mais le pape Martin V le confirme par une bulle le 24 novembre 1418. En 1420, il assiste à l'entrée de Pierre Cauchon à Beauvais. Il est membre de l'ambassade française envoyée à Londres pour féliciter le nouveau roi d'Angleterre Henri VI de son accession au trône. Chancelier de France du 7 février 1425 à 1435. Il assiste au martyre de Jeanne d'Arc, à Rouen, le 30 mai 1431, et au couronnement d'Henri VI roi de France le 16 décembre 1431. Deuxième homme le plus puissant de la France anglaise après le duc de Bedford, il lui marie sa nièce en 1433.*

Le duc d'Alençon est très contrarié de la décision de la retraite, alors qu'il était sur le point d'entrer dans Paris et d'ensuite de récupérer ses terres normandes, prises depuis la bataille de Verneuil. Il est bien sûr opposé à la trêve de Compiègne. L'hiver suivant, il tentera une expédition en Normandie.

A l'image du roi qui rentre chez lui, chaque capitaine de l'armée en fait autant.

Jeanne ne retourne pas à Domrémy.

D'après l'historien Perceval de Cagny (qui est au service du duc d'Alençon), son maître avait réuni des hommes d'armes, et proposait d'entrer en Normandie par les marches de la Bretagne et du Maine, pourvu qu'on autorise la Pucelle à le joindre. Depuis sa rencontre à Chinon il a vu quotidiennement « l'effet Jeanne d'Arc » sur les troupes. Selon qu'elle serait ou ne serait pas avec lui, sa troupe allait bientôt se grossir ou se disperser.

Les circonstances paraissent favorables. Les Français ont dans le pays des partisans, les villes de: Étrépagny, Laval, Torcy, viennent de leur être livrées.

A la cour on refuse. L'archevêque de Reims, La Trémouille et le sire de Gaucourt, « *qui lors gouvernoient le corps du roy et le fait de sa guerre,* » ne veulent à aucun prix consentir à cette réunion du duc d'Alençon et de la Pucelle. Cette affaire va nourrir un profond ressentiment du duc envers la cour. L'historien Perceval de Cagny traduit le sentiment de son maître qui, bientôt ulcéré, comprend qu'il n'a rien à attendre de La Trémoille, quitte la cour, cédant son poste de lieutenant-général au comte de Vendôme. Les mois suivants, il est occupé par une guerre privée contre le duché de Bretagne. En 1435, le duc d'Alençon est lésé par le traité d'Arras signé entre Charles VII et le duc Philippe le Bon, car il lui fait perdre ses chances de récupérer un jour son duché. Il estime de plus insuffisante la pension de 12 000 livres que lui accorde le roi. Mécontent du gouvernement royal, victime de l'ingratitude de Charles, Alençon est avec le duc de Bourbon l'instigateur de la Praguerie en 1440.

De son côté, le roi retrouve ses plaisirs de cour, musique, maitresses… de châteaux en châteaux, en Touraine, en Poitou, en Berri.

Pendant ce temps-là, la France est au pillage dans le pays qu'il a abandonné.

Ces riches campagnes ralliées sous la bannière du roi et l'étendard de la Pucelle sont rapidement ruinées, les villes mises à rançon.

Les Anglais font payer aux villes ce qu'il en coûte d'avoir choisi un roi qui les a finalement abandonnées sans défense. Les comtes de Clermont et de Vendôme, on l'a vu ne peuvent pas s'opposer à eux, Chabane est vaincu à Creil. Jean de Brosse, maréchal de Boussac nommé lieutenant général pour le nord de la Seine vient avec mille combattants environ. Il est brave et a prouvé qu'il est bon capitaine mais que faire avec cette troupe. Les Anglais et les Bourguignons possèdent tout le pays alentour, la Normandie, la Picardie, la Bourgogne.

Charles VII s'est laissé abusé alors qu'il avait la victoire à portée de la main. Cette soit-disant trêve n'arrête ni les Bourguignons, ni les Anglais qui ne l'ont pas signée.

Les campagnes souffrent encore de la guerre civile et des troupes sans solde.

Paris même, qui se croit encore à l'abri par les troupes anglaises et la trêve de Compiègne, souffre de troubles à l'ordre public: « *Nul homme de Paris,* dit le Bourgeois dans sa chronique, *n'osoit mettre le pied hors des faubourgs, qui ne fût mort ou perdu ou rançonné. Le cent de petits cotterets valoit 24 sols parisis; deux oeufs, 4 deniers; un petit fromage tout nouvel fait, 4 blancs et n'étoit nouvelle ni pour Toussaint, ni pour autre fête en celui temps, de harengs frais ni de quelque marée.* »

Les provinces du Nord, et en particulier l'Ile-de-France, sont livrées aux ravages de la guerre. Par contre-coup les résidences royales de la vallée de la Loire sont menacées, d'autant plus que Charles VII ne les contrôle pas toutes.

Le roi est à Mehun-sur-Yèvre. Il tient conseil.

Jeanne veut agir. Elle trépigne de repartir en campagne. Encore une fois il apparait au roi qu'il a tout avantage à satisfaire l'impatience de la Pucelle. Le conseil royal décide de l'envoyer au siège de la Charité sur Loire et de Saint-Pierre-le Moutier et quelques autres places: ces positions négligées pour marcher sur Reims et sur Paris ont été renforcées par l'ennemi et sont maintenant plus menaçantes. Jeanne reçoit la mission de faire le siège de Saint-Pierre-le-Moustier et de La Charité sur Loire.

Jeanne aurait préféré aller sur Paris.

La Charité-sur-Loire est bien fortifiée, située seulement à 50 km à l'Est de Bourges.

Elle se rend à Bourges pour réunir les troupes destinées à cette mission.

Les troupes prêtées par le roi ne sont sans doute pas suffisantes pour mener à bien sa mission. En effet, elle reçoit la contribution de la ville de Bourges pour faire le siège de La Charité, le 24 novembre 1429[42].

Elle va, en compagnie du sire d'Albret (demi-frère de La Trémouille par leur mère Marie de Sully), assiéger Saint-Pierre-le-Moustier le 04 novembre.

Saint-Pierre-le-Moutier.

Les premiers jours de novembre 1429, Jeanne et ses troupes arrivent devant Saint Pierre le Moutier. Déjà blessée dans les précédents combats elle ne craint toujours pas de s'exposer au devant des troupes d'assaut et sans compter ceux qui restent valides auprès d'elle. D'Aulon, son écuyer, vient de se faire

---

[42] *(Bourges (24 novembre 1429). On y engage « la ferme du treizième du vin vendu en détail en ladicte ville de Bourges. » T. V, p. 357. Cf. Vallet de Viriville, art. G. de Bastard dans la Biographie Didot.)*

blesser à la jambe. Il s'est éloigné de l'assaut pour se faire soigner, mais de l'emplacement où il se trouve il la voit en danger. Elle est devant les murailles avec seulement quatre ou cinq hommes valides qui lui restent près d'elle. Malgré sa blessure, d'Aulon monte à cheval, arrive au galop, et en criant lui demande ce qu'elle fait là, seule, et pourquoi elle ne se retire pas comme les autres. Elle, ôte son casque, lui répond qu'elle n'est pas seule, qu'elle a en sa compagnie « cinquante mille de ses gens ». Elle dit qu'elle ne partira que quand la ville sera prise. D'Aulon insiste. Elle l'ordonne de faire apporter des fascines (fagôts très serrés) pour franchir le fossé très large, et en même temps elle s'écrie : « *Aux fagots et aux claies, tout le monde, afin de faire le pont !* » En un instant les hommes accourent, le pont de fagots est dressé et la ville est prise d'assaut.

Tout est en proie aux vainqueurs, mais Jeanne fait respecter l'église de Saint-Pierre-le-Moutier où les assiégés avaient mis leurs biens en dépôt.

La Charité sur Loire

L a petite armée de La Pucelle et du sire d'Albret doit se porter ensuite sur la ville de La Charité sur Loire. Depuis qu'il l'a prise il y a sept ans, Perrin Grasset a eu le temps de la renforcer et de bien l'approvisionner. La ville peut soutenir un long siège. L'armée a besoin d'artillerie. Puisqu'aucune réponse favorable ne parvient de la cour, Jeanne s'adresse aux villes.

Les 7 et 9 novembre 1429, Jeanne demande à la ville de Clermont de lui envoyer des vivres. Charles II d'Albret, envoi lui aussi une lettre à Riom le même jour.

Bourges et Orléans rassemblent des troupes ainsi que des pièces d'artillerie.

On a encore en original une lettre signée de Jeanne écrite à Moulins le 09 novembre 1429 destinée aux habitants de Riom. Elle leur annonce:

« *le siège qu'on vient de terminer heureusement et celui qu'on prépare*; elle les prie d'envoyer « *poudres, salpêtre,* soufre, traits, arbalètes fortes et autres habillements de guerre. »

Jeanne d'Arc et Charles d'Albret commencent le siège de La Charité avec ce qu'ils ont, et, dans le même temps, s'adressent aux villes voisines pour recevoir un soutien militaire et logistique.

La ville de Bourges engage ses octrois, afin de rassembler les 1300 écus d'or qu'on lui demande pour entretenir l'armée et la garder devant La Charité.

La ville d'Orléans inscrit dans ses livres de comptes diverses sommes dépensées pour entretenir ou équiper des capitaines, des gens d'armes, des « joueurs de couleuvrines, » envoyés au siège en son nom. Mais ces secours partiels sont insuffisants pour une telle mission, et le roi n'envoie rien. L'armée est dépourvue d'argent et de vivres, l'hiver est très rigoureux. Charles d'Albret et la Pucelle lèvent le siège en fin de novembre 1429.

Jeanne d'Arc reprend la direction de Bourges.

L'historien Perceval de Cagny donne sa version des faits: *« Levée du siége : « Pour ce que le roy ne fist finance de lui envoyer vivres ne argent pour entretenir sa compaignie, luy convint lever son siége et s'en départir à grant desplaisance. » T. IV, p. 31 (Cagny).*

Le héraut Gilles le Bouvier dit Berri raconte: *« Le roi étant à Gien au retour du sacre, et le duc d'Alençon avec lui, celui-ci désirait amener avec lui en Normandie la Pucelle et les hommes d'armes du roi ; mais le sire de La Trémoille ne le voulut pas; il envoya la Pucelle, au plus fort de l'hiver, avec son frère, le sire d'Albret et le maréchal de Boussac et bien peu de gens, devant la ville de La Charité. Ils furent là environ un mois, et ils en partirent honteusement, sans que secours vint à ceux de dedans; ils y perdirent bombardes et artillerie. Dans un assaut il y mourut un baron du pays du Dauphiné, nommé Raymond de Montmor, dont fut dommage. » (Chronique chapitre VI)* Il en rejette toute la responsabilité sur La Trémouille.

Jeanne d'Arc est reçue à Mehun sur Yèvre avec tous les honneurs. Elle est anoblie *« en considération des louables et utiles services qu'elle avait rendus au royaume et lui devait rendre encore. »*. Sa famille est anoblie avec elle. Cette noblesse est transmissible même par les femmes.

Un blason lui est proposé mais elle garde son nom de Jeanne « La Pucelle » et sa bannière. Ses frères qui l'accompagnent dans ses combats prennent le nom de Du Lis.

Jeanne d'Arc suit la cour à Bourges et reste environ trois semaines dans l'inaction, chez une proche de la reine, Mme Marguerite La Touroulde, veuve de René de Bouligny (argentier du roi Charles VI, Armagnac réfugié à Bourges depuis 1418). C'est un témoin de moralité au procès en réhabilitation. Elle la décrit comme une jeune fille pieuse, modeste et simple qui n'a pas été corrompue par les adorations de la foule et qui au contraire s'en moque. Aux femmes qui lui approchent leurs enfants pour qu'elle les touche et les bénisse elle leur répond: « Touchez-les vous-mêmes, leur disait-elle en riant, ils seront tout aussi bons »

A ceux qui lui disent qu'elle n'a rien à craindre d'aller à l'assaut parce qu'elle sait bien qu'elle ne sera pas tuée, (protégée par Dieu), elle répond qu'elle n'en est pas plus assurée que les autres.

Un jour une femme vient la voir à Jargeau. Elle dit se nommer Catherine de La Rochelle, et être inspirée par une dame blanche qui lui avait dit ce qu'il fallait faire pour trouver de l'argent pour financer une armée. Jeanne fit preuve de bon sens en ne donnant aucun crédit à ses déclarations. Interrogée par l'évêque à son procès le samedi 03 mars 1431 voici ce qu'elle répond : Il s'agit du texte authentique des minutes du procès. (Cf tome 2)

Article 56.*(des 70 articles du réquisitoire) "Item, ladite Jeanne s'est vantée plusieurs fois d'avoir deux conseillers qu'elle nomme les conseillers de la fontaine, qui vinrent à elle depuis qu'elle fut prise, ainsi qu'il a été* *trouvé par la confession de Catherine de La Rochelle faite devant l'official de Paris [43] ; cette Catherine a dit que ladite Jeanne sortira de prison avec l'aide du diable, si elle n'était pas bien gardée.*

Je m'en tiens à ce que j'en ai dit." Et quant aux conseillers de la fontaine elle ne sait ce que c'est. Mais croit bien qu'une fois elle y ouït saintes Catherine et Marguerite. Quant à la conclusion de l'article, elle la nie, et affirme, par son serment, qu'elle ne voudrait point que le diable la tirât hors de sa prison.

*Or, le samedi **3 mars**, interrogée si elle ne vit point ou connut Catherine de La Rochelle, répondit que oui, à Jargeau et à Montfaucon-en-Berry. Interrogée si ladite Catherine ne lui montra point une dame vêtue de blanc qu'elle disait lui apparaitre parfois répondit que non. Interrogée, ce même samedi 3 mars, sur ce que cette Catherine lui a dit, répondit que ladite Catherine lui a dit qu'une dame blanche venait à elle, vêtue de drap d'or, qui disait à ladite Catherine qu'elle allât par les bonnes villes, et que son roi lui baillerait hérauts et trompettes, pour faire crier que quiconque aurait or, argent ou trésor caché, l'apportât aussitôt ; et que ceux qui ne le feraient, et qui en auraient de caché, ladite Catherine les connaitrait bien et saurait bien trouver les dits trésors ; et que ce serait pour payer les gens d'armes de ladite Jeanne. A quoi ladite Jeanne répondit à ladite Catherine qu'elle retournât vers son mari faire son ménage et nourrir ses enfants. Et pour en avoir la certitude, elle parla à sainte Catherine ou à sainte Marguerite qui lui dirent que du fait de cette Catherine ce n'était que folie et tout néant. Et sur le fait de cette Catherine ladite Jeanne écrivit à son roi, et qu'elle lui dirait ce qu'il en devait faire ; et quand ladite Jeanne vint en la présence de son roi, elle lui dit que c'était folie et tout néant du fait de ladite Catherine. Toutefois frère Richard voulait qu'on la mît en oeuvre ; et ont été très mal contents de ladite Jeanne les dits frère Richard et Catherine. Interrogée*

---

[43] *Les archives ne possèdent plus ces documents et l'on ignore à quoi d'Estivet faisait allusion.*

si elle ne parla point à Catherine de La Rochelle d'aller à La Charité, répondit que ladite Catherine ne conseillait point à ladite Jeanne qu'elle y allât ; et que le temps était trop froid ; et que ladite Jeanne n'irait point. Item ce 3 mars, ladite Jeanne confessa avoir dit à ladite Catherine, qui voulait aller vers le duc de Bourgogne pour faire la paix, qu'on n'y trouverait point de paix, si ce n'était par le bout de la lance. Item ladite Jeanne confessa avoir demandé à cette Catherine si la dame lui venait toutes les nuits ; et pour ce coucherait avec elle, comme ell y coucha ; et veilla jusqu'à minuit et ne vit rien, et puis quand vint au matin, elle demanda à ladite Catherine si cette dame était venue ; et ladite Catherine répondit que cette dame était venue, et que lors dormait ladite Jeanne, et ne l'avait pu éveiller. Et lors ladite Jeanne demanda à ladite Catherine si la dame ne viendrait pas le lendemain ; ladite Catherine répondit que oui. Pour cette cause, dormit ladite Jeanne le jour, afin qu'elle pût veiller la nuit ; et, la nuit suivante, coucha ladite Jeanne avec ladite Catherine et veilla toute la nuit ; mais ne vit rien, bien que souvent elle demandât à ladite Catherine si elle viendrait ; et ladite Catherine répondait: Oui, bientôt !

Ainsi devant l'official de Paris, cette Catherine de La Rochelle déclare que « Jeanne sortira de prison avec l'aide du diable si elle n'était pas bien gardée » Même s'il ne reste aucune archive de cet interrogatoire de Catherine de La Rochelle sur lequel le juge d'Estivet fait allusion, il nous reste ses questions posées à La Pucelle. D'abord Jeanne dit qu'elle n'aurait jamais voulu l'aide du diable pour se libérer. A propos de cette Catherine, Jeanne dit qu'elle a écrit au roi, qu'elle lui dirait ce qu'il fallait faire. Ensuite en présence du roi, elle lui dit : « que c'était folie et tout néant du fait de ladite Catherine ».

Comment interpréter l'apparition de cette Catherine de La Rochelle dans l'histoire? Il est impossible et ridicule de prétendre mener une enquête sérieuse en l'absence de preuve matérielle et de témoignage. Cependant il n'est pas interdit de se poser quelques questions. Un femme se présente, elle se dit inspirée de la vision d'une dame en drap d'or. Elle lui donne mission d'aller de par les villes, précédée de trompettes, pour appeler les fidèles à lui remettre tout leur argent afin de financer la guerre. C'est une idée qui peut séduire la cour et pourquoi pas le roi. Cette Catherine vient donc au contact de Jeanne d'Arc pour s'appuyer du crédit qu'elle a dans l'opinion publique. Il sera plus facile de convaincre les gens si derrière les trompettes apparaissent Jeanne et son étendard! Cette démarche est elle de l'initiative de cette Catherine, ou est-ce la manoeuvre frauduleuse d'un personnage important en coulisse? Ensuite Catherine lui conseille de faire la paix avec le duc de Bourgogne et de ne pas se rendre à La Charité/Loire parce qu'il y fait trop froid! Pourquoi, alors que dans le même instant beaucoup de régions françaises sont livrées au pillage des anglo-bourguignons, fait elle cette allusion à une trêve qui finalement apparait comme un contrat de dupes.

En effet, les événements le démontrent de plus en plus. La trêve avec le duc de Bourgogne, expire à Noël et pourrait être prorogée jusqu'à Pâques. A l'appui de son désir de faire la paix Charles livre Pont-Sainte-Maixence en garantie à Philippe le Bon. Mais cette trêve n'oblige pas les Anglais qui ravagent les campagnes, avec l'appui à peine déguisé de troupes bourguignonnes.

Toutes les villes qui s'étaient ralliées à Charles VII dans sa chevauchée vers Reims sont menacées. Bien sûr, la ville du sacre elle même n'y échappe pas. Les habitants de Reims très inquiets écrivent à Jeanne d'Arc. Ils ont peur d'être trahis par l'entourage du roi et ils s'en remettent à elle.

La Pucelle leur adresse depuis Sully sur Loire une première lettre, le 16 mars 1430.

Elle se trouve donc chez Georges de La Trémoille, certainement en présence du roi.

« *Sachez, leur disait-elle, que vous n'aurez pas de siège si je les puis rencontrer; et si je ne les rencontre et qu'ils viennent vers vous, fermez vos portes, j'y serai et je leur ferai chausser leurs éperons en telle hâte qu'ils ne sauront par où les prendre. »*

Le 28 mars, elle leur écrit pour les rassurer touchant les dispositions du roi et leur promettre une prompte assistance : « *Si vous prie et requiers, très-chers amis, ajoutait-elle, que vous gardiez bien ladite bonne cité pour le roi, et que vous fassiez bon guet. Vous orrez (aurez), bientôt de mes bonnes nouvelles plus à plein. Autre chose quant à présent ne vous rescris, fors que toute Bretagne est françoise, et doit le duc envoyer au roi trois mille combattants payés pour deux mois. A Dieu vous command (recommande) qui soit garde de vous. Écrit à Sully, le 28e de mars.* »

Jeanne annonce sa prochaine venue à Reims pour apporter son secours.

Cette lettre est datée du 28 mars 1430. Selon l'historien Perceval de Cagny, nous savons qu'elle serait parti de Sully en mars. C'est donc la veille de son départ qu'elle écrit cette lettre. Cagny précise qu'elle aurait pris la route malgré la désapprobation ou sans l'accord du roi.

Pour que les habitants de Reims ne perdent pas confiance, Jeanne leur dit dans son courrier que la Bretagne est française et que le duc de Bretagne va envoyer trois mille combattants.

En effet, depuis trois mois La Hire occupe Louviers dont il s'est emparé en décembre 1429. Depuis cette place il conduit des raids militaires jusqu'aux abords de Rouen, puis de Château-Gaillard, où il délivre Barbazan[44] le 24 février 1430.

---

[44] *Barbazan est un baron gascon, du parti Armagnac, qui défend Bourges en 1412, injustement accusé de l'assassinat de Jean sans peur. Pris par les Anglais à Melun en 1420. Libéré il bât les Anglais à « La Croisette » près de Châlons et il est tué à la bataille de Bugnéville le 02 juillet 1431 qui est une guerre de succession du duché de Lorraine entre René d'Anjou & Barbazan pour le duché de Bar, français et le comte de Vaudémont, bourguignon. René d'Anjou est fait prisonnier mais Sigismont de Luxembourg vient à sa défense. Anjou marie sa fille avec Vaudémont puis à la mort de son frère ayant hérité de la Provence, René d'Anjou il devient le bon roi René.*

« En cette saison Étienne de Vignolles, dit la Hire, partit de Louviers avec une grande compagnie de gens d'armes, qui passèrent la rivière de Seine en des bateaux, et vinrent prendre par escalade Chasteau-Gaillard, qui est à sept lieuës de distance de Roüen, assis sur un roc près de ladite rivière de Seine, là où ils trouvèrent le sire de Barbazen (Guillaume de Barbazan, capitaine de Charles VII) prisonnier du Roy d'Angleterre, lequel avoit été pris dedans la ville de Melun, dont il estoit capitaine. Et fut amené ledit Barbazen devant le Roy (Charles VII), lequel fut fort joyeux de sa délivrance — Gilles Le Bouvier dit « Berry », « Les Chroniques du Roy Charles VII»

(*La ville de Louviers en Normandie avait capitulé le 23 juin 1418 au bout de vingt-six jours. Les canonniers normands, pendus par les Anglais et 120 bourgeois passés au fil de l'épée et les autres n'obtiennent la vie sauve que contre le versement d'une forte rançon de 15 000 écus. Il s'ensuit une occupation de onze ans.*

En 1429, au mois de décembre, La Hire, reprend la ville.

Les Anglais, ne pouvant accepter ce fait, investissent la ville en mai 1431 avec douze mille hommes. Le nouveau siège dure près de six mois. La ville capitule le 22 octobre 1431 après avoir perdu la plus grande partie de ses défenseurs. Après avoir promis des conditions honorables aux survivants, les Anglais rasent la ville. En 1440, la ville est à nouveau libérée et les habitants peuvent la reconstruire. Charles VII y établit un temps son quartier général, d'où partent de nouvelles attaques pour la plupart réussies et qui contribueront à la libération de la Normandie.

Les Anglais tenteront une dernière fois de prendre la ville en 1441. Cette même année, Charles VII, par une charte datée de Lusignan, exempte les Lovériens à perpétuité de la plupart des impôts royaux, notamment la taille, le plus lourd de tous. La ville reçoit, incorporée dans ses armoiries le titre de « Loviers le Franc » et les habitants obtiennent le droit de porter la lettre L couronnée « en broderie, orfèvrerie et ainsi qu'il leur plaira ».)

Arnaud Guilhem Baron de Barbazan, libéré de Château Gaillard le 24 février 1430 va poursuivre la lutte contre les Anglais. Il se porte immédiatement auprès du roi Charles VII, en résidence à Sully-sur-Loire. Il reprend sa place au conseil, est institué gouverneur de la Champagne et le roi lui octroie la somme de 2000 livres. Il s'associe avec son voisin et ami René d'Anjou devenu duc de Lorraine.

Mais dans le Nord, depuis le voyage de Reims, le pays n'est pas sécurisé. La stratégie à suivre serait de protéger les villes ralliées à Charles VII, Dammartin, le duché de Valois, le duché de Reims et défendre le duché de Bar, toutes ces places sont directement menacées par le duc de Bourgogne.

Depuis la rencontre entre les ducs de Bourgogne et de Bedford, en Octobre 1429, les Parisiens ont à se plaindre de la présence des troupes. Les premiers à partir de la ville sont les soldats Picards qui vont dans les duchés bourguignons et Bedford envoi ses troupes de Paris contre la Normandie. Les Parisiens s'en réjouissent: « *Six mille aussi forts larrons, comme il parut bien en toutes les maisons où ils furent logés.*» Mais ils craignent que la place laissée libre de troupes soit occupée par le retour des Armagnacs, notamment les soldats Gascons. Les échevins pour se justifier du mécontentement de la populace disent que ce sont les Anglais qui recherchent le chaos pour discréditer la gestion de la ville par le duc de Bourgogne. Les Parisiens sont informés que le duc fête à Bruges son troisième mariage dans le luxe avec Isabelle de Portugal. Le « Bourgeois de Paris [45]», qui chronique toujours la vie quotidienne, nous indique que dans la même temps les prix des biens de consommation n'arrêtent pas de monter dans la capitale.

---

[45] *Chroniqueur de 1405 à 1449 anonyme anti-français, peut-être membre de la Sorbonne*

Le 10 janvier 1430, à l'occasion de son mariage à Bruges, Philippe le Bon créé l'ordre de chevalerie de la « Toison d'Or » afin de rapprocher la noblesse de tous ses états bourguignons dispersés. Le titre de Grand Maitre ne se transmet que par les hommes ou à défaut d'héritier mâle, à l'époux de l'héritière, ainsi il parvient à Charles Quint. Depuis il existe un ordre autrichien et un ordre espagnol depuis la guerre de succession d'Espagne (1701-1714)

Compiègne

Jeanne quitte Sully sur Loire entre le 28 mars et le 1er avril 1430, nous dit Perceval de Cagny. Elle arrive à Lagny Sur Marne entre le 5 et le 7 avril. Dans une église de Lagny il y a un nouveau né inanimé que l'on vient baptiser, on le croit mort-né. En la présence de Jeanne c'est enfant se ranime. Elle s'en expliquera devant ses juges au procès.

Vers le 15 Avril, dans la semaine de Pâques, elle se trouve à Melun, elle dit qu'elle a entendu ses voix lui dire qu'elle serait prise avant la Saint Jean. Chaque jour elles le lui répètent.

Le 22 ou le 23 avril elle revient à Lagny pour la troisième fois (elle était venue en 1429) et elle s'apprête à repartir quand elle entend dire qu'une troupe de brigands Anglo-bourguignons de la région sont en approche des faubourgs de la ville. Ils sont commandés par un sinistre sire du nom de Franquet d'Arras.

Les chroniqueurs bourguignons, Monstrelet et Chastellain nous disent qu'avant son arrivée à Compiègne le 13 mai, soit vers le 05 mai, elle décide de partir à la rencontre de ces brigands.

Perceval de Cagny, nous raconte: « *Ils revenaient, rapportant leur butin, quand la Pucelle, informée de leur retour, fit monter ses gens à cheval, et vint en force à peu près égale leur disputer le passage. « Elle alla rencontrer lezdits Anglais en grand nombre, plus qu'elle n'en avoit, entre ladite place (Lagny) et , et fit férir ses gens dedans les autres* » Il ne donne pas l'emplacement exact parce qu'il ne le sait pas. Mais d'autres nous renseignent: Jean Chartier situe le combat en île-de-France, donc au nord de la Marne, la Brie commençant au sud de la rivière. De plus, le bénédictin Dom Jean Charles de Chaugy, auteur présumé du Manuscrit de Lagny document authentique aujourd'hui disparu, mais dont il nous reste la copie, désigne le lieu exact des combats : Jeanne « *livra bataille aux Anglais dans la prairie de Vair, et après une action assez vive, elle les obligea de s'éloigner. Ce fut le dernier des heureux exploits militaires de cette héroïne chrétienne* » Et Jean Chartier précise cependant ce qu'on lui a raconté: « *Les Anglais mirent pied à terre, s'établirent derrière une haie; mais les Français les assaillirent à pied et à cheval, et firent si bien que tous leurs ennemis furent tués ou pris.* » Il semble donc que Jeanne d'Arc, ayant eu connaissance de la présence des anglo-bourguignons à proximité de Lagny, vient au devant d'eux pour les combattre ce qui les oblige à s'appuyer sur les haies, seuls obstacles naturels dans ce pays plat et en même temps seuls abris permettant aux archers anglais de mettre à mal la troupe de Jeanne et de Jehan Foucault.

Jean Foucault est le commandant de la garnison de Lagny. Il connait bien les lieux et il conseille la Pucelle. Pour engager la bataille, il est préférable d'emprunter la rive sud de la Marne, de traverser le pont à Gournay et de prendre Franquet d'Arras à revers en le forçant à s'adosser aux haies. Cette prairie proche de Chelles serait donc le lieu le plus probable de cette bataille. C'est le seul endroit avec des haies, ailleurs dans les environs nous avons des champs des vignes et des marais mais pas de bocage.

Pour le déroulement de cette bataille Chastelain et Chartier donnent des versions concordantes. Ils sont Bourguignons et manquent peut être d'objectivité. Les propos sont traduits dans notre français moderne:

« *Je me souviens maintenant comment un peu avant que la Pucelle fut venue au secours de Compiègne un jour, un gentil homme d'armes, nommé Franquet d'Arras, tenant le parti bourguignon, restait allé courir vers Lagny sur Marne, bien accompagné de bonnes gens d'armes et d'archers en nombre de trois cents environ. Je vous raconte ainsi son aventure que cette Pucelle que les ennemis Français faisaient leur idole, le rencontra sur le chemin de son retour, et avait avec elle quatre cents Français bons combattants, lesquels quand tous deux se voient aucun d'eux ne peux ou ne veut fuir la bataille »* « *Là les deux parties croisèrent le fer et combattirent ensemble longuement sans que les français emportassent rien des Bourguignons, qui n'étaient pas si forts comme les autres, mais de grande valeur et de bonne défense, grâce aux archers qui étaient avec eux et avaient mis pied à terre. Quand la Pucelle a vu que rien ne se faisait pvrcequ'il n'avait pas assez de puissance avec eux, elle demanda activement à Lagny toute la garnison. Et elle le fit ainsi de toutes les places aux alentours pour venir aider à se ruer sur cette petite poignée de gens dont ils n'arrive pas à être maîtres. Lesquels venus à la hâte, reprirent la bataille contre Franquet et là sans chercher à se sauver par la fuite, mais espérant toujours échapper et sauver ses gens par vaillance, finalement fut pris et tous ses gens morts pour la plupart et vaincus et lui mené prisonnier. »*

Pour vaincre les anglo-bourguignons retranchés derrière les haies. Jeanne fait donc appel à des renforts des places voisines et ce sont Quennedy Escot, Geoffroy de Saint Aubin et le Capitaine de Bare qui viennent avec couleuvrines et arbalètes. Tous les ennemis furent vaincus et la plus grande partie tués à l'épée. Franquet d'Arras remet son épée à La Pucelle qui la porte à Compiègne. Dans son procès le 27 février 1431 elle répondra que l'épée du bourguignon « *était bien bonne à donner de bonnes bouffes et de bons torchons* »

Jean Chartier continu le récit en disant que le brigand Franquet d'Arras fait l'objet d'un procès qui dure quinze jours au terme duquel il est condamné à mort pour ses crimes. Il n'a pas été échangé contre rançon selon les lois de la guerre de l'époque, Jeanne voulait l'échanger contre un chevalier pris à Paris mais le bailli de Senlis et les habitants des environs tenaient absolument à ce qu'il soit châtié.

La nouvelle du retour de la Pucelle sur le théâtre des opérations fait le tour des places fortes, jusqu'en Angleterre. De chaque côté de la Manche les chroniqueurs se livrent chacun à leur propagande.

Thomas Basin, alors jeune, (il est né en 1412) témoigne que des Anglais affirmaient par serment qu'à son nom seul, ou à la vue de son étendard, ils n'avaient plus le courage de se défendre, ni la force de bander leur arc et de frapper l'ennemi.

Une terreur superstitieuse s'est installée selon certains auteurs. La propagande anglaise réagit au sacre de Charles VII. Plusieurs fois les Anglais font savoir qu'ils vont envoyer leur jeune roi Henri VI à Paris pour se faire sacrer roi de France. L'université, le Parlement et autres notables de Paris proclament leur joie et se disent prêts à le recevoir. « *ce dont le menu peuple n'étoit pas bien content,* » dit le Bourgeois pro-Anglais, « *pour la bûche qui tant étoit chère.* »

En Normandie des plaintes arrivent de toutes parts sur les maux de la guerre. Le désordre règne dans le pays qu'ils occupent. Ces plaintes remontent jusqu'à Londres. Les habitants de Paris, de Rouen, etc., reçoivent une lettre à la date du 10 décembre. Un peu en forme d'excuse on explique que le roi Henri VI était encore trop jeune pour faire le voyage mais qu'immédiatement après son couronnement comme roi d'Angleterre, il viendra « avec une armée si puissante qu'il mettra le bon peuple de France en état de vivre en paix. »

A Paris on y croit: les fonds ont été débloqués, pour la réquisition d'une flotte de vaisseaux, et le paiement et l'alimentation des troupes. Le roi Anglais arrive, il sera officiellement sacré roi de France. Mais du côté anglais, ce sacre ne fait pas l'unanimité, les seigneurs ne sont pas pressés de franchir la Manche. Les provisions sont faites en Angleterre. Le 1er mai des soldats et des capitaines se sont engagés à se mettre au service du roi Henri VI pour l'accompagner en France. Mais ils ne bougent pas, ils ne tiennent pas compte de leur engagement, ni des périls du jeune prince et de son escorte qui venait de passer la Manche le 23 avril 1430.

Henri VI avait, en effet, débarqué à Calais le jour de la Saint-Georges, 23 avril. Un acte du 23 avril, daté de Westminster confère au duc de Glocester le titre de lieutenant du roi pendant son séjour en France (Rymer, t. X, p. 458); et une lettre du même jour, datée de Calais, annonce son arrivée à Paris: « gens de ses comptes à Paris. » (*Stevenson, Letters and papers, etc., t. II, p. 140.*) La nouvelle est reçue à Rouen et célébrée par des feux « comme à la Saint-Jehan » le surlendemain 25, jour de la Saint-Marc (*P. Cochon, Chron. norm., C. LVI*).

Glocester dans un édit du 03 mai, menace les vicomtes et barons anglais réfractaires à Londres de dégradation ou emprisonnement s'il n'envoient pas les troupes à Douvres.

La Pucelle n'est pas désignée dans le décret, mais elle est citée dans une proclamation : « *Proclamation contre les capitaines et les soldats retardataires terrifiés par les enchantements de la Pucelle.* »

La Chronique Normande de P. Cochon, dit que Henri VI entre à Rouen le 29 juillet 1429.

En raison de la présence de son roi en France, Bedford n'est plus appelé « Régent » pour le royaume de France mais il garde les seigneuries d'Alençon, d'Anjou et du Maine. (Proceedings, t. IV, p. 35, 16 avril 1430).

En novembre 1429, les États de Normandie avaient voté 140000 livres tournois, pour le payement des gens de garnison, et pour aider à faire le siège des villes de Torcy, d'Aumale et de Conches, et pour démolir certaines places qui seraient prises. (*Ch. de Beaurepaire, États de Normandie sous la domination anglaise.*)

En prévision du sacre de leur roi à Paris, les Anglais mettent donc tous ce qui est en leur pouvoir pour reprendre le contrôle sur les villes qui se sont ralliées à Charles

VII.[46] Il faut pour cela un effort militaire important, et surtout un effort de propagande non négligeable contre l'esprit national français en gestation et contre l'image sacralisée de la Pucelle.

« *Le nom de la Pucelle estoit si grant jà et si fameux, que chacun la resongnoit comme une chose dont on ne savoit comment jugier, ne en bien, ne en mal ; mes tant avoit fait jà de besongnes et menées à chief, que ses ennemis la doubtoient, et l'aouroient ceulx de son party, principalement pour le siége d'Orliens, là où elle ouvra merveilles ; pareillement pour le voyage de Rains, là où elle mena le roy coronner, et ailleurs en aultres grans affaires, dont elle présidoit les aventures et les événements.* » T. IV, p. 442 (Chastelain) ; cf. p. 32 (Cagny)

Jeanne quitte Lagny le 05 mai. Elle va à Senlis du 05 au 07 mai puis Compiègne du 13 au 15 mai, reviens le 16 à Senlis, puis repart à Soissons et Crépy en Valois et revient à Compiègne le 23 mai.

Dans le nord, la situation de la ville de Compiègne est très stratégique pour le duc de Bourgogne comme pour le roi de France.

Pour le duc c'est la clef du passage entre ses provinces de Bourgogne et Paris, pour le roi c'est le même enjeu entre ses provinces du Sud et de l'Est récemment ralliées et la capitale. Le 28 août 1429, Charles VII est sur le point de céder la ville en gage de la trêve et de négociations de paix avec le bourguignon. Finalement Charles VII se ravise et lui livre Pont-Saint-Maixence. Le duc essaie d'obtenir Compiègne par la corruption. Une lettre du 20 octobre 1429 du comte de Clermont à Philippe le Bon dans laquelle il lui promet de la lui livrer en échange de faveurs, et *Tentative de corruption du duc de Bourgogne auprès de Flavy* : Il lui avait offert, au dire de l'archevêque de Reims, écrivant aux habitants de cette ville, un grand mariage et plusieurs milliers d'écus d'or mais Flavy avait refusé.

---

[46] *Henri VI ne sera sacré roi de France et d'Angleterre dans la cathédrale de Paris, qu'un an plus tard, le 16 décembre 1431.*

La trêve expire le 17 avril 1430, Philippe le Bon entre en campagne ouverte contre la France. Il réunit ses troupes à Péronne. Il prend Montdidier, Gournai-sur-Aronde qui ne reçoit pas de renforts français, et assiège Choisy/Aisne dont la garde a été confiée à Louis de Flavy par Guillaume(raconte Monstrelet).

« *Le samedy trézième may arriva à Compiègne Jeanne la Pucelle pour secourir ceux qui estoient assiégés à Choisy, à laquele on présenta trois pintes de vin, présent qui estoit grand et de prix en ce temps, et qui fait voir l'estime que l'on faisoit de la valeur de cette vierge.* »

Le 13 mai 1430, la Pucelle arrive donc à Compiègne. Son arrivée tant sollicitée remonte le moral des habitants de la ville. Reçue avec honneur, elle est logée chez Marie Le Boucher, la femme du procureur du roi. Le chancelier Regnault de Chartres, le comte de Vendôme, lieutenant du roi pour la région sont là.

Il est décidé de se rendre au secours de la ville de Choisy assiégée. Les Anglais et les Bourguignons tiennent des points de passages stratégiques qu'il faut d'abord prendre. Les Anglais commandés par Montgommery occupent Pont L'évèque et le duc de Bourgogne tient Noyon pour garder le passage de l'Oise.

La Pucelle, Jacques de Chabanne, Poton de Xaintrailles, Valperga et plusieurs autres capitaines, attaquent Pont-l'Évêque, et ils sont sur le point de remporter la ville quand les Anglais reçoivent le renfort des Bourguignons venus de Noyon.

Pour attaquer les Bourguignons à revers, les Français passent l'Aisne à Soissons. Mais devant la ville l'armée est stoppée par le capitaine de la place que l'on croit allié puisqu'il est lié au comte de Clermont. Il ne laisse entrer qu'une petite escorte du chancelier du comte de Vendôme et de la Pucelle et ferme les portes à l'armée française qui ne peut pas donc se porter sur Choisy pour la secourir. Après cette trahison, les Anglais reçoivent le renfort des troupes du capitaine de Soissons et finissent par entrer dans Choisy, tuent les habitants et rasent la ville.

A partir de la chute de Choisy le siège de la ville de Compiègne est inévitable. Pour éviter le rassemblement des troupes anglaises et bourguignonnes, les Français et la Pucelle multiplient les escarmouches à partir de Compiègne.

Le 23 mai 1430, au cours de l'une de ses sorties, alors qu'elle se trouve à Crespy elle apprend que le duc de Bourgogne et le comte d'Arundel se sont installés devant la ville de Compiègne.

Aussitôt elle prend une décision. Il faut entrer dans Compiègne pour les renforcer. La mission est décidée de nuit bien sûr. A minuit elle réuni trois à quatre cents combattants. On lui dit qu'ils sont peu nombreux pour traverser les lignes ennemies mais elle répond:

« Nous sommes assez, dit-elle. J'irai voir mes bons amis de Compiègne. »

Le 24 mai 1430 à l'aube les troupes de Jeanne entrent dans la ville par surprise.

La ville de Compiègne a des défenses naturelles, il n'est pas facile pour les ennemis de l'investir entièrement. Placée sur un promontoire de la rive gauche de l'Oise, elle domine la vallée et contrôle le pont qui franchit la rivière et la vaste prairie au pied de la colline.

Les Bourguignons ne tiennent que la rive de l'Oise en face de la ville. Le duc est à Coudun sur l'Aronde à quatre kilomètres au Nord, son allié Jean de Luxembourg est à Clairoix au confluent de l'Aronde et de l'Oise au Nord-Est, et à proximité de la ville se trouve Baudon de Noyelle à Margny.

Les Anglais sont à l'Ouest du côté de Venette avec Montgommery.

A peine arrivée, la Pucelle veut chasser l'ennemi de ses positions.

Le plan est de déloger brusquement les Bourguignons de Margny, les poursuivre et les attaquer à Clairoix, pour se porter ensuite à Venette contre les Anglais.

Ce plan est audacieux mais risqué: en poussant les Bourguignons vaincus sur leur principal corps de bataille, elle tourne le dos aux Anglais qui peuvent attaquer l'arrière garde. Mais elle pense que le corps de Baudon de Noyelle à Margny, une fois dispersé, jetterait plus de confusion à Clairoix sur les troupes de Jean de Luxembourg. Il faut donc compter sur la protection des archers de Flavy et surtout sur la sortie de la garnison de Compiègne pour attaquer les Anglais s'ils viennent de Venette pour attaquer l'arrière garde.

Le plan de Jeanne d'Arc s'exécute d'abord sans accroc.

Le 24 mai, vers cinq heures du soir, elle sort avec cinq ou six cents hommes à pied et à cheval.

Flavy reste dans Compiègne pour garder la ville ; il a fait réunir sur l'Oise quelques bateaux couverts, garnis d'archers et d'arbalétriers, pour protéger au besoin la retraite des assaillants.

Jean de Luxembourg, qui commande à Clairoix, se trouve alors à Margny, de là il observe Compiègne. Le plan français fonctionne: Jean de Luxembourg est surpris avec les autres, et repoussé vivement sur Clairoix; mais la confusion escomptée n'arrive pas puisque ceux de Clairoix se portent à leur secours dans la prairie. La lutte est intense et la prairie est trop loin de la ville pour que Flavy envoie des renforts à cet instant. Par contre les Anglais sont plus proches et viennent au secours des Bourguignons. Les archers de Guillaume de Flavy interviennent sur les troupes anglaises. Ils brisent leur élan, mais en contre-coup les troupes de la Pucelle en lutte à cet endroit, craignent de se faire encercler, d'avoir la route vers la ville coupée et ils se mettent à couvert sous le pont. Voyant se repli des Français, les Anglais se portent à l'avant, pour se protéger des archers. Par se mouvement de fuite, il se retrouvent en face de l'infanterie française, mais protégés par elle des archers français qui se trouvent derrière elle. Les archers français cessent leur tirs car ils ne peuvent pas atteindre les Anglais sans atteindre les Français. C'est à ce moment là que les Bourguignons reviennent sur les ailes contre les Français.

Les capitaines voient qu'ils vont se faire encercler. Ils demandent à Jeanne de se replier très vite sur la ville car l'accès est toujours ouvert.

Elle résistait : « *Taisez-vous, leur disait-elle; il ne tiendra qu'à vous qu'ils ne soient déconfits. Ne pensez que de férir sur eux.* »

Elle se rend à l'évidence qu'il faut faire une retraite vers la ville, elle y consent mais elle se positionne à l'arrière des troupes pour protéger leur retraite.

Mais la troupe voit le mouvement engagé. La confusion gagne les rangs. Certains montent dans les bateaux où les archers se tiennent et les empêchent ainsi de tirer sur les Anglais. Pour le reste c'est la bousculade pour rejoindre le pont, seul accès vers la porte de la ville.

Dans la foule de gens d'armes qui refluent se trouvent des ennemis. Craignant pour la sécurité de la ville Guillaume de Flavy fait baisser la herse. Jeanne d'Arc et quelques uns de ses capitaines sont parmi les gens restés dehors. Ils sont encerclés sans secours.

Cinq ou six hommes d'armes se jettent en même temps sur la Pucelle en criant: « *Rendez-vous à moi et me baillez la foi.*

— J'ai juré et baillé ma foi à un autre qu'à vous, dit-elle, et je lui en tiendrai mon serment. »

En dépit de sa résistance les Bourguignons la saisissent par le tabac rouge très voyant qu'elle porte en surcot sur son armure . Ils la font tomber de cheval et se trouve prisonnière d'un archer de la troupe du bâtard de Wandonne, un vassal de jean de Luxembourg.

Pierre d'Arc (ou du Lys), le frère de Jeanne, jean d'Aulon son écuyer et Poton de Xaintrailles sont faits prisonniers également.

Pierre du Lys, le frère de Jeanne, paiera sa rançon au prix de ses biens et de ceux de sa femme. Le roi et le duc d'Orléans l'en indemniseront par la suite.

Guillaume de Flavy sera mis en cause dans la capture de Jeanne d'Arc en 1455, mais les historiens Jules Quicherat en 1850 et Pierre Champion en 1906 refusent la thèse de la trahison.

Cependant une question se pose. Voyant le reflux des troupes de la Pucelle vers la ville pourquoi Flavy n'a t il pas ordonné une sortie de sa garnison pour lui prêter secours? On ne sait pas s'il lui reste encore beaucoup de troupes en réserve dans la ville. Par contre, on sait qu'elle a été prise au niveau de la barbacane, à quelques mètres des portes. Flavy a-t-il demandé la fermeture de la herse dans la panique de perdre ses revenus de lieutenant de la garnison en cas de chute de la ville? Autre hypothèse, a-t-il cédé à la corruption du duc de Bourgogne car l'on sait qu'il revendique Compiègne dans sa panière depuis la trêve avec Charles VII.

Une chose est certaine, la polémique est toujours en cours car Flavy est un personnage sulfureux. Il est né en 1398, c'est le demi-frère de Regnault de Chartres, chancelier de Charles VII. Il vient d'être confirmé dans ses fonctions de lieutenant de la garnison de Compiègne dont La Trémouille est le capitaine. Flavy a-t-il joué secrètement la perte de Jeanne d'Arc pour les intérêts de ces deux seigneurs rivaux de la Pucelle au conseil du roi?

Les années suivantes jettent un lourd discrédit sur Guillaume de Flavy. Il n'est pas uniquement soupçonné d'avoir trahi les troupes françaises. En 1439 sa cupidité le conduit au crime. Après son mariage avec Blanche d'Aurebruche, Flavy fait enfermer et assassiner ses beaux-parents pour s'accaparer leurs biens et capter l'héritage de son épouse. En 1449 il est assassiné au château de Nesle par Pierre Louvain, l'amant de sa femme. Pierre Louvain est vicomte de Barzy, garde du corps de la maison du roi.

La famille de Flavy divisée dans la guerre Armagnacs-Bourguignons, se réconcilie et engage une action en justice au parlement de Paris. Les amants assassins multiplient les trafics d'influence et finissent par obtenir dessaisissement du parlement au profit du conseil du roi. La très mauvaise réputation de la victime et la proximité de Louvain dans l'entourage du roi ont dû jouer car le roi signe des lettres de rémissions. Blanche d'Aurebruche et Pierre Louvain sont libérés. Ce dernier est fait chevalier en 1451 pour sa bonne conduite dans les campagnes de Normandie et Guyenne. En 1464, Louvain sera assassiné par Raoul de Flavy qui venge son frère (le décès de Charles VII a du aider à exercer sa vengeance), condamné à mort sa peine est commuée en bannissement après paiement réparations à la famille. Quant à Blanche, veuve de Flavy, puis veuve de Louvin, elle se remarie avec un certain Pierre Puy et poursuivra avec lui, ou plutôt contre lui, une vie très tumultueuse.

Il n'y a donc pas de preuves de la responsabilité de Flavy dans la prise de Jeanne d'Arc.

Que La Pucelle ait été victime d'une trahison, de la lâcheté, ou de l'incompétence du gouverneur d'une ville qu'elle est venu défendre; ou que sa chute soit le résultat d'un concours de circonstances, ou d'un excès de confiance, aujourd'hui la question n'est pas tranchée. Les témoins de l'époque nous ont laissé peu de commentaires objectifs.

Certains auteurs peuvent prétendre que Jeanne avait prédit sa défaite puisqu'elle avait prédit la libération d'Orléans et le sacre du roi. Elle répond elle même à cette question dans son procès.

Sa captivité et le procès qui l'a condamnée, laissent dans l'histoire la parole de Jeanne d'Arc, même si la procédure inquisitoriale du droit canon ne retranscrit pas directement les paroles de l'accusée.

L'histoire militaire de la Pucelle ne s'arrête donc pas avec son arrestation. Elle est dans un premier temps enfermée au château de Beaulieu en Vermandois d'où elle tente de s'échapper. Transférée au château de Beaurevoir elle tente une seconde fois de s'échapper. Pendant ces semaines où elle est incarcérée des tractations ont lieu. Pour faire pression sur les Bourguignons le cardinal de Winchester, co-régent d'Angleterre ordonne le blocus des ports flamands et finalement achète la Pucelle pour 10 000 livres tournois, une somme considérable pour l'époque. Ainsi la volonté du cardinal de Winschester et du duc de Bedford sera faite, Jeanne d'Arc pourra être condamnée, dans un procès politique pour sorcellerie et hérésie afin de mettre fin à sa légendaire popularité en France et ruiner la légitimité de Charles VII qui ne peut pas être sacré roi par l'intervention du diable.

Cette mission est confiée à l'évêque de Beauvais, fidèle anglophile. Le procès sera un semi-échec car il ne parviendra pas à compromettre Charles VII par l'intermédiaire de la Pucelle. Les Anglais devront se contenter d'une exécution justifiée par la relaps, causée par le port des vêtements d'hommes alors qu'elle avait juré d'y renoncer. Cette exécution est doublée du déshonneur de ses bourreaux car il est certain aujourd'hui que sur ordres les geôliers ont exercé des violences sur leur prisonnière enchaînée et l'ont obligée à changer ses vêtements.

Du côté français, le conseil du roi et le roi lui même pensent que finalement c'est Jeanne elle même qui courrait à sa perte, en allant guerroyer, sans l'accord du roi, malgré la trêve et les négociations de paix envisagées.

L'archevêque de Reims et chancelier, Régnault de Châtres aurait déclaré *« Elle ne vouloit croire conseil.. ains faisoit tout à son plaisir »*

Le roi ne répond pas aux Bourguignons qui veulent lui vendre Jeanne.

Jeanne est donc victime de la raison d'Etat.

Le 25 Octobre 1430 Poton de Xaintrailles et La Hire attaquent Jean de Luxembourg qui est obligé de lever le siège de la ville de Compiègne.

Le duc de Bourgogne est préoccupé par les actions des Anglais dans le Brabant, il commence à réfléchir à renverser son alliance. Le 06 décembre 1431, il signe une trêve de six mois avec Charles VII. Après de longues négociations, la paix entre le duc et le roi est signée avec le traité de paix d'Arras le 21 septembre 1435.

Dès lors, engagé sur un seul front, aidé d'une puissante artillerie, Charles VII peut engager les campagnes de Normandie et de Guyenne, seulement à partir de 1449. …

La reconquête de Rouen permettra au greffier Guillaume Manchon de mettre à disposition des Français les archives du procès, point de départ de la réhabilitation de la Pucelle si injustement condamnée.

Les cendres de Jeanne d'Arc ont été dispersées dans les flots de la Seine à Rouen, mais elle est tout de même symboliquement la première femme à entrer au Panthéon.

Fresque de Jules Lenepveu au Panthéon.

EPILOGUE

Nous avons fait ensemble la lecture des pages d'histoire écrites par Jeanne d'Arc.

Etudier en histoire c'est scruter le passé, les évènements vécus par ceux qui nous ont précédé et comprendre comment il ont marqué les générations suivantes.

Il y a deux moyens d'être témoin de l'histoire.

On regarde en spectateur défiler les wagons d'un train dont chaque fenêtre est l'ouverture sur une période, un fait, un personnage.

On considère que l'on est soit-même dans le train, passif ou actif; que l'on fait partie de l'histoire. Le train est lancé à vive allure, il y a ceux qui pensent que personne ne sait où l'on va, ni qui conduit, et il y en a ceux qui ne veulent pas laisser la conduite à d'autres et essaient de prendre les commandes.

Au XV siècle, une infime minorité sait lire et écrire et l'imprimerie n'est pas inventée. Peu de personnes témoignent les évènements de leur temps dans un journal ou une chronique, et elles ne le font seulement pour le compte de leurs maitres, un seigneur ou les bourgeois d'une ville. L'histoire de Jeanne d'Arc a ceci d'original: il ne s'agit pas de glorifier les exploits d'un seigneur puissant, mais de raconter plus ou moins objectivement les aventures d'une jeune paysanne qui s'inscrit dans une histoire globale.

Au risque de faire un anachronisme que l'on me pardonnera, Jeanne d'Arc c'est la jeune bergère qui a pris le train de l'histoire en marche et qui a voulu prendre les commandes.

Evoquer sa mémoire c'est réveiller les expériences humaines traversées par elle même et ses contemporains.

Les sources de la documentation sont très abondantes, il s'agit d'un flot très puissant; immédiatement les contemporains de Jeanne d'Arc qui ne vivent pas un long fleuve tranquille, comprennent l'importance des événements dont ils sont les témoins. L'époque est particulièrement troublée. Clercs et autres érudits cherchent des réponses à leurs interrogations, « le journal du bourgeois de

Paris » oeuvre anonyme écrite de 1405 à 1449 est un exemple. Il apporte quantité de renseignements sur la vie quotidienne à l'époque : prix des aliments et du vin, événements météorologiques, dégâts causés aux récoltes par les soldats, guerre civile, le procès de Jeanne d'Arc…

Nous mêmes parfois vivons des événements dont nous avons conscience qu'ils seront historiques. Plus souvent que l'histoire, le souvenir est immortalisé par nos moyens modernes, écrits, sons, vidéos que chacun peut diffuser en instantané et partager partout sur la planète.

Avant d'enregistrer et de comprendre les phénomènes qui interpellent notre société contemporaine des années 2020: déstructuration du tissu social, crise sanitaire, crise judiciaire, crise de l'enseignement, crise de l'autorité, crise démocratique, insécurité, disparition des élites, déchristianisation, tout révèle que nous sommes dans un train d'enfer sans pilote et que chaque aiguillage est une prise de risque mondial.

Regardons maintenant dans la fenêtre marquée « années 1420 » et découvrons les terribles évènements qui ont marqué la France de cette époque et comment elle s'en est relevée.

Le présent nous inquiète, l'avenir nous angoisse mais le passé nous rassure.

Les années 1420, la France n'arrive pas à se sortir des souffrances de la guerre. L'abattement et la résignation de la population sont extrêmes. Les campagnes sont livrées aux pillages et aux meurtres, parler d'insécurité est un euphémisme. La violence est omniprésente. La vie quotidienne des gens du peuple c'est être la proie de brigands, écorcheurs, mercenaires sans solde, paysans chassés de la destruction de leurs villages, jeunes nobles ruinés par les batailles perdues et les rançons de leurs parents otages en Angleterre. Les bandes armées et les chevauchées des brigands anglais ou bourguignons laissent les campagnes à feu et à sang.

Le petit âge glaciaire cause la famine et les épidémies qui font des ravages. La crise sanitaire et la guerre jettent les gens sur les routes. Les urbains s'en méfient et ne leur accordent pas toujours le refuge sauf s'ils apportent leur main d'œuvre aux fortifications en construction un peu partout.

Traumatisés par toutes ces catastrophes les habitants n'ayant aucun secours de l'Eglise, sont portés à des excès par des prédicateurs, des cérémonies sataniques. Les procès en sorcellerie se multiplient dans toutes les régions. La peur est source de superstitions, de montée de l'irrationnel. La peur contamine même le monde des arts et de la culture. Le rire et les plaisirs sont subversifs, on interdit les carnavals, les troupes joyeuses de saltimbanques. Le rire est le ricanement du diable. La danse macabre est une iconographie courante. Christine de Pisan dans « Les lamentations sur les guerres civiles »[47] témoigne du désespoir qui affecte toute la société. Les paysans sont privés de la protection de leurs seigneurs morts au combat ou otages des ennemis. Il n'y a plus aucune force pour assurer « la sûreté des campagnes et des voies de communications ». Les aristocrates eux mêmes s'entretuent dans des assassinats politiques en France comme en Angleterre.

Depuis plusieurs générations personne n'a connu de période de paix et de sécurité en Europe. Quand les nouvelles dramatiques du siège d'Orléans se répandent la résignation est à son comble. Le royaume de France n'est plus qu'un fruit que le duc de Bedford pense ramasser facilement.

Dans tout ce contexte on comprend mieux pourquoi dans une province reculée du centre du pouvoir du « gentil Dauphin », une jeune paysanne, témoin des horreurs de la guerre, soit touchée par une révélation. Nous l'avons vu, elle reçoit le soutien de la population de Vaucouleurs car son discours fait du bien. Il remonte le moral de la population, donne l'espoir de la délivrance et donne confiance

---

[47] *Les Lamentacions sur les maux de la France sont adressées au duc de Berry. Christine y exprime son désespoir face à la guerre civile qui fait rage, en 1410. Elle constate les dégâts provoqués par cette guerre intestine et demande d'intercession du duc pour qu'il fasse signer la paix: https://gallica.bnf.fr/ark:/12148/btv1b8451465g/f33.item*

aux soldats. Le peuple prend il conscience que le salut ne peut venir que de l'un d'eux, adoubé par le Seigneur? C'est ainsi qu'elle entre triomphalement dans Orléans encore assiégée avant même d'avoir fait les preuves du signe du ciel tant attendu. A Poitiers en effet, les conseils du roi pensent que l'on a rien à perdre en confiant une mission à la Pucelle et que finalement on verra bien si le ciel nous envoie un signe que la guerre est juste et que Dieu est de notre côté.

Dans certaines villes, elle est reçue par des chansons écrites pour elle, « *on se jetait aux pieds de son cheval, on baisait ses mains et ses pieds, on portait des médailles à son effigie, qu'on plaçait son image dans les églises, et qu'on la mentionnait dans les prières de la messe. Jeanne ne demandait pas mieux que de savoir qu'on priât pour elle; mais son bon sens la mettait en garde contre l'enivrement de ces honneurs ; et quand les docteurs du doit lui reprochaient d'accepter les honneurs, qu'elle entraînerait les peuples à l'idolâtrie, elle répondait avec simplicité : « En vérité, je ne m'en saurais garder, si Dieu ne m'en gardait lui-même.»*

Pendant son procès, ses juges utiliseront ces hommages populaires pour sa perte. (Cf Tome 2)

L'ennemi bénéficie de la réputation de ses troupes, inférieures en nombre mais invulnérables en rase campagne sous la protection des archers. L'épopée de Jeanne d'Arc apporte aux Français l'enthousiasme, la mobilité et la victoire.

Jeanne d'Arc montre que son inspiration peut être déterminante: le choix de son étendard tout d'abord, message visuel universel de la mission sacrée; et puis sa détermination, sa confiance aveugle en sa foi, ses voix… Le tout emporte l'adhésion populaire et entraine des gens d'armes pas toujours dévots. Ses choix tactiques: choix de l'itinéraire de la route d'Orléans, choix d'agir vite pour éviter la réorganisation de l'ennemi, souvent contestés sont finalement payants.

Jeanne dit puiser sa force dans celui qui lui envoie ses voix. Elle transmet cette force par son étendard. Elle pense que l'armée sera d'autant plus forte, que ses capitaines et ses soldats partageront eux aussi cette foi autour de l'étendard sur lequel sont dessinés Dieu et les Anges. Il y est écrit « Jeshus Maria » d'un côté et « de par le roi du Ciel » de l'autre côté. Aux oreilles de la Pucelle comme à celles de Dieu sur son étendard il ne peut pas être question d'entendre des jurons, des blasphèmes. Avant leur départ les troupes doivent donc se confesser, le capitaine La Hire en premier, et entendre une première messe.

Pas question non plus de voir des filles, suivantes habituelles des soldats. Jeanne ne supporte pas la présence de ces femmes qui se mêlent aux armées. Plusieurs fois, elle ordonne leur renvois. Elle ne le tolère pas davantage d'un chevalier à moins qu'il ne soit marié avec celle qui le suit. La légende raconte qu'un jour elle poursuivit une fille, l'épée levée. Une autre fois: elle brise son épée sur le dos d'une autre.

Jeanne conduit une croisade. Mais elle diffère des croisades habituelles. Il ne s'agit pas d'un combat contre la foi des Sarrasins, contre l'hérésie des Cathares ou l' hérésie de Jean Huss en Bohème. Il s'agit cette fois d'un combat au nom de la parole de Dieu, de chrétiens en lutte contre d'autres chrétiens. Le soldat a donc des devoirs de chrétien. Pas question de se livrer aux habituels pillages et aux meurtres. Elle propose la soumission et la paix avant chaque confrontation. Pendant son procès Jeanne dit que c'est pour ne tuer personne qu'elle porte à la main son étendard dans les batailles. Elle condamne la violence sans nécessité.

C'est contre les lois de la guerre mais sous la pression du bailli et de la population de Senlis qu'elle livre le brigand Franquet d'Arras qui est jugé et exécuté sauvagement, selon les usages.

Quant aux blessés, elle a les mêmes soins pour tous, Anglais ou Français.
Un jour, un Français frappe à la tête et blesse grièvement un des Anglais prisonniers qu'il a sous sa garde. Jeanne descend de cheval, et lui donne les secours de la religion tout en lui prodiguant les siens. Elle ne répond du soutien

du roi du Ciel et de la victoire qu'à la condition qu'on se conduise en bon chrétien. Que l'on ne vole rien à personne même du droit de la guerre, et qu'on ne fasse aucune violence aux pauvres gens. Pour sa part, même quand on manque de vivres, elle refuse de prendre pour sa part, des vivres qui soient le produit d'un pillage.

Le duc d'Alençon lui témoigne des qualités militaires: « *En toutes choses, dit-il, hors du fait de la guerre, elle était simple et comme une jeune fille; mais au fait de la guerre, elle était fort habile soit à porter la lance, soit à rassembler une armée, à ordonner les batailles ou à disposer l'artillerie. Et tous s'étonnaient de lui voir déployer dans la guerre l'habileté et la prévoyance d'un capitaine exercé par une pratique de vingt ou trente ans. Mais on l'admirait surtout dans l'emploi de l'artillerie, où elle avait une habileté consommée* ».

La Pucelle est d'une nature pleine de vivacité et d'entrain, comme un chef au milieu de ses soldats. Mais à l'observer sur son cheval, l'étendard brandi fièrement au soleil, le port altier de sa tête, la parole sûre, le soldat devine le rayonnement de la force qui l'anime.

Perceval de Boulainvilliers dans une lettre écrite au duc de Milan, le 21 juin 1429, trois jours après la bataille de Patay: « Cette Pucelle », ajoutait-il, plaçant auprès de ces fictions un portrait fait au naturel, « *est d'une rare élégance, avec une attitude virile. Elle parle peu et montre une merveilleuse prudence dans ses paroles. Elle a une voix douce comme une femme, mange peu, boit peu de vin ; elle se plaît à cheval sous une armure brillante. Elle aime autant la société des gens de guerre et des nobles, qu'elle aime peu les visites et les conversations du grand nombre ; elle a une abondance de larmes, et le visage serein ; infatigable à la peine, et si forte à porter les armes, que pendant six jours elle demeure complètement armée jour et nuit.* »

Beaucoup de lettres mêlent le merveilleux au fantastique pour glorifier les succès rapides et inattendus de la France, fille aînée de l'Eglise, sauvée par une Pucelle envoyée de Dieu, nul doute n'est possible la guerre de

Charles est juste, sinon comment expliquer les évènements.

Les voyageurs étrangers témoignent auprès de leurs princes qu'il semble que rien ne peut lui résister. Le secrétaire de la ville de Metz, écrit le 16 juillet, « *tout ce que le dauphin et la pucelle entreprennent leur réussit en tout sans aucune résistance* ». A ce moment là, personne ne tient vraiment à aller combattre la Pucelle et les troupes du roi, au contraire beaucoup montrent leur envie d'aller les rejoindre.

Le duc de Bourgogne, dont le renfort est sollicité par Bedford, est réduit à l'inaction, les Flamands et les Picards refusent de combattre hors de chez eux pour une cause qui n'est pas la leur.

Charles doit convaincre les villes traversées à se rallier à lui. Les bourgeois hésitent craignant les représailles de l'un ou l'autre camp. A Troyes, Jeanne joue un rôle déterminant en préparant l'assaut. Les Troyens comprennent la détermination française et décident de « jeter l'éponge. » Ainsi de nombreuses villes sont prises sans qu'aucune goutte de sang ne soit versée car le roi promet le pardon aux villes ralliées aux ennemis.

La vie de Jeanne d'Arc constitue son « épopée » : ces événements qui fourmillent d'anecdotes où les contemporains voient régulièrement des petits miracles, prouvés par leurs références explicites dans les procès, ont grandement contribué à forger la légende et l'histoire officielle de Jeanne d'Arc. La découverte de l'épée dite de « Charles Martel » sous l'autel de Sainte-Catherine-de-Fierbois en mars 1429, en est un exemple.

Le mythe de la chef de guerre commandant les armées de Charles VII est un autre exemple. C'est le duc de Bedford, régent du royaume de France pour les Anglais, qui lui attribue le rôle de chef de guerre de l'ost du roi envoyé par le diable, pour minimiser la portée de la délivrance d'Orléans et des défaites ultérieures.

Les conseillers du roi se méfient de l'inexpérience militaire de la Pucelle, il la tiennent à l'écart des décisions militaires essentielles, tandis que le commandement est successivement confié à Dunois, au duc d'Alençon, à Charles d'Albret ou au maréchal de Boussac.

Les historiens contemporains la considèrent soit comme un simple porte-étendard qui encourage les combattants et les populations, soit comme un chef de guerre démontrant de réelles compétences tactiques.

Beaucoup de chevaliers des pays allemands ont l'intention de partir pour la France pour « aller trouver le dauphin à Reims ». Robert de Sarrebruck, seigneur de Commercy, le duc de Bar, René d'Anjou, héritier désigné de la Lorraine, qui avait fait hommage à Henri VI, viennent maintenant rejoindre Charles VII, la veille du sacre.

Conséquences des assassinats politiques, la guerre civile entre Armagnacs et Bourguignons profite aux Anglais. Mariages forcés et déshéritement du dauphin de la famille des Valois scellent la politique des partisans de la reformation de l'empire Plantagenet, monarchie régnant des deux côtés de la Manche.

La mission de Jeanne d'Arc inverse la tendance. Le « petit roi de Bourges » qui s'était fait sacrer roi dans sa cathédrale le 30 octobre 1422, reçoit à Chinon le message: *« Gentil Dauphin, j'ai nom Jeanne la Pucelle, et vous mande le roi des cieux par moi que vous serez sacré et couronné dans la ville de Reims et vous serez lieutenant du roi des cieux qui est roi de France ».*

Jeanne d'Arc signifie donc au roi que son sacre à Bourges est sans valeur. Son autorité, sa légitimité ont besoin de s'affirmer.

Le rite du couronnement de Clovis, roi des Francs, converti au christianisme est repris par tous ses successeurs pour matérialiser ce lien sacré avec Dieu. Charles doit donc se faire oindre avec l'huile sacrée de la Sainte Ampoule de l'Eglise St Rémi dans la cathédrale de Reims. Les rois de France reçoivent leur légitimité directement de Dieu, sans l'intermédiaire de l'Église. La monarchie française est de droit divin. Son pouvoir n'est pas limité par une autorité morale ni par un contrat social avec le peuple. Grace à Jeanne d'Arc, le Sacre reprend une dimension divine. Après la victoire au siège d'Orléans, le projet d'aller reconquérir la Normandie est proposé par Jean d'Alençon. Jeanne s'y oppose: « *Ce n'est pas en Normandie qu'il faut aller, c'est à Reims pour faire sacrer le roi Aussitôt que Charles VII sera couronné et sacré, la puissance de ses adversaires ira toujours en diminuant, et, finalement, ils ne pourront plus nuire ni à notre prince ni à son royaume.*» Jeanne rappelle que la cérémonie du Sacre n'est pas un rite folklorique. Le Sacre est la protection du Royaume de France par le Ciel.

Le traité de Troyes de 1420 brise l'alliance sacrée entre le trône des lys et le roi du ciel. Jeanne écrit aux Anglais: le 22 mars 1429: *"Roy d'Angleterre, et vous, duc de Bedford, qui vous dites régent le royaume de France ; vous Guillaume de la Poule, conte de Sulfork ; Jehan, sire de Talbot; et vous, Thomas, sire d'Escales, qui vous dites lieutenant dudit duc de Bedfort, faites raison au roy du ciel ; rendez à la Pucelle qui est ici envoyée de par Dieu, le Roy du ciel, les clefs de toutes les bonnes villes que vous avez prises et violées en France. Elle est ici venue de par Dieu pour réclamer le sang royal. Elle est toute prête à faire la paix , se vous lui voulez faire raison, par ainsi que France vous mectrés jus, et paierez ce que vous l'avez tenu… »*

Jeanne reçoit les hommages, peut-être tardifs du roi.

Jeanne ne réclame rien pour elle même. Elle est d'extraction modeste et sa famille est récompensée puisqu'elle reçoit des lettres de noblesse. Elle en fait bénéficier ses proches à deux reprises: après le sacre, elle obtient du roi l'exemption d'impôt pour le village de Domrémy. Le père de Jeanne présent à Reims pour l'occasion, rapporte cette bonne nouvelle aux habitants de son village, monté sur un cheval offert par la ville de Reims. Elle demande au conseil de la ville de Tours de remettre cent écus pour le trousseau du mariage de la fille du peintre qui a décoré son étendard à Tours. Elle avait tissé des liens amicaux avec cette jeune fille chez qui elle aurait dormi.

Jeanne reçoit aussi les hommages officiels des villes et des habitants.

A Orléans on lui offre une robe à la livrée du duc d'Orléans. Le duc de Bretagne, lui adresse des compliments d'abord, et à la suite de la bataille de Patay une dague et des chevaux de prix.

Il semble que déjà de son vivant, Jeanne d'Arc a fait l'objet de récupération politique.

Le comte d'Armagnac lui aurait écrit en août 1429 pour savoir à quel pape il fallait se soumettre. Mais ce courrier aurait été inventé et la réponse de Jeanne d'Arc aurait été un faux fabriqué pour son procès (Cf Tome 2).

Bonne Visconti, veut une aide de sa part pour récupérer son duché de Milan sa lettre portait cette suscription: « *A très-honorée et très-dévote Pucelle Jeanne, envoyée du Roi des cieux pour la réparation et extirpation des Anglois tyrannisans la France.* »

La poétesse et philosophe, Christine de Pisan, bien âgée (1364-1430) trouve l'inspiration biblique pour chanter Jeanne d'Arc et elle prédit que la ville de Paris ouvrira ses portes à Charles VII, que par la grâce de Dieu, les Anglais seront chassés hors de France, l'Eglise enfin pacifiée oubliera le schisme des trois papes et que la sainte terre de France sera reconquise. Le Ditié de Jehanne d'Arc, écrit en 1429: Christine de Pizan[48] fait l'éloge de la Pucelle dans les 61 strophes du Ditié de Jeanne d'Arc que l'on peut retrouver facilement sur le lien internet:https://gallica.bnf.fr/ark:/12148/bpt6k72586t/f1.item à f41.item.

Dans les paroisses de France la légende est pleine de l'imagination populaire très positive.

D'autres images sont rapportées: une colombe avait paru, planant au dessus de son étendard au moment où Jeanne avait donné le signal du dernier assaut; à Troyes, « une infinité de papillons blancs » voltigeant autour d'elle, dans le Poitou on raconte qu'on a vu « des hommes armés

---

[48] *Poète et moraliste, Christine de Pizan est la première femme française à vivre de sa plume. Remarquée par le duc Jean de Berry. Elle se consacre également à l'écriture de traités politiques, dans lesquels elle se révèle conseillère de princes et ardente avocate de la paix. En 1418, la prise de Paris par les Bourguignons la contraint à se réfugier dans une abbaye, où elle meurt en 1430.*

de toutes pièces chevaucher en l'air sur un grand cheval blanc, se dirigeant des mers d'Espagne vers la Bretagne et criant aux populations effrayées : « *Ne vous esmayez (n'ayez peur)*. »

Toujours pour raconter une légende du sacré et du merveilleux divers chroniqueurs lui inventent déjà une enfance divine et bénie: « *la nuit qu'elle vint au monde (c'était soit-disant l'Épiphanie), les gens du peuple avaient, sans savoir pourquoi, senti en eux une joie inexprimable; ils couraient çà et là, demandant ce qu'il y avait de nouveau; les coqs avaient fait entendre des chants inaccoutumés, et pendant deux heures on les vit battant de l'aile comme en présage de cet événement.*

Pendant qu'elle gardait les brebis, les oiseaux des champs venaient à sa voix, comme privés, manger son pain dans son giron; jamais le loup n'approcha du troupeau confié à sa garde, ni l'ennemi ou le malfaiteur, du toit paternel tant qu'elle l'habita. Quand elle eut sa première révélation, ses compagnes jouant avec elle la défiaient à la course ; elle courait, ou plutôt elle volait; ses pieds rasaient le sol sans y toucher »

Jeanne d'Arc révèle le message qui lui est inspiré et met tout en oeuvre pour que le souhait de Dieu soit exhaussé. Elle délivre le message. Elle n'est pas une devineresse ou une prédicatrice. Elle ne prophétise pas davantage l'avenir. Le destin de la France, du roi, comme son propre destin ne sont pas inscrits comme des actes de la fatalité.

Jeanne d'Arc avait dit qu'elle délivrerait Orléans et ferait sacrer le roi à Reims. La seconde épreuve était d'entrer dans Paris pour bouter les Anglais hors de France. La providence ne pouvait s'accomplir qu'à la condition que l'on garde la foi. « Aide toi, le Ciel t'aidera » dirait aujourd'hui Jeanne avec le langage de notre époque.

Elle avait parait-il le pressentiment que sa mission ne devraient pas durer plus d'une année mais n'y croyait pas vraiment. A son procès, après deux tentatives d'évasion, tenue sous bonne garde elle dit que si elle avait prédit, elle ne serait pas sorti de la ville de Compiègne. Pour elle même à cet instant, elle estime que sa mission est inachevée et reste vêtue en soldat. Elle fait preuve d'une force de caractère et d'une détermination indiscutables. (voir tome 2)

Du côté Bourguignon et Anglais la légende est plutôt noire, pleine de l'imagerie de l'intervention diabolique que les Anglais veulent trouver comme excuses à leurs défaites. Au siège d'Orléans, les Anglais font vivre des superstitions. Ils disent que les murailles sont hantées par les esprits de deux évêques qui autrefois avaient sauvé la ville de l'invasion d'Attila.

Jusqu'à sa mission l'Angleterre bénéficiait à la fois de la réputation de l'invisibilité de ses archers, du traité de Troyes qui déshéritait le dauphin Charles au profit du roi Henri VI, de la guerre civile entre Armagnac et Bourguignons et de leur alliance avec ces derniers.

Winchester et Bedford, justifient leur défaites et se vengent mais ils font de Jeanne d'Arc une martyre en la faisant brûler. C'est rendre service à la propagande de Charles VII. Jeanne d'arc a inversé l'ascendant psychologique en faveur de la France.

Le pape Pie II (1405-et pape de 1458 à 1464) évoque Jeanne d'Arc en ces termes :

« ... Ainsi mourut Jeanne, l'admirable, la stupéfiante Vierge. C'est elle qui releva le royaume des Français abattu et presque désespéré, elle qui infligea aux Anglais tant et de si grandes défaites. À la tête des guerriers, elle garda au milieu des armées une pureté sans tache, sans que le moindre soupçon ait jamais effleuré sa vertu. Était-ce œuvre divine ? était-ce stratagème humain ? Il me serait difficile de l'affirmer. Quelques-uns pensent, que durant les prospérités des Anglais, les grands de France étant divisés entre eux, sans vouloir accepter la conduite de l'un des leurs, l'un d'eux mieux avisé aura imaginé cet artifice, de produire une Vierge divinement envoyée, et à ce titre réclamant la conduite des affaires ; il n'est pas un homme qui n'accepte d'avoir Dieu pour chef ; c'est ainsi que la direction de la guerre et le commandement militaire ont été remis à la Pucelle. Ce qui est de toute notoriété, c'est que, sous le commandement de la Pucelle, le siège

d'Orléans a été levé ; c'est que par ses armes a été soumis tout le pays entre Bourges et Paris ; c'est que, par son conseil, les habitants de Reims sont revenus à l'obéissance et le couronnement s'est effectué parmi eux ; c'est que, par l'impétuosité de son attaque, Talbot a été mis en fuite et son armée taillée en pièces ; par son audace le feu a été mis à une porte de Paris ; par sa pénétration et son habileté les affaires des Français ont été solidement reconstituées. Événements dignes de mémoire, encore que, dans la postérité, ils doivent exciter plus d'admiration qu'ils ne trouveront de créance. »

(*Mémoires du pape Pie II*, citées en latin par Quicherat en 1847, traduites en français par le père Ayroles en 1898).

(nota: En juin 1455, Calixte III donne à une commission ecclésiastique le soin de réviser le procès par lequel Jeanne d'Arc a été condamnée en 1431, comme « relapse et hérétique ». Par le jugement solennel qui intervient le 7 juillet 1456, il est déclaré que « *ladite Jeanne, ses parents et les demandeurs eux-mêmes, n'ont été entachés d'aucune souillure d'infamie à l'occasion des prémisses, et qu'ils en doivent être réputés exempts et saufs ; les en disculpant autant que de besoin es*t » Cf tome 3)

Au XV et XVI siècles les historiens minimisent l'épopée de Jeanne d'autant plus facilement qu'elle n'a pas été de longue durée. Charles « le bien servi » ne peut pas être à la merci d'une polémique. Le triomphe de « Charles le victorieux » ne peut pas être accompagné uniquement de la présence d'une femme, sorcière ou sainte. Jeanne d'Arc a donné l'impulsion de la victoire mais le jour de sa capture le 23 mai 1430, la guerre est loin d'être terminée. Le siège de Compiègne n'est levé que le 28 octobre, cinq mois après sa capture et la guerre ne prend fin qu'en 1453, soit 23 ans plus tard.

Six siècles de recul historique conduisent à une analyse objective. L'épopée de Jeanne d'Arc s'inscrit dans la guerre de 100 ans dont les conséquences sont la fin de la féodalité pendant la dynastie des Valois. Charles V roi « Très Chrétien » pose les bases d'une administration centrale; Charles VI « le Fol », martyr des conséquences du gouvernement de ses oncles qui amène la guerre civile est sacralisé par le peuple; Charles VII « le Victorieux » arbitre le Schisme de l'Eglise, reçoit les exploits de la Pucelle qui redressent miraculeusement le royaume. La propagande de sa réhabilitation démontre que Dieu soutient le roi de France. Le pouvoir monarchique se renforce, il se prépare à l'absolutisme car l'aristocratie française est décapitée et ruinée par la guerre. Les fiefs très morcelés sous les Capétiens se concentrent sous les Valois. Au début de la guerre, l'Europe est un ensemble de nombreux d'Etats féodaux ayant des liens matrimoniaux partageant une même foi religieuse organisée en une Eglise unie, hiérarchisée dirigée par Rome avec une administration, une fiscalité, une langue universelle: le latin.

La période du bas moyen âge, la fin des croisades et les guerres dynastiques transforment la carte politique de l'Europe et l'unité religieuse se désagrège dans un Schisme, chaque monarque se définit par rapport au pape qu'il choisit. Le latin, s'il demeure la langue des érudits, est de moins en moins la langue officielle des Etats. Pour faire la guerre, comme pour pacifier les campagnes, le roi ne pouvant plus compter sur l'ost, est obligé de recourir à l'impôt pour recruter des mercenaires et financer les innovations de l'artillerie.

Sous le règne de Charles VI, le duc d'Orléans réputé prodigue s'est heurté à l'opposition des bourgeois de Paris quand il lève les impôts pour chasser les Anglais.

Charles VII organise difficilement des états généraux de langue d'oil au Nord et de langue d'oc au Sud, chaque fois qu'il a besoin de financement. Il faut trouver une solution. Par l'ordonnance de Loupy-le-Chatel le 26 mai 1445, grâce au connétable Arthur de Richemont, Charles VII fait voter par les états généraux de la langue d'Oïl (1438 et 1443) puis d'Oc(1439) la possibilité de reconduire les aides sans réunir les états annuellement: c'est l'instauration de la permanence de l'impôt.

Cependant en dépit de ces réformes fiscales les caisses sont vides. Le jour anniversaire du sacre l'Argentier Jacques Coeur remet 100 000 livres pour la conquête de la Normandie puis 70 000 livres pour la conquête de la Guyenne.

Ainsi il devient possible de créer les premières unités militaires permanentes. L'artillerie se modernise dans les années 1445. L'armée s'organise en « lances »: unité de base où les compétences de chacun se complètent. Chacune est constituée d'un homme d'arme accompagné de deux archers à cheval, d'un coutilier (armé d'une épée et d'une longue dague), d'un page et d'un valet (ces derniers ne combattant pas en règle générale). 100 lances forment une compagnie. Les 15 compagnies totalisent 9 000 hommes, dont 6 000 combattants qui forment la *grande ordonnance*. Une garde écossaise permanente est aussi constituée. L'armée royale est permanente. Les compagnies d'ordonnances vêtues de rouge, commandées par des prévôts et capitaines-lieutenants, par exemple en 1422 : Jean Stuart, comte de Boucan et en 1429 : Jean Stuart d'Aubigny, vont pouvoir pacifier les campagnes, embryon de la gendarmerie qui assure « la sûreté des campagnes et des voies de communication ». La centralisation du pouvoir royal s'exerce sur les provinces libérées qui perdent l'autonomie financière.

Charles a tous les outils pour être victorieux. Mais les particularismes locaux demeurent, le français n'est pas encore la langue officielle mais elle s'identifie à la Nation naissante, en opposition à la langue parlée par l'occupant.

Jeanne d'Arc est peu évoquée ou oubliée dans les siècles qui suivent.

François Villon cite deux vers: « Jeanne la bonne Lorraine, Qu'Anglois brûlèrent à Rouen ». Voltaire la traite avec ironie et mépris dans « La Pucelle ».

Au XIX siècle la société est divisée par les révolutions et les factions politiques et religieuses où toutes les thèses les plus fausses et révisionnistes sont utilisées à des fins politiques. Pour les uns c'est une héroïne issue du peuple (Michelet 1835), ou une catholique nationaliste (Dupanloup évêque d'Orléans 1850 ou Henri Wallon

1860) pour d'autres c'est la bâtarde royale d'Isabeau de Bavière et de Louis d'Orléans (Caze « la vérité sur jeanne d'Arc » 1819).

Jeanne d'Arc incarne peu à peu la figure de la résistance à l'invasion étrangère.

Elle devient symbole républicain et figure de l'unité de la Nation.

La fin du XIX siècle, la France se déchire encore entre Royalistes ultras et modérés, Bonapartistes et Républicains. Les catholiques sont embarrassés car on veut minimiser le rôle d'un évêque dans la condamnation, mais on oublie le procès en réhabilitation.

Après la défaite de Sedan les républicains sont divisés sur le symbole. Pour la gauche anticléricale c'est une fille du peuple venue sauver la Patrie, brûlée par l'Eglise et abandonnée par le roi; à l'époque on veut créer une République laïque, à droite c'est une héroïne, pour certains une sainte au service du nationalisme.

Peu de temps après la loi de la séparation de l'Eglise et de l'Etat, puis le traumatisme des combats de la Grande Guerre, la République et la presse font timidement appel à Jeanne d'Arc dans l'imagerie populaire, alors qu'elle n'avait pas été instrumentalisée pendant le conflit.

Finalement Jeanne d'Arc, béatifiée en 1909, est canonisée le 16 mai 1920. Sa fête religieuse initialement fixée au 30 mai, jour anniversaire de sa mort est maintenant le 09 mai anniversaire de la libération du siège d'Orléans.

Aujourd'hui encore Jeanne d'Arc, sort du « roman national ».

Elle fait l'objet de propagandes savamment orchestrées. Il s'agit de s'accaparer son héritage et de choisir les images pour façonner un mythe qui soit en raccord avec le discours politique.

Aujourd'hui écrire sur Jeanne d'Arc est forcément suspect. Le lecteur se demande dans quelle case politique il va pourvoir classer l'auteur.

La réponse à cette question finalement légitime est simple.

Laissons la parole à Jeanne d'Arc elle même.

Le procès de condamnation est un témoignage particulièrement documenté et fort car entre les murs de sa prison, résonnent en échos la voix et la parole de Jeanne d'Arc souvent trahie c'est vrai par les juges refusant régulièrement de transcrire fidèlement ses réponses.

Cependant il y a tant de force dans la trace qu'elle a laissé dans notre histoire, qu'après six siècles, chacun reconnait Jeanne d'Arc dans l'image qu'il se fait de la France: la religion, la monarchie, la République.

La voix de jeanne d'Arc que l'on entend à son procès entretient l'âme religieuse (la sainte); la flamme monarchique (le secours apporté au roi et à la monarchie de droit divin); ou la figure de la République (jeune fille du peuple, venue sauver la Patrie en danger, autre image féminine républicaine de la France, en bonne place dans les maries à côté du buste de Mariane).

ANNEXES

Annexe: 1431-1461: 30 ans de règne de Charles VII après Jeanne d'Arc, contexte politique de sa réhabilitation.

En 1425-1426: les chevaliers bourguignons vont prêter main forte au roi de Chypre assiégé par les Turcs.

Le 6 décembre 1431: Charles signe une trêve de 6 ans avec le duc de Bourgogne.

Le 16 décembre 1431: sacre de Henri VI « roi de France et d'Angleterre » à Paris.

En 1432: alors que Jacques Cour et Charles VII font du commerce avec l'Egypte, Philippe Le Bon prépare une croisade.

21 septembre 1435: Jacques Coeur donne de l'argent aux seigneurs bourguignons qui persuadent le duc Jean Le Bon de signer le traité de paix d'Arras avec le roi Charles VII. Le duc reconnaît Charles comme roi de France qui est excusé en raison de sa jeunesse du meurtre de Jean Sans Peur, mais en échange il doit condamner les assassins: Tanneguy du Chastel, Louvet.. (le connétable de Richemont s'en chargera), céder au duc quelques terres et lui verser 50 000 écus d'or s'il veut racheter chaque ville 400 000 et ne pourra pas demander aux seigneurs bourguignons le service du roi à la guerre mais devra les secourir en cas d'attaque des Anglais. Le duc de Bourgogne renonce donc à venger son père Jean Sans Peur.[49]

---

[49] *Au départ le 23/11/1407 Jean 1er de Bourgogne avait fait assassiner le Duc d'Orléans coupable d'adultère avec Isabeau de Bavière femme de Charles VI, le roi fou. Le 18/12/1415 puis le 04/04/1417 les dauphin Louis et Jean meurent laissant l'héritage du trône à Charles 14 ans, comte de Ponthieu futur Charles VII. Il fuit à Bourges le 1er juin 1418. Henri V profitant de la guerre civile entre Armagnacs et Bourguigons, envahit la Normandie. Le duc de Bourgogne Jean Sans Peur propose une négociation avec le Dauphin, mais au cours de la rencontre les partisans Armagnacs vengent la mort du duc d'Orleans sur le pont de Montereau le 10/09/1419.*

1435: mort du Duc de Bedford, régent du roi d'Angleterre, et le 24 septembre à Paris, mort d'Isabeau de Bavière, la mère de Charles VII.

1435: prise de Dieppe par les Français.

Avril 1436: Prise de Paris par les Français dirigés par Arthur III de Bretagne, (nommé connétable « de Richemont » en 1425) qui revient en grâce avec le ralliement de la Bretagne.

Le 12 novembre 1437 Charles VII, « le roi de Bourges » rentre dans Paris qu'il avait fui en 1418. Mais il ne reste pas dans la ville qu'il n'aime pas.

1438: Jacques Coeur argentier de l'Hôtel du roi, propriétaire d'armureries à Tours et Bourges, fabrication de l'artillerie des frères Bureau.

1438: Pragmatique Sanction de Bourges, l'assemblée du clergé réunie dans la cathédrale décide qu'ils seront élus par les chapitres, en pratique par le roi, et non plus par le pape qui ne perçoit plus le bénéfice de taxes de nominations. (Edit du 13/07/1439). La monarchie française s'affranchit de l'autorité papale et récupère les taxes. Le 02 novembre 1439: Ordonnance d'Orléans, qui sous l'inspiration du connétable Arthur de Richemont, création une armée régulière et permanente et un impôt spécial « la taille des lances ». Cela met un terme dans les campagnes, aux massacres des « écorcheurs », ces mercenaires sans emploi. Les seigneurs féodaux qui voient disparaitre le privilège de lever des troupes et l'apparition d'un impôt se révoltent, c'est l'épisode de la Praguerie qui est réprimée avant le traité de Cuset le 24 juillet 1440. Louis, 17 ans, trouve que le règne de son père est trop long, il a hâte de prendre sa place, il s'appuie notamment sur l'aide des ennemis d'hier, les Bourguignons. Louis devra encore attendre plus de 20 ans avant d'être Louis XI.

1441: Jacques Coeur est anoblit par Charles VII.

1443: instauration du régime des galériens, solution à la pénurie de marins et à la délinquance endémique, (idée de Jacques Coeur inspiré de ses voyages)

Le 28 mai 1444, fiançailles entre Henri VI et Marguerite d'Anjou, nièce de Charles VII, une trêve est signée à Tours pour 22 mai avec les Anglais qui se sentent en mauvaise posture (En Angleterre, rivalités Comte de Sufolk- Duc Gloucester, puis rivalités Suffolk-duc York c'est déjà les prémices de la guerre civile « des deux roses » qui sévira de 1455 à 1485). Charles en profite pour moderniser son armée. De cette trêve il ressort que les Anglais voulaient deux provinces, Guyenne et Normandie et une fille du roi de France mais ce dernier refuse de renouveler les erreurs du passé; il leur accorde une fille du duc d'Anjou et aucune parcelle de royaume de France.

Charles VII sort renforcé, déterminé à terminer la guerre.

Fin 1444 Agnès Sorel « damoiselle de beauté » entre au service de la reine Marie. Charles la remarque, elle devient très rapidement sa favorite et sera mère plusieurs fois des œuvres du Roi. Elle encourage le roi à reprendre la guerre.

A partir de 1445, pendant la trêve avec l'anglais, la reconquête est spectaculaire vers l'Est : 28/2/1445 Metz.

Les Anglais ont assez à faire avec leur problèmes intérieurs et négligent leurs troupes sur le sol français, où ils se livrent à des pillages en Normandie. Le sentiment anti-anglais qui en découle fera l'affaire du roi Charles.

1445: Jacques Coeur intervient près du « Soudan » en faveur des chevaliers de Rhodes et il négocie un traité avec Gènes.

1446: Le dauphin Louis tente de faire assassiner Pierre de Brézé protégé d'Agnès Sorel, altercation entre eux, le dauphin la menace de son épée. Charles chasse son fils à Grenoble d'où il complotera contre son père, et pour nuire à ses intérêts il se remarie avec Charlotte de Savoie petite fille de Félix V, l'anti-pape.

1448: Mission diplomatique brillamment réussie de Jacques Coeur auprès de Félix V pour mettre fin au Schisme de l'Eglise, en faveur de Nicolas V. Puis mission à Genève et Lausanne. Fin des trêves Franco-Anglaises. Les Anglais reprennent les hostilités le 24 mars 1449 avec la prise de Fougères livrée au pillage par François de Surienne sur ordre du Duc de Somerset mais à l'insu de Henri VI.

1449: Jacques Coeur avance au roi la somme de 100.000 livres pour la reconquête de la Normandie. Les compagnies d'ordonnances sont convoquées le 17 juillet 1449, la guerre reprend, Rouen capitule le 29 Octobre 1449.

Le 9 février 1450: Mort d'Agnès Sorel.

Le 15 février 1450: Charles VII charge un de ses conseillers, maître Guillaume Bouillé, d'une enquête préalable sur le procès de Jeanne d'Arc de 1431.

Le 15 mars 1450: les Anglais envoient des troupes en Normandie.

Le 15 avril 1450: Bataille de Formigny (Calvados) : les Anglais sont battus, la victoire française est nette et réelle. Le 24 juin après trois semaines de bombardements sur Caen, Somerset capitule. Plusieurs villes tombent.

Puis, le connétable de Richemont fait le siège de Cherbourg bien défendue, Jacques Coeur négocie avec Thomas Gower le gouverneur anglais. Il accepte de partir si les Français lui rendent son fils prisonnier et si on lui donne la somme de 40.000 écus pour qu'il puisse affréter une flotte pour s'embarquer pour l'Angleterre. Charles VII ne disposant pas de cette somme c'est Jacques Coeur qui l'avance. La reddition de Cherbourg a lieu le 12 Août, date décrétée fête nationale pour la propagande royale et la montée de l'esprit patriotique.

Les troupes anglaises quittent définitivement la Normandie.

1451: Jacques Coeur avance au roi la somme de 70.000 livres pour la reconquête de la Guyenne, toujours anglaise. Cette conquête se fait en deux étapes en 1451 puis en 1453.

La victoire des troupes françaises s'explique par la puissance de la nouvelle artillerie et le système des compagnies d'ordonnance dont les troupes sont régulièrement payées. Cette réforme garantie un effectif stable et évite les pillages des populations civiles qui apportent un appui et harcèlent les troupes ennemies. Du côté anglais la tactique n'a pas évolué depuis les batailles de Crécy et Azincourt.

À cette époque le transport de fret se fait essentiellement par voie maritime ou fluviale. A partir de 1435, la Champagne et la Bourgogne sont en paix avec la France et alimentent Paris via la Seine et ses affluents. Jacques Coeur est très moderne, il veut déménager ses affaires de Montpellier pour les installer au port de Marseille; Par le Rhône, le lien entre les Flandres et la Méditerranée et l'Orient lui est assuré. Mais les Montpelliérains et Charles

VII ne lui pardonnent pas de s'installer en Provence. La route traditionnelle de la soie est toujours rentable, malgré la piraterie, les rivalités européennes en Méditerranée et l'expansion turque en Europe. Pour contourner ces difficultés les Portugais ne partiront à l'aventure sur les Océans qu'à la fin du siècle.

Le 31 juillet 1451 Jacques Cœur est arrêté sur ordre du roi. Il est soupçonné d'empoisonnement sur Agnès Sorel et de pratiquer l'alchimie et de diverses malversations. Charles le fait emprisonner à Poitiers et soumettre à la question, puis juger par le procureur de roi Jean Dauvet. Ce dernier fera un inventaire minutieux de ses biens, qui seront confisqués au profit du trésor royal, cet inventaire existe toujours. En fait ses ennemis sont surtout les bourgeois du Languedoc qui savaient que Coeur déménageait ses comptoirs pour Marseille en Provence, et transférer des biens à Naples. Les intrigants, surtout des créanciers ou des envieux, ravivaient la nature suspicieuse du roi en présentant des alliances entre Coeur et le Dauphin, le pape et le comte de Provence et le roi d'Aragon.

Le 29 mai 1453 Jacques Cœur est condamné à la prison à vie, à la confiscation de tous ses biens et à payer 60 000 écus d'or. [50]

Le 29 mai 1453, c'est la chute de Constantinople conquise par les Turcs et Mehmet II qui en faisait le siège depuis Avril 1453. En effet, malgré de multiples appels à l'aide en direction de l'Occident, (et notamment des rois de France et d'Angleterre occupés dans une guerre fratricide), seules quelques rares troupes italiennes combattent encore aux côtés des 5 000 défenseurs conduits par l'em-

---

[50] *Arrêt de condamnation dans « Jacques Coeur » de Claude Poulin Ed Fayard p.346*

pereur Constantin XI. Ces 7 000 à 8 000 hommes sont largement surpassés en nombre par les 80 000 à 100 000 soldats ottomans soutenus par une flotte de plus de 120 navires. Après avoir résisté à plusieurs assauts, les Byzantins finissent par céder le 29 mai 1453. S'ensuit un large pillage turc de la ville puis l'entrée de Mehmed II dans la cité. ***

Le 17 juillet 1453: Bataille de Castillon (Gironde), les Anglais sont très nettement battus, leurs troupes quittent la Guyenne où ils était présents depuis 300 ans (souvenir du mariage d'Aliénor, duchesse d'aquitaine, avec le roi Henri II " Plantagenêt " d'Angleterre au XII ème siècle). Ils ne possèdent plus que Calais en France. C'est la fin de la Guerre dite de « Cent Ans »

Fin octobre 1454: Jacques Cœur s'évade de Poitiers rejoint le couvent des Cordeliers à Beaucaire, après deux tentatives d'assassinat. Par un moine Cordelier il fait porter à Marseille une lettre à Jean De Village qu'il considère comme son neveu. Pour le secourir, Jean De Village organise un commando avec des capitaines de Galées et des marins. Ils remontent le Rhône, pénètrent dans le couvent et après lutte avec les agents du roi de France, le prisonnier s'échappe puis, libre en Provence mais toujours pourchassé, il parvient à Rome sous la protection du pape Nicolas V. Le pape décède juste après avoir proclamé l'innocence de Jacques Coeur.

1455-1456: le pape Calixte III consacre 200 000 écus d'or à l'armement d'une flotte pour venir au secours des iles grecques orientales de Chypre et Rhodes. Jacques Coeur qui depuis longtemps alertait la menace turque dont il avait vu les conquêtes sur les pays arabes et les Balkans accepte la mission de capitaine général des galères pa-

pales, l'expédition étant sous le commandement du patriarche d'Aquilée Ludovico Trevisano (Vénitien). A Rhodes la flotte turque est vaincue mais Jacques Coeur est blessé au cours du combat naval. Il décède le 25 novembre 1456 dans l'île de Chio.

Le 07 juillet 1456: sentence d'annulation du procès de 1431 ayant condamné Jeanne d'Arc, prononcée par Calixte III.

1456-1457: Annexion du Dauphiné, Louis se réfugie en Bourgogne pour échapper à son père qui occupe le Dauphiné.

1455: Début de la guerre des deux roses en Angleterre, York (rose rouge) contre Lancastre (rose blanche). L'affrontement des deux lignées, issues de la maison Plantagenêt, signe la fin de la dynastie (mort de Richard III trahit par les comtes Northumberland, William et Stanley sur le champ de bataille le 22/08/1485 et victoire d'Henri VII. Il épouse Elisabeth d'York et unie les deux roses: dynastie des Tudor)

Décembre 1457:   Charles VII est malade, il a une tumeur à la jambe.

1461: Une dent lui est arrachée, l'infection s'installe.

Le 22 juillet 1461 Charles VII meurt à Mehun-sur-Yèvre, il a régné pendant près de 40 ans. Son fils Louis lui succède sous le nom de Louis le XIème.

Le 7 août 1461 Charles VII est inhumé dans la basilique Saint Denis.

***: En 1453 Enea Piccolomini futur pape Pie II en 1458 constate: « *La chrétienté est un corps sans tête, une république qui n'a ni lois, ni magistrats...Chaque pays est gouverné par un souverain particulier, et chaque prince à des intérêts séparés. Quelle éloquence faudrait-il pour*

*réunir sous le même drapeau un si grand nombre de puissances qui ne sont point d'accord et qui se détestent? ...
Qui oserait faire les fonctions de général? Quel ordre établirait-on dans cette armée? Quelle en serait la discipline militaire? Qui voudrait entreprendre de nourrir une si grande multitude? Parviendrait-on à savoir leurs langues diverses ou à diriger leurs moeurs incompatibles? Quel homme viendrait à bout de réconcilier les Anglais et les Français, Gênes et l'Aragon, les Allemands et les peuples de Hongrie et de Bohême? .. » »*

Le pape Pie II ne parle pas du Schisme de l'Eglise mais il le constate, la guerre de Cent Ans ou plus exactement toutes les guerres en Europe des XIV et XV siècles sont les marqueurs du déclin de la chrétienté, ils permettent la conquête turque, la chute de Constantinople.

A cause du Schisme, chaque puissance politique choisi son pape, aussi le pouvoir exercé par la papauté est contesté dans le domaine civil.

L'Europe des Nations se met en place. Des idées telles que celles de Masile de Padoue publiées en 1324 défendent l'idée de monarchies nationales estimant que le clergé doit être soumis au prince, au législateur humain.

La guerre de Cent Ans qui a dressé l'un contre l'autre les deux Etats les plus puissants d'Occident, a contribué au changement de cadre politique, fin de la féodalité, naissance des Nations et chute de l'influence papale.

Les guerres de religions les siècles suivants vont durablement fracturer toutes les dynasties européennes.

La monarchie française s'oriente vers une monarchie de droit divin. C'est dû à plusieurs facteurs:

- Le rôle joué par Charles VII dans la fin du Schisme (lutte entre pape et anti-pape).

-Le redressement miraculeux du royaume avec les exploits de Jeanne d'Arc, l'expédition du sacre. Le procès en réhabilitation qui est une entreprise de propagande destinée à prouver que Dieu soutient le roi.

-La propagande royale de Charles VII est intense. Après le traité de Troyes, Jean de Terremerveille qui en 1420 théorise la mysticité du corps du roi, Charles VII entretien des courriers avec les bourgeois des villes pour expliquer sa politique.

-Il décide de célébrer chaque année la libération de la Normandie, imitant en cela les bourgeois d'Orléans qui le font le 08 mai.

-Il utilise les astrologues qui prédisent sa victoire et il adopte comme protecteur Saint Michel, dans sa belle armure, l'archange tout puissant du Mont St Michel est plus moderne, plus victorieux que Saint Denis.

-Il contraint la noblesse et le clergé à accepter la création d'impôts royaux et interdit le vote de taxes locales ou d'impôts vers le Vatican. (Pragmatique Sanction de Bourges 1438, Praguerie 1439) Il se passe des Etats généraux dont les palabres ralentissent l'action. Cet impôt permanent organise et entretien une armée équipée d'une artillerie moderne, outil indispensable à la reconquête et à la sécurisation des campagnes par les compagnies d'ordonnances, embryon de la Gendarmerie. Il réorganise la justice.

Pourtant on peut juger sévèrement Charles VII.

Il entre dans Paris en 1436 alors que c'était possible en 1430 grâce à Jeanne d'Arc. « *Vous voyez quelles grandes choses se sont passées en peu de jours. Cela met le roi de France en voie de s'emparer de tout le royaume, si l'accord règne [parmi les siens]* » (Chronique de Antonio Morosini[51]) .

Il stoppe l'élan de son armée victorieuse et abandonne les villes ralliées pour négocier une trêve qui n'est signée que le 06 décembre 1431 avec le duc de Bour-

---

[51] *Il s'agit d'un recueil de courriers découvert dans la bibliothèque St Marc de Venise. Lettres privées, écrites d'Avignon, de Marseille et surtout de Bruges en dialecte vénitien destinées à la République de Venise pour l'informer de tout ce qui se passe en France avec laquelle les relations commerciales sont importantes. 23 lettres concernent Jeanne d'Ac.*

gogne. Des milliers de Français sont assassinés en représailles de leur ralliement. Le traité d'Arras n'est signé qu'en 1435.

La Normandie n'est reconquise qu'en 1450 (bataille de Formigny) et à toujours vouloir rechercher la négociation, l'Aquitaine n'est conquise qu'en deux étapes 1451 et 1453, après la victoire à Castillon sur le corps expéditionnaire de Talbot et les négociants bordelais qui se considèrent davantage anglais depuis trois siècles.

La fin de la féodalité ne profite pas à un parlement de seigneurs et bourgeois mais au pouvoir personnel du roi. Les apanages apparaissent comme des échelons intermédiaires entre seigneur local et pouvoir royal comme un genre de décentralisation qui a l'inconvénient de replier les régions sur leurs langues, leur culture autour des élites bourgeoise, noble et cléricale locales. Le roi exerce un pouvoir de plus en plus fort en agissant sur plusieurs leviers. C'est la monarchie absolue, la centralisation administrative sera renforcée par ses successeurs, l'Empire et les Républiques.

1428

- 04 avril: Thomas de Montagu comte de Salisbury reçoit l'ordre de faire la conquête du duché d'Orléans.
- 08 septembre: Echec de Salisbury sur le fort des Tourelles. Il se retire à Meung.
- Septembre: les Orléanais renforcent la ville, détruisent les maisons des faubourgs. Bourges, Poitiers et Montpellier envoient des renforts de vivres et munitions.
- 12 octobre : les Anglais du comte de Salisbury reviennent devant Orléans après s'être assurés les places environnantes. Le siège de la ville commence.
- 21 octobre: Les Orléanais repoussent plusieurs assauts anglais.
- 24 octobre: les Anglais prennent le fort des Tournelles devant Orléans.
- 27 octobre: le comte de Salisbury est mortellement blessé ; après sa mort le 3 novembre, William de la Pole dirige le siège d'Orléans. La ville profite de ce répit pour se mettre en défense.
- 30 décembre: Arrivée de renforts anglais devant Orléans. Reprise du siège.

1429

- Janvier: Jeanne d'Arc quitte Domrémy pour se rendre à Burey et Vaucouleurs.
- 12 février: à la bataille de Rouvray, dite « journée des Harengs », de nombreux défenseurs de la ville d'Orléans meurent dans une expédition pour s'emparer d'un convoi de ravitaillement - des harengs - destinés aux Anglais. Orléans cesse de recevoir des secours.
- 13 février: le sire de Beaudricourt accorde une escorte à Jeanne d'Arc pour se rendre à Chinon.
- 23 février: Jeanne d'Arc quitte Vaucouleurs.
- 6 mars: Jeanne d'Arc arrive à Chinon après 11 jours de route via Saint Urbain, Gien, Sainte-Catherine de Fierbois.
- 08 mars: entrevue avec Charles VII.
- 22 mars: Jeanne d'Arc écrit aux Anglais.

- Avril: Jeanne est envoyée à Poitiers, pour passer devant une commission d'enquête; Pendant trois semaines elle loge chez l'avocat général du parlement.
- 17 avril: Le duc de Bourgogne retire ses troupes d'Orléans, n'ayant pas obtenu de Bedford la promesse du duché pour son compte en cas de conquête de la ville.
- 20 avril: retour à Chinon, Jeanne est autorisée à suivre l'escorte d'un convoi de ravitaillement pour Orléans.
- Jeanne est à Tours où sur ordre du roi on lui confectionne une armure et elle fait peindre un étendard. Le convoi de ravitaillement d'Orléans se regroupe à Blois
- 28 avril: le convoi quitte Blois et prend la route d'Orléans par la rive gauche, côté Sologne.
- 29 avril: Jeanne d'Arc entre dans Orléans.
- 30 avril: escarmouche sur le fort de Saint Pouair par Florent d'Illiers.
- 1er mai: Dunois part à la rencontre de l'armée repartie à Blois pour y repasser la Loire et revenir par la rive droite.
- 2 mai: Jeanne inspecte les fortifications d'Orléans et rencontre le peuple.
- 3 mai: Arrivée de renforts de Gien, Château-Renard et Montargis.
- 4 mai: Arrivée de l'armée française à Orléans. Attaque du fort Saint-loup.
- 5 mai: Refus des capitaines d'attaquer le fort Saint-Laurent. Elle écrit une lettre aux Anglais.
- 6 mai: prise du fort des Augustins.
- 7 mai: prise du fort des Tourelles.
- 8 mai : Les Anglais lèvent le siège d'Orléans. Ils se retirent sur Meung et Beaugency. La Hire et ses hommes attaquent leur arrière garde.
- 13 mai: Jeanne d'Arc rencontre le roi à Tours.
- 23 mai: Elle va voir le roi à Loches.
- 09 au 11 juin: retour à Orléans pour reformer une armée.
- 12 juin: prise de Jargeau
- 13 juin: retour à Orléans avec le duc d'Alençon.
- 15 juin: prise du pont de Meung sur Loire.

- 16 & 17 juin: Prise de Beaugency.
- 18 juin: victoire de Patay. Talbot est fait prisonnier par Xaintrailles.
- 19 juin: retour à Orléans. part à Sully le lendemain.
- 22 juin: Le voyage pour Reims est décidé. Retour à Orléans
- 24 juin: départ Orléans, arrivée à Gien pour regrouper l'armée.
- 25 juin: lettre de Jeanne d'Arc aux habitants de Tournai.
- 26 juin: Louis de Culant prend Bonny
- 29 juin L'armée et Charles VII quittent Gien et partent pour Reims.
- 1er et 3 juillet: Auxerre.
- 4 juillet: Brienon et Saint Phal.
- 5 au 10 juillet: Siège de Troyes qui ouvre ses portes.
- 13-14 juillet: Bussy-Lettrée.
- 15 & 16 juillet: Châlons en Champagne
- 17 juillet: sacre de Reims.
- 20 juillet: Vailly sur Aisne.
- 29 juillet: Château-Thierry via Soissons et La Ferté-Milon.
- 1er août: Montmirail
- 2 août: Provins.
- 3 août: Nangis-« la Motte »
- 5 aout :Bray-sur-Seine.
- 7 août: Coulommiers.
- 10 aout: La Ferté-Milon
- 11 août: Crépy-en-Valois.
- 13 août: Dammartin.
- 15 août: Bataille de Montépilloy. Bedford charge le duc de Bourgogne de la défense de Paris et le nomme capitaine de Paris
- 18 au 23 août: Compiègne.
- 26 août: Saint Denis.
- 28 août: Charles VII signe à Compiègne une trêve de quatre mois avec le duc de Bourgogne
- 8 septembre: La Chapelle. Attaque de la Porte Saint Honoré, blessure de Jeanne d'Arc.

- 9 septembre: Charles VII renonce à prendre Paris et ordonne le retrait de ses troupes, il ordonne à Vendome et Culan de rester à Saint Denis mais avec trop peu de troupes.
- 13 septembre: Charles VII écrit aux villes pour les informer de la trêve avec le duc de Bourgogne.
- 23 septembre: Charles VII écrit aux habitants de Troyes depuis Blois puis il rentre chez lui à Mehun sur Yèvre.
- septembre-octobre: Jeanne d'Arc se rend à Bourges.
- 04 novembre: Jeanne d'Arc et le Sire d'Albret prennent la ville de Saint-Pierre le Moutier.
- 7 et 9 novembre: à La Charité sur Loire, Jeanne et d'Albret envoient des courriers à Clermont et Riom pour demander des renforts.
- 24 novembre: la ville de Bourges vote une contribution pour faire le siège de La Charité-Sur-Loire.
- 24 novembre au 25 décembre: échec du siège de la Charité-sur-Loire à cause du manque de ravitaillement et du froid intense.
- Décembre: Jeanne d'Arc est anoblie. Retour de Jeanne d'Arc en Berry où elle passe une bonne partie de l'hiver: Mehun/Yèvre, Bourges, Sully/Loire.
- 25 décembre: fin de la trêve de quatre mois avec le duc de Bourgogne. Les villes ralliées au roi sont menacées par les Anglais et les Bourguignons.
- automne et hiver 1429-1430: Charles VII abandonne les villes ralliées récemment, les habitants sont massacrés par les Anglais et leurs alliés Bourguignons.

1430

- 10 janvier: le duc de Bourgogne Philippe le Bon crée l'ordre de la Toison d'or à l'occasion de son mariage avec Isabelle de Portugal.
- 21 février: Raoul de Gaucourt devient le nouveau gouverneur du Dauphiné.
- La Hire s'empare de Louviers et de Château-Gaillard le 24 février 1430

- 28 mars: Jeanne d'Arc quitte Sully-sur-Loire
- 05 avril: elle arrive à Lagny
- 15 avril: Elle est à Melun
- 17 avril: Philippe le Bon reprend les hostilités contre la France. Il prend Montdidier, Gournai, et ses armées assiègent Choisy-sur-Aisne.
- 22 avril: Lagny.
- 05 au 7 mai: Jeanne d'Arc fait la capture de Franquet d'Arras un chef brigand, bourguignon qu'elle remet au bailli de la ville de Senlis.
- 13 au 15 mai: Jeanne d'Arc est à Compiègne. Attaque les Anglais à Pont-L'évèque mais ils sont renforcés par les bourguignons venus de Noyon. Les Français sont trahis à Soissons, La ville de Choisy est rasée par les Anglais.
- 16 au 23 mai: Jeanne d'Arc est à Senlis, puis Crépy-en-Valois où elle apprend que Compiègne est assiégée.
- nuit du 23 au 24 mai: Jeanne d'Arc entre par surprise dans Compiègne.
- 24 mai: Jeanne est capturée par un archer bourguignon des suites d'un concours de circonstances pendant la bataille devant les murs de Compiègne.
- 27 mai-28 mai: séjourne à Beaulieu chez refuse de porter habits féminins car sa mission militaire n'est pas terminée.
- 6 juin: Transférée à Noyon our le duc de Bourgogne vient la voir.
- 11 juillet: transférée au château de Beaurevoiroù elle tente de fuir en sautant du donjon.
- 28 octobre : levée du siège de Compiègne.
- 9 novembre transférée à Rouen en passant par Arras, le Crotoy, Saint Valéry sur Somme
- 23 décembre: arrivée au château de Rouen où elle est gardée en cellule les fers au pieds, jours et nuits.

1431

- 03 janvier: Rescrit du duc de Bedford donnant mission à l'évêque Cauchon d'organiser et diriger le tribunal ecclésiastique et prévoit de reprendre l'accusée si elle est acquittée: « *c'est notre entencion de ravoir et reprendre revers nous icelle Jehanne, se ainsi estoit qu'elle ne fust convaincue ou actainte des cas dessusdiz, ou d'aucun d'eulx ou d'autre touchans ou regardans nostredicte foy… »*
- 09 janvier-20 février: ouverture du procès par lecture de lettres reçues au tribunal. Cauchon lit et élimine l'enquête préliminaire effectuée dans le pays de l'accusée car elle lui est favorable et séances préparatoires pour rédaction de la synthèse des charges et questions à poser au procès.
- 21 février-09 mars: six séances publiques. Cauchon envoie lettres de compte rendus aux autorités.
- 10 mars-25 mars: huit séances à huit clos.
- 26 mars-05 avril: procès ordinaire.
- 18 avril: exhortation charitable.
- 02 mai: admonition publique.
- 09 mai: menaces de tortures. On vote non car elle est malade.
- 12 mai-19 mai: délibération.
- 23 mai: admonestation.
- 24 mai: abjuration publique au cimetière Saint-Ouen à Rouen.
- 28 mai: constat de relapse.
- 29 mai: délibération.
- 30 mai: citation à comparaitre. Exécution.
- 16 décembre: Charles VI est sacré « roi de France et d'Angleterre » à Paris.

L es sources

Pour la rédaction de cet ouvrage j'ai suivi la procédure que je connais le mieux: celle de l'enquête judiciaire.

En travaillant à charge et à décharge, j'ai rassemblé tous les éléments constitutifs de l'histoire du personnage en ne prenant que des faits concordants puisés dans les chroniques contemporaines & autres témoignages et ouvrages consacrés à Jeanne d'Arc. Chacune de ces sources est bien entendu écrite dans le contexte de son époque et il faut en tenir compte et le comprendre à sa juste valeur.

Je laisse au lecteur le loisir de puiser dans cette corne d'abondance pour s'y abreuver et faire partager ensuite ses découvertes.

Les sources de l'histoire de Jeanne d'Arc, sont exceptionnelles pour un personnage de cette époque. Il s'agit des deux procès , la condamnation et la réhabilitation, et principalement les interrogatoires du Procès de condamnation et les enquêtes de témoins du Procès de réhabilitation. Mais à côté de ces documents miraculeusement conservés, il y a ceux des chroniqueurs ou écrivains, soit Français, soit Anglo-Bourguignons, soit étrangers, qui vivaient au temps de la Pucelle et qui ont parlé d'elle. Lettres, textes, mémoires, consultations, poésies sont parvenus jusqu'à nous.

Pour mieux s'imprégner du contexte de l'époque il est possible de lire les chroniques de contemporains et tous ces documents ci-dessous dont beaucoup sont consultables plus ou moins facilement en bibliothèque ou même sur internet. En voici la liste:

Les chroniqueurs français :
- la geste des nobles français
- la chronique de la Pucelle
- le journal du siège d'Orléans et du voyage de Reims
- l'histoire de Charles VII de Jean Chartier
- la chronique de Perceval de Cagny

- la relation du greffier de La Rochelle
- la chronique de Tournay
- l'histoire de Charles VII de Thomas Basin
- la chronique du héraut d'armes Berri
- le registre delphinal de Mathieu Thomassin
- la chronique de Richemont par Guillaume Gruel
- le miroir des femmes vertueuses
- la chronique du siège d'Orléans et de l'établissement de la fête du 8 mai
- l'abbréviateur du Procès (Ms 518 d'Orléans)
- Le doyen de St-Thibaud de Metz

Les chroniqueurs bourguignons :
- la chronique d'Enguerrand de Monstrelet
- la chronique des Cordeliers de Paris
- la chronique de Gilles de Roye
- le journal du Bourgeois de Paris / Jean Chuffart
- la chronique normande de Pierre Cochon
- les chroniques d'Angleterre de Jean Wavrin de Forestel
- la chronique de Chastellain
- le registre du parlement de Paris par Clément de Fauquembergue
- les mémoires de Le Fèvre de Saint Rémy

Les chroniqueurs étrangers :
- la chronique d'Eberhard Windecke
- la chronique d'Antonio Morosini
- les mémoires du pape Pie II

Les témoins :
- Les écrits de Jacques Gelu à Charles VII
- Le traité de Jacques Gelu
- La note de Guillaume Girault, notaire à Orléans, en date du 8 mai 1429
- La campagne du sacre d'après les archives de Reims - Jean Rogier
- La chronique de France de la bibliothèque de Lille
- La chronique de Philippe de Vigneulles

- Propositions du théologien Henri de Gorcum
- Double-écrit du clerc de Spire / Sybilla Francica I & II
- L'auteur du Brevarium historiale
- Traité de Maleficiis de Jean Nider
- Note de Battiste Fulgose (Fregose), doge de Gênes
- Note de Guerneri Berni
- Note de Nicolas de Savigny et 4 comptes (dont 2 inédits) de G. Charrier
- La chronique espagnole de la Pucelle
- Robert Blondel : extrait du "Recouvrement de la Normandie"
- Saint-Antonin
- Hermann Cornerius
- Pontus Heuterus
- Chanoine Kœnigshoffen
- Pierre Sala
- Pierre Empis
- Jean Germain
- Jean Jouffroy
- Le registre de la chambre des comptes de Brabant / Edmond de Dynther
- Le livre des trahisons de France envers la maison de Bourgogne
- Appréciation de Bedford sur Jeanne d'Arc et son œuvre en mai 1434
- Les registres du Chapitre de Notre-Dame
- La relation du greffier de l'hôtel de ville d'Albi
- Chronique du Mont-Saint-Michel
- Ordo de l'église de Châlons
- Fragment anonyme d'une " chronique de Normandie"
- Fragment anonyme d'une chronique "des ducs d'Alençon"
- La chronique de Lorraine
- Chronique normande du " British museum"
- Minutes de Michel de Berry, notaire du Duc d'Orléans à Beaugency
- Vie de Guillaume de Gamaches
- William Wyrcester
- William Caxton

- Walter Bower
- Le livre de Pluscardin / Fragment du "religieux de Dumpferling"
- Lorenzo Buonincontro
- Giovanni Sabadino
- Philippe de Bergame
- Jean Bouchet
- Le Féron / Les annales d'Aquitaine
- Le scribe Kerrymel
- Histoire des comtes de Ponthieu et maieurs d'Abbeville
- Père Ignace de Jesus-Maria et Jean Chapelle
- Chanoine Cocquault
- Extrait de Metropolis Remensi historia de Marlot

Lettres communications, délibérations :
- Lettre de Charles VII annonçant les victoires à Orléans à la ville de Narbonne, 9-10 mai 1429
- Lettre de Charles VII annonçant les victoires à Orléans à la ville de Tournay, 9-10 mai 1429
- Lettre de Charles VII annonçant la victoire de Patay au conseil delphinal de Grenoble, 19 juin 1429
- Lettre exemption d'impôts pour les habitants de Greux et Domrémy, 31 juillet 1429
- Lettre d'anoblissement de Jeanne d'Arc et sa famille, décembre 1429
- Lettre d'anoblissement de Gui de Cailly par Charles VII, juin 1429
- Annoblissement de Jean de Novelompont, mars 1440-1441
- Délibération du conseil de Reims, 6 septembre 1429
- Lettre du roi Henri VI sur un outrage à la magistrature d'Abbeville à propos de la Pucelle, 6 juillet 1432
- Communication du roi et de la Pucelle aux habitants de Troyes, 2 octobre 1429
- Note sur diverses provisions de guerre fournies par la ville de Clermont-Ferrand, 7 novembre 1429
- Lettre du Sire d'Albret aux habitants de Riom, 9 novembre 1429
- Contribution de la ville de Bourges au siège de La Chari-

té, 24 novembre 1429

- Délibération du conseil de la ville de Tours sur une demande de la Pucelle, 19 janvier 1430
- Délibération du conseil de la ville de Tours sur une demande de la Pucelle, 7 février 1430
- Lettre du Duc de Bourgogne aux habitants de St-Quentin sur la prise de La Pucelle, 23 mai 1430
- Délibération du chapitre de Rouen sur le procès de la Pucelle, 13 & 24 avril 1431
- Instruction baillée à Jarretière par Bedford, 16 juillet 1429

Lettres :
- Lettre de Guy et André de Laval aux Dames de Laval, 8 juin 1429
- Lettre de Perceval de Boulainvilliers au duc de Milan, 21 juin 1429
- Lettre d'Alain Chartier
- Lettre de Jean Desch, 16 juillet 1429
- Lettre de trois gentilshommes à la reine Marie d'Anjou et sa mère, 17 juillet 1429
- Lettre de Jacques de Bourbon, comte de la Marche à l'évêque de Laon, 24 juillet 1429
- Lettre du Duc de Bedford à Charles VII, 7 août 1429
- Lettre de Raymond de Crémone à Jean Cortin d'Arezzo
- Lettre de 2 Allemands en France, fin-juin 1429
- Lettre (fragment) d'un chevalier de St-Jean de Jerusalem
- Fragment d'une lettre sur les prodiges en Poitou, env.25 juin 1429
- Analyse d'une lettre de l'archevêque Regnault de Chartres aux habitants de Reims
- Lettre du cardinal d'Estouteville à Charles VII, 22 mai 1452

Lettres relatives au procès de condamnation :
- Lettre de l'Université de Paris au Duc de Bourgogne, par laquelle elle lui réclame l'envoi de la Pucelle à Paris pour y être jugée
- Lettre de l'Université de Paris au Seigneur Jean de

Luxembourg, 14 juillet 1430

- Lettre du vicaire général de l'inquisiteur au Duc de Bourgogne pour réclamer la remise et le jugement de Jeanne La Pucelle, 26 mai 1430

- Lettre de la sommation faite au nom du Roi de France et d'Angleterre par l'évêque de Beauvais aux Seigneurs le Duc de Bourgogne et Jean de Luxembourg

- Lettre de la sommation pour la remise de la Pucelle faite par l'évêque de Beauvais au Duc de Bourgogne, 14 juillet 1430

- Lettre de l'Université au Seigneur Évêque et Comte de Beauvais, 21 novembre 1430

- Lettre de l'université de Paris au Roi de France et d'Angleterre, 21 novembre 1430

- Lettre du chapitre de l'Eglise de Rouen portant concession de territoire au profit de l'évêque de Beauvais, 28 décembre 1430

- Lettre royale touchant la reddition de Jeanne la Pucelle à l'évêque de Beauvais, 3 janvier 1431

- Lettre d'Henri VI aux princes de la Chrétienté après la mort de Jeanne d'Arc, 8 juin 1431

- Lettre de garantie remise par le roi d'Angleterre aux juges du procès, 12 juin 1431

- Lettre écrite aux prélats, nobles et villes du royaume de France après la mort de Jeanne d'Arc, 28 juin 1431

- Lettre du comte d'Armagnac à Jeanne d'Arc

Enquêtes sur la famille, la noblesse etc... de Jeanne d'Arc :

- Enquête du 16 août 1502 à Domrémy par la prévôté de Vaucouleurs

- Confirmation d'un privilège de noblesse accordé aux descendants de la famille de Jeanne d'Arc, octobre 1550

- Permission à la branche cadette de la famille du Lys de reprendre les armoiries de la Pucelle, 25 septembre 1612

- Réduction du privilège de noblesse pour la famille de Jeanne d'Arc, juin 1614

Les poètes :

- Le "ditié de Jeanne d'Arc" de Christine de Pisan https://gallica.bnf.fr/ark:/12148/bpt6k72586t/f1.item à f41.item.

   - Le mystère du siège d'Orléans https://gallica.bnf.fr/ark:/12148/bpt6k315455.texteImage

Relevés de compte etc... en rapport avec La Pucelle :

- Fourniture d'un habillement à la Pucelle, juin 1429
- Impôts votés en Normandie pour l'achat de la Pucelle, septembre 1430
- Achats de monnaie pour solder le prix de la Pucelle, octobre 1430
- Tour baptisée du nom de la Pucelle à Poitiers, 3 mars 1431
- Indemnité à Cauchon pour le fait de la Pucelle, 31 janvier 1431
- Paiement aux docteurs de Paris pour le procès, 4 mars 1431
- Gratification supplémentaire à Beaupère, 2 avril 1431
- 2ème paiement aux docteurs de Paris pour le procès, 9 avril 1431
- Gratification à l'inquisiteur Jean Lemaitre, 14 avril 1431
- Indemnités aux docteurs de Paris pour soumettre le procès aux Facultés, 21 avril 1431
- Paiement à Guillaume Érard pour sa participation au procès, 6-8 juillet 1431
- Règlement définitif des docteurs de Paris, 12 juin 1431
- Tumulte à Serqueux pour le règlement d'une dette de Pierre du Lys
- Donation de l'île aux bœufs à Pierre du Lys, 28 juillet 1443
- Aumône du Duc d'Orléans au frère de la Pucelle, 31 juillet 1450
- Donation du chapeau de Jeanne d'Arc aux Oratoriens d'Orléans, 22 avril 1631
- Acquisition de la maison de Jeanne d'Arc par le département des Vosges, 1818

Les premiers historiens ont puisé dans ce fonds documentaire. Leurs ouvrages et leurs sources sont pour quelques uns consultables sur internet.

Ces documents sont éparpillés dans les nombreux fonds documentaires des bibliothèques et sont rédigés en latin ou en vieux français, cela ne facilite pas le travail.

Jules Quicherat a recueilli dans les quatrième et cinquième volumes de sa publication la majeure partie des pages où ces chroniqueurs et écrivains ont raconté les exploits de Jeanne d'Arc.

Le Père Ayroles dans son gigantesque ouvrage "La vraie Jeanne d'Arc" en cinq volumes, publie les traductions des textes latins ou la modernisation du vieux Français qu'il a faites

Témoignages non contemporains, Sources historiques et bibliographiques:

• **Étienne Pasquier** (1529-1615), Sommaire du procès de La Pucelle, désireux de participer à la réconciliation entre protestants et catholiques, il s'attache à chercher les origines historiques de l'unité de la nation française.

• **Edouard de Barthélémy** (1830-1880) Histoire de la ville de Châlons-sur-Marne et de ses institutions : depuis son origine jusqu'en 1789- pages 183 et suivantes.

• **Jules Quicherat**: t. 1 : Procès de condamnation, Paris, Jules Renouard et Cie, 1841, 506 p.,

• t. 2 : Procès de réhabilitation. Préliminaires de la réhabilitation non insérés au procès, Paris, Jules Renouard et Cie, 1844, 472 p.,

• t. 3 : Procès de réhabilitation. Rédaction primitive du procès de réhabilitation d'après le manuscrit de d'Urfé. Opinions et mémoires extrajudiciaires publiés du vivant de Jeanne d'Arc, Paris, Jules Renouard et Cie, 1845, 473 p.,

• t. 4 : Témoignages des chroniqueurs et historiens du xve siècle, Paris, Jules Renouard et Cie, 1847, 540 p.,

- t. 5 : Témoignages des poètes du XVe siècle. Lettres, actes et autres pièces détachées. Témoignages extraits des livres de comptes. Documents relatifs à l'Institution et aux premières célébrations de la fête du 8 mai, jour anniversaire de la délivrance d'Orléans. Documents sur la fausse Jeanne d'Arc qui parut de 1436 à 1440. Supplément aux pièces et extraits concernant la Pucelle. Itinéraire de la Pucelle. Notice littéraire du procès du condamnation. Notice des pièces de la réhabilitation. Table analytique, Paris, Jules Renouard et Cie, 1849, 575 p.
- **Henri Wallon:** Jeanne d'Arc- 5° édition 1879.
- **Georges Duby et Andrée Duby,** Les Procès de Jeanne d'Arc, Paris, Gallimard, coll. « Archives » (n° 50), 1974, 250 p. (ISBN 2-07-028894-3, présentation en ligne [archive])Réédition : Georges Duby et Andrée Duby, Les Procès de Jeanne d'Arc, Paris, Folio, coll. « Folio. Histoire », 1995, 313 p. (ISBN 2-07-032894-5).
- **Pierre Tisset** et Yvonne Lanhers, Procès de condamnation de Jeanne d'Arc, t. I : Texte, Paris, C. Klincksieck (Société de l'histoire de France), 1960, XXXII-446 p.
- t. II : Traduction et notes, Paris, C. Klincksieck (Société de l'histoire de France), 1970, XXIV-435 p..
- t. III : Introduction. Index des matières, des noms de personne et de lieu, Paris, C. Klincksieck (Société de l'histoire de France), 1971, IV-349 p..
- **Pierre Duparc**, Procès en nullité de la condamnation de Jeanne d'Arc, t. I : Texte, Paris, C. Klincksieck (Société de l'histoire de France), 1977, XXIII-525 p. (ISBN 2-252-02014-8,).
- t. II : Texte, Paris, C. Klincksieck (Société de l'histoire de France), 1979, 612 p. (ISBN 2-252-02152-7). t. III : Traduction, Paris, C. Klincksieck (Société de l'histoire de France), 1983, X-302 p. (ISBN 2-252-02418-6).

- t. IV : Traduction, Paris, C. Klincksieck (Société de l'histoire de France), 1986, 238 p. (ISBN 2-252-02508-5,)
- t. V : Étude juridique des procès, contribution à la biographie de Jeanne d'Arc, Paris, C. Klincksieck (Société de l'histoire de France), 1988, XX-310 p. (ISBN 2-252-02508-5,).
- Site internet stejeannedarc.net.
- **Jean Favier**: « La Guerre de Cent Ans » Ed. Fayard 1980.
- **Claude Poulain**, « Jacques Coeur » aux Editions Fayard 1982.
- **Gerd Krumeich:** « Jeanne d'Arc à travers l'histoire » Ed.Albin Michel 1994.
- **Georges Minois**, « La Guerre de Cent Ans » de Ed Perrin 2008
- **Philippe Contamine, Olivier Bouzy, Xavier Hélary**: « Jeanne d'Arc, Histoire et dictionnaire » Ed.Robert Laffont 2012.

- **Olivier Hanne**, « De la venue de Jeanne », traité de l'archevêque d'Embrun, 1429, exposé par, agrégé en histoire médiévale-Série d'histoires médiévales au diocèse de Gap et d'Embrun (Dauphiné) dans « les Médiévalapes n°017 » www.geoculture.org.
- https://www.musee-du-genie-angers.fr/fpdb/8852715-doc-fiche-3.pdf